W0473292

LANGENSCHEIDTS PRAKTISCHES LEHRBUCH LATEIN

Von

DR. KARL RÖSLER

LANGENSCHEIDT

BERLIN · MÜNCHEN · WIEN · ZÜRICH · NEW YORK

Ein Schlüssel zu den Übungen dieses Lehrbuches ist gesondert lieferbar.

Umschlagfoto: Image Bank

Auflage: 13. 12. 11. 10. | *Letzte Zahlen*
Jahr: 1999 98 | *maßgeblich*

© 1975 by Langenscheidt KG, Berlin und München

Druck: Druckhaus Langenscheidt, Berlin-Schöneberg
Printed in Germany · ISBN 3-468-26200-0

Vorwort

Das vorliegende Lehrbuch der lateinischen Sprache ist für die Erwachsenenbildung, z. B. an Volkshochschulen, aber auch für den Selbstunterricht bestimmt. Besonders kommt das Lehrbuch für diejenigen Benutzer in Frage, die den Lateinunterricht in ihrer Schulzeit abgebrochen haben und in späteren Jahren die Lust verspüren, ihr Lateinstudium wieder aufzunehmen. Für sie dürfte der Zugang naturgemäß leichter sein.

Die *Lesestücke*, zunächst in anspruchslosem Plauderton verfaßt, später Originaltexten bedeutender lateinischer Schriftsteller entnommen, erstrekken sich von den privaten Dingen wie Arbeit, Familie und Haus bis zu anspruchsvolleren Themen wie die Entstehung unserer Erde und des Weltalls, die Entwicklung des Menschengeschlechtes, aber auch bis zu Themen der Geographie und der Ethnographie (Gallien, Britannien, Germanien). Ferner berühren sie die für die Geschichte Roms wichtigen Zeitabschnitte wie die politischen Wirren der letzten Jahre der römischen Republik mit der Katilinarischen Verschwörung und die Anfänge der Kaiserzeit.

Die *grammatischen Ausführungen* sind folgerichtig aus den Lesestücken entwickelt, wobei besonderer Wert auf eine klare und übersichtliche Darstellung gelegt wurde.

Diejenigen, die nur darum Latein lernen, um Brücken zu Fremdwörtern sowie zum englischen bzw. romanischen Wortschatz schlagen zu können, entdecken beim Studium des Lateinischen, daß sich die Bedeutung vieler lateinischer Vokabeln an den Fremd- und Lehnwörtern erkennen läßt, die das Deutsche aus der englischen bzw. den romanischen Sprachen übernommen hat; daher prägen sich diese lateinischen Vokabeln leicht ein. Aber auch durch die fortschreitende Aneignung lateinischer Stämme sowie der lateinischen Vor- und Ableitungssilben wird das Behalten lateinischer Vokabeln erleichtert. Die Zahl der Vokabeln ergibt sich z. T. auch daraus, daß Konjugations- und Deklinationsformen bereits genannter und daher schon bekannter Wörter besonders aufgeführt sind. Jedoch braucht der Lernende in der lateinischen Sprache die Vokabeln zum Verstehen eines lateinischen Textes nur passiv zu beherrschen; darum enthält dieses Lehrbuch keine Übersetzungsübungen aus dem Deutschen ins Lateinische.

Die Notwendigkeit, ein ausführliches lateinisches Wörterbuch zum Studium heranzuziehen, wird sich früher oder später bemerkbar machen. Es sei in diesem Zusammenhang auf das im gleichen Verlag erschienene Lateinisch-Deutsche Taschenwörterbuch sowie auf das Lateinisch-Deutsche Handwörterbuch, das mehr als den doppelten Umfang des Taschenwörterbuches aufweist, hingewiesen.

Zu besonderem Dank ist der Verfasser Herrn Dr. Leo Stock für wertvolle Hinweise sachlicher Art sowie für seine Verbesserungen und Ergänzungsvorschläge verpflichtet.

VERFASSER UND VERLAG

Abkürzungen

Abl.	Ablativ
abs.	absolut
a.c.i.	accusativus cum infinitivo *Akkusativ mit Infinitiv*
Adj.	Adjektiv
Adv.	Adverb
Akk.	Akkusativ
Akt.	Aktiv
b.	bei(m)
belg.	belgisch
Dat.	Dativ
Dep.	Deponens
erg.	ergänze
etw.	etwas
f, f, Fem.	Femininum, weiblich
Fut.	Futur
Gen.	Genetiv
germ.	germanisch
griech.	griechisch
i.	in, im
Impf.	Imperfekt
Ind.	Indikativ
Inf.	Infinitiv
intrans.	intransitiv
j.	jetzt
j-m	jemandem
j-n	jemanden
Komp.	Komparativ
Konj.	Konjunktiv
Kons.	Konsonant
Landsch.	Landschaft
m, m, Mask.	Maskulinum, männlich
m.	mit
n, n, Neutr.	Neutrum, sächlich
n.c.i.	nominativus cum infinitivo *Nominativ mit Infinitiv*
Nom.	Nominativ
od.	oder
Part.	Partizip
Pass.	Passiv
Perf.	Perfekt
Pers.	Person
Pl., Plur.	Plural
Plusqpf.	Plusquamperfekt
P.P.P.	Participium perfecti passivi
Präs.	Präsens
Pron.	Pronomen
Prp.	Präposition
rel.	relativisch
röm.	römisch
Sg., Sing.	Singular
Subst.	Substantiv
trans.	transitiv
u.	und
v.	von
Vok.	Vokativ
zw.	zwischen
<	entstanden aus
>	geworden zu

Inhaltsverzeichnis

Zur Aussprache des Lateinischen

1. Die Laute des Lateinischen: Das Alphabet

Die lateinische Schrift wurde dem griechischen Alphabet entlehnt. Die Römer benutzten ursprünglich nur Großbuchstaben:

A B C D E F G H I K L M N O P Q R S T V (U) X Y Z
a b c d e f g h i k l m n o p q r s t v (u) x y z

Die Aussprache des Lateinischen ist in den Kulturländern verschieden. Wie sie während der Blüte der römischen Literatur war, läßt sich z. T. Andeutungen römischer Grammatiker entnehmen, ergibt sich ferner durch die Schreibung lateinischer Wörter mit griechischen Buchstaben sowie durch sprachwissenschaftliche Überlegungen (z. B. an Lehnwörtern).

c wurde bis in die späte Kaiserzeit als **k** gesprochen (cellărium *Keller*) und verdrängte deshalb fast völlig das k, das sich nur noch in Kalendae (*erster Monatstag*) erhalten hat. Seit Ausgang der Antike spricht man c vor **e, i** und **y** und den Diphthongen **ae** und **oe** wie **z** (circus *Zirkus*). Heute ist man zur klassischen Aussprache des c zurückgekehrt und spricht es – wenigstens in den Schulen – immer wie k.

h wurde fast überhaupt nicht gesprochen und gilt nicht als Konsonant.

i ist sowohl Vokal (incola *der Einwohner*) wie auch Konsonant = **j**; i wird im Anlaut vor Vokalen wie **j** gesprochen (iūs *das Recht*), ebenso im Inlaut zwischen Vokalen (māior *größer*). Bei Zusammensetzungen mit Vorsilben (Präpositionen) wird iaciō *ich werfe* der Schrift zu -iciō, doch wird -jiciō gesprochen: abicere wird abjikĕre ausgesprochen.

s wird immer **stimmlos** (scharf) gesprochen. Vor Konsonant (sc, sch, sp, st) wird s immer getrennt gesprochen (scelus = s-k... *das Verbrechen*, schŏla = s-kh... *die Schule*, spiritus = s-p... *der Geist*, stŭdium = s-t... *der Eifer*).

t vor i wurde bis zum Ende der Antike wie **ti**, nicht wie zi ausgesprochen: nātiō *die Nation*.

v war ursprünglich sowohl Vokal = **u** wie auch Konsonant = **w** (VARUS = *Varus, Feldherr des Augustus*). Erst seit der Zeit des Augustus verwendet man die runde Form (u) für den Lautwert u (lūdus *das Spiel*), die spitze Form (v) für den Lautwert w (vīlla *das Landhaus*), doch wird auch nach q (quis *wer*), nach ng (lingua *die Sprache*) und nach s vor a oder e (suādēre *raten*, cōnsuētūdō *die Gewohnheit*) das u wie w gesprochen.

2. Die Einteilung der Laute: Vokale (Selbstlaute), Diphthonge (Zwielaute oder Doppelvokale), Konsonanten (Mitlaute)

Vokale sind a, e, i, o, u und – in griechischen Lehnwörtern – y. Die lateinischen Vokale können lang oder kurz sein. Durch einen Strich über dem Vokal bezeichnet man die Länge (ā), durch einen Bogen die Kürze (ă). In diesem Buch wird die Länge stets, die Kürze nur zum Schutz vor falscher Aussprache bezeichnet.

Diphthonge sind ae, oe, au und eu. **ae** und **oe** wurden mindestens bis zum Ende der Republik als Doppelvokale gesprochen. In deutschen Schulen ist die später üblich gewordene Aussprache als ä und ö vielfach beibehalten worden. In Wortzusammensetzungen und in Lehnwörtern aus dem Griechischen werden ae und oe getrennt ausgesprochen. Diese Aussprache wird in Lehr- und Wörterbüchern durch zwei Trennungspunkte oder ein Längezeichen ausgedrückt: āēr, āëris *die Luft*, poēta *der Dichter* (beides aus dem Griechischen).
au wird wie im Deutschen ausgesprochen: aurum *das Gold*; **eu** kommt nur ganz vereinzelt im Lateinischen vor (in der Regel in Wörtern griechischen Ursprungs): eum *ihn* (ausgesprochen e-um); Eurōpa. In neuter *keiner von beiden* wird das eu zweisilbig gesprochen: ne-uter.

Die **Konsonanten** sind Verschlußlaute (b, p, d, t, g, c) und – die übrigen – Dauerlaute.

3. Die Quantität (Sprechdauer) der Silben

Eine Silbe **ist lang,** wenn sie einen langen Vokal oder einen Diphthong – diese sind immer lang! – enthält (naturlang): Rōmānus *römisch* oder *der Römer*, taurus *der Stier*.
Eine Silbe **gilt als lang**, wenn auf einen kurzen Vokal zwei oder mehr Konsonanten folgen (positionslang): aeternus *ewig*.
Vor nf, ns, nct ist der Vokal immer, vor gn häufig lang: īnfāns *das Kind*, īnsula *die Insel*, sānctus *heilig*, sīgnum *das Merkmal*; aber: magnus *groß*.
Für die **Betonung** lateinischer Wörter ist die Quantität der vorletzten Silbe entscheidend; die letzte Silbe wird nie betont.
Drei- und mehrsilbige Wörter werden auf der vorletzten Silbe betont, wenn diese natur- oder positionslang ist: nātūra *die Natur*, accessus *der Zutritt*. Ist die vorletzte Silbe kurz, so wird die drittletzte betont: agricŏla *der Bauer*.
Unmittelbar **vor** einem Vokal ist ein anderer Vokal kurz und daher unbetont: idṓnĕus *geeignet*. Folgen jedoch drei Vokale aufeinander, so wird der mittlere nicht gekürzt: diēī *des Tages/dem Tage;* es heißt auch illīus *jenes/jener* (Gen. Sg.), tōtīus *des/der ganzen* u. ä.
Abweichungen: Angehängtes -que oder -nĕ (Fragepartikel) ziehen den Akzent auf die vorletzte Silbe, auch wenn diese kurz ist: fīlius fīliắque *Sohn und Tochter;* puellā́ne … (*ob*) *das Mädchen …?*; itaque *daher* ist demgegenüber eine feste Zusammensetzung und wird auf der drittletzten Silbe betont.

Die grammatischen Fachausdrücke und ihre Verdeutschung

Ablativ = 5. Fall: auf solche Art und Weise, mit Wasser reinigen
Adjektiv = Eigenschaftswort: das braune Kleid
adjektivisch = als Eigenschaftswort gebraucht
Adverb = Umstandswort: er singt laut
Akkusativ = 4. Fall, Wenfall: Er pflückt den Apfel
Aktiv = Tätigkeitsform: Der Mann schlägt den Hund
Artikel = Geschlechtswort: der, die, das, ein, eine, ein
Attribut = Beifügung, Eigenschaft: Der alte Mann hat es nicht leicht
attributiv = beifügend
Dativ = 3. Fall, Wemfall: Die Frau kommt aus dem Garten
Deklination = Beugung des Hauptwortes: Nominativ – der Vater, Genetiv – des Vaters, Dativ – dem Vater, Akkusativ – den Vater
Demonstrativpronomen = hinweisendes Fürwort: dieser, jener
Diphthong = Doppellaut: ei in mein
Femininum = weibliches Geschlecht
Futur = Zukunft(sform): Ich werde fragen
Genetiv = 2. Fall, Wesfall: Sie beraubten mich meines Geldes
Genus = Geschlecht: Maskulinum, Femininum, Neutrum
Gerundium = gebeugte Grundform des Zeitwortes
Imperativ = Befehlsform: geh(e)!
Imperfekt = Vergangenheit(sform): ich ging
Indefinitpronomen = unbestimmtes Fürwort: jemand, etwas
Indikativ = Wirklichkeitsform: Er geht nicht sofort
Infinitiv = Nennform, Grundform: backen, biegen
Interrogativpronomen = Fragefürwort: wer, wessen, wem, wen
intransitiv(es Verb) = ohne Ergänzung im Akkusativ, nichtzielend: Der Hund bellt
Kasus = Fall: Nominativ, Genetiv, Dativ, Akkusativ, Ablativ, Vokativ
Komparativ = Höherstufe (1. Steigerungsstufe): schöner, größer
Konjugation = Beugung des Zeitwortes: Infinitiv – gehen, Präsens – ich gehe
Konjunktion = Bindewort: Der Mann ist unglücklich, weil er nicht arbeiten kann
Konjunktiv = Möglichkeitsform: Frau Schmidt dachte, ihr Mann sei im Büro
Konsonant = Mitlaut: b, d, s

Maskulinum = männliches Geschlecht
Modus = Aussageweise
Neutrum = sächliches Geschlecht
Nomen = Hauptwort: der Tisch
Nominativ = 1. Fall: Der Mann kauft ein Buch
Objekt = Satzergänzung: Der Mann schlägt den Hund
Partizip = Mittelwort: gebacken
Passiv = Leideform: Der Hund wird von dem Mann geschlagen
Perfekt = Vollendete Gegenwart: ich bin weggegangen
Personalpronomen = persönliches Fürwort: er, sie, wir
Plural = Mehrzahl: Kirschen
Plusquamperfekt = Vorvergangenheit: Ich hatte das Buch gelesen
Positiv = Grundstufe: schön, schöner ...
Possessivpronomen = besitzanzeigendes Fürwort: der, die, das meinige, mein, dein euer
Prädikat = Satzaussage: Die Frau bäckt einen Kuchen
prädikativ = aussagend
Prädikatsnomen = Hauptwort als Teil der Satzaussage: Er ist Schüler
Präfix = Vorsilbe: abfahren, ankommen, Vorzimmer
Präposition = Verhältniswort: auf, gegen, mit
präpositional = mit einem Verhältniswort gebildet
Präsens = Gegenwart: ich gehe
Pronomen = Fürwort: er, sie, es
Pronominaladjektiv = als Fürwort gebrauchtes Eigenschaftswort
reflexiv = rückbezüglich: er wäscht sich
Reflexivpronomen = rückbezügliches Fürwort
Relativpronomen = bezügliches Fürwort: Wo ist das Buch, das ich gekauft habe?
Singular = Einzahl: Tisch
Subjekt = Satzgegenstand: Das Kind spielt mit der Katze
Substantiv = Hauptwort: der Tisch
substantivisch = als Hauptwort gebraucht
Suffix = Nachsilbe, Ableitungssilbe: Achtung, Schönheit
Superlativ = Höchststufe bei der Steigerung des Adjektivs oder höchste Steigerungsstufe: am schönsten
Tempus (Mehrzahl: Tempora) = Zeitstufe: Gegenwart, Vergangenheit, Zukunft
transitiv(es Verb) = mit Ergänzung im Akkusativ, zielend: Ich begrüße einen Freund
Verb(um) = Zeitwort: gehen, kommen
Verbalsubstantiv = hauptwörtlich gebrauchte Nennform: das Lesen, das Schreiben
Vokal = Selbstlaut: a, e, i, o, u
Vokativ = Kasus der Anrede

1. Lektion

Claudia in Germāniā nāta est, sed nunc in Italiā habitat. –
Claudia in Deutschland geboren ist, aber jetzt in Italien sie wohnt. –

Rūfus marītus Claudiae est. **1 A**
Rufus der Gatte Claudias ist.

Claudia nunc in Italiā habitat; anteā in Germāniā
Claudia jetzt in Italien wohnt; früher in Deutschland

habitābat. Claudia cum agricolā nupta est.
sie wohnte. Claudia mit einem Bauern verheiratet ist.

Claudia nuptiās in Germāniā celebrāvit, sed
Claudia ihre Hochzeit in Deutschland gefeiert hat, aber

nunc cum familiā suā in vīllā circā Rōmam
jetzt mit Familie ihrer in einem Landhaus bei Rom

sitā habitat.
gelegen sie wohnt.

Rūfus marītus Claudiae est. Proāvī Rūfī colōnī
Rufus der Gatte Claudias ist. Die Ahnen des Rufus Kolonisten

in Germāniā erant. Rūfus in Germāniā nātus est,
in Deutschland waren. Rufus in Deutschland geboren ist,

sed ē Germāniā in Italiam ēmigrāvit.
aber aus Deutschland nach Italien er ausgewandert ist.

Hodiē Rūfō magnus fundus est, quī prope Rōmam situs est.
Heute Rufus ein großes Landgut besitzt, das nahe bei Rom gelegen ist.

Claudia marīta proba est. Nunc cēnam parāre
Claudia eine Gattin tüchtige ist. Jetzt die Mahlzeit zu bereiten

cōgitat. Clāmat: "Rūfe, cēnam parābō;
sie beabsichtigt. Sie ruft: „Rufus, die Mahlzeit ich werde bereiten;

apportā ē silvā rāmōs et pūram aquam fontānam!
bring aus dem Wald Zweige und reines Quellwasser!

Hōrā nōnā cēnābimus."
In der Stunde neunten wir werden die Hauptmahlzeit einnehmen."

Weitere Beispielsätze:

Claudia agricolīs fābulās narrāvit. – Claudia agricolae
Claudia den Bauern Geschichten hat erzählt. – Claudia dem Bauern

fābulam narrat. – Vīllae agricolārum parvae
eine Geschichte erzählt. – Die Landhäuser der Bauern klein

nōn sunt. – Agricolae iam diū in vīllīs habitant. –
nicht sind. – Die Bauern schon lange in Landhäusern wohnen. –

Claudia marītum suum advocat. – Claudia et Barbara
Claudia den Gatten ihren herbeiruft. – Claudia und Barbara

nunc cum marītīs suīs in Italiā habitant. – Claudia
jetzt mit den Gatten ihren in Italien wohnen. – Claudia

anteā cum marītō suō in Germāniā habitābat. –
früher mit (dem) Gatten ihrem in Deutschland wohnte. –

Colōnīs Rōmānīs in Germāniā fundī magnī erant. –
Kolonisten römische in Deutschland Grundstücke große besaßen. –

Fundī colōnōrum Rōmānōrum magnī erant. –
Die Grundstücke der Kolonisten römischen groß waren. –

Colōnī, dīligenter labōrāte!
Kolonisten, fleißig arbeitet!

Claudia *f Claudia*
in (*Prp. m. Akk.* [*Frage: wohin?*], *m. Abl.* [*Frage: wo?*]) *nach, in*
Germānia *f Germanien, Deutschland*
nātus, a, um *geboren*
est *er ist*
sed *aber; sondern*
nunc *jetzt*
Italia *f Italien*
habitāre *wohnen*
habitat *er wohnt*
habitant *sie wohnen*
habitābat *er wohnte*
habitābant *sie wohnten*
Rūfus *m Rufus*
marītus *m der Gatte*
anteā *früher, eher*
cum (*Prp. m. Abl.*) *mit*
agricola *m der Bauer*
nupta *f* (*m. Dat. od. cum m. Abl.*) *verheiratet mit ...*
nuptiae *f* (*Pluraletantum*) *die Hochzeit*
celebrāre *feiern*
celebrāvit *er hat gefeiert*
familia *f die Familie*
suus, a, um *sein, ihr*
suā *Abl. Sg. Fem. ... seiner bzw. ... ihrer*
vīlla *f das Landhaus*
circā (*Prp. m. Akk.*) *um, bei*
Rōma *f Rom*
situs, a, um *gelegen*
pro-āvus *m der Urgroßvater; i. Pl. die Ahnen*
colōnus *m der Bauer, der Kolonist*
erant *sie waren*
ex *od.* ē (*Prp. m. Abl.*) *aus*
ē-migrāre *auswandern*
ēmigrāvit *er ist ausgewandert*
hodiē *heute*
magnus, a, um *groß*
fundus *m das Grundstück, das Landgut*
quī (*Rel.-Pron.*) *welcher, der*

prope (*Adv. u. Prp. b. Akk.*) *nahe*
marīta *f die Gattin*
probus, a, um *tüchtig; anständig*
cēna *f die Mahlzeit*
parāre *bereiten*
parābō *ich werde bereiten*
cōgitāre *überlegen; beabsichtigen, erwägen*
clāmāre *rufen*
apportāre *bringen*
apportā! *bring!*
silva *f der Wald*
rāmus *m der Zweig*
et *und*
pūrus, a, um *rein*
aqua *f das Wasser*
fontānus, a, um *von der Quelle, Quell...*
hōra *f die Stunde*
nōnus, a, um *neunte*
cēnāre *die Hauptmahlzeit einnehmen, essen*
cēnābimus *wir werden essen*
sunt *sie sind*
fābula *f die Geschichte*
narrāre *erzählen*
narrat *er erzählt*
narrāvit *er hat erzählt*
parvus, a, um *klein*
parvae (*Nom. Pl. Fem.*) *klein(e)*
nōn *nicht*
iam *schon*
diū *lange*
ad-vocāre *herbeirufen*
Barbara *f Barbara*
Rōmānus *m* (*Subst.*) *der Römer*
Rōmānus, a, um (*Adj.*) *römisch*
dīligenter (*Adv.*) fleißig
labōrāre *arbeiten*
labōrāte! *arbeitet!*
Europa *f Europa*
Mārcus *m Markus*
Titus *m Titus*

Grammatik

Das Substantiv

1 B₁

1. Die a-Deklination

Beispiel: vīlla, ae, *f das Landhaus*; Stamm: vīlla-; Wortstock: vīll-.

	Singular		Plural		Ausgänge Sing.	Ausgänge Plur.
Nom.	vīll-a	*das (ein) Landhaus*	vīll-ae	*die Landhäuser*	a	ae
Gen.	vīll-ae	*des Landhauses*	vīll-ārum	*der Landhäuser*	ae	ārum
Dat.	vīll-ae	*dem Landhaus*	vīll-īs	*den Landhäusern*	ae	īs
Akk.	vīll-am	*das Landhaus*	vīll-ās	*die Landhäuser*	am	ās
Abl.	vīll-ā	*durch das Landhaus*	vīll-īs	*durch die Landhäuser*	ā	īs
Vok.	vīll-a	(*o*) *Landhaus!*	vīll-ae	(*ihr*) *Landhäuser!*		

Bemerkung:

Das Substantiv hat im Lateinischen **keinen Artikel.** – Die Substantive sind männlich, weiblich und sächlich. Die drei Geschlechter heißen: das männliche Geschlecht = genus masculīnum, abgekürzt *m*, das weibliche Geschlecht = genus fēminīnum, *f*, das sächliche Geschlecht = genus neutrum, *n*, wörtlich: keines von beiden. Es gibt eine Einzahl = Singular und eine Mehrzahl = Plural, aber einzelne Substantive kommen nur in der Mehrzahl vor (Pluraletantum), z. B. nuptiae *f die Hochzeit*. Es gibt im Singular und im Plural je **sechs Fälle** (Fall = Kasus): Nominativ (Nom.) (Frage: *wer* oder *was?*), Genetiv (Gen.) (Frage: *wessen?*), Dativ (Dat.) (Frage: *wem?*), Akkusativ (Akk.) (Frage: *wen* oder *was?*), Ablativ (Abl.) (Frage: *womit?*, *wodurch?*, *woher?*, *wo?*, *wann?*), Vokativ (Vok.) = Kasus der Anrede.
Die Substantive der a-Deklination sind Feminina; soweit sie jedoch eine männliche Person bezeichnen, Maskulina (**„natürliches Geschlecht“**), z. B. agricola *m der Bauer*.

Nach der Art des Stammauslautes unterscheidet man vokalische Deklinationen und die konsonantische Deklination. Den Stamm eines Nomens, z. B. eines Substantivs, (den Stammauslaut) erkennt man, wenn man beim Genetiv Plural die Endung -um oder -rum abstreicht; z. B. vīllā-rum, Stamm vīllā-, also a-Deklination. Stammauslaut und Endung sind oft untrennbar miteinander verschmolzen. Deshalb faßt man sie als „Ausgang“ zusammen und bezeichnet den übrigen unveränderlichen Teil als „Wortstock“. Wortstock und Ausgang erkennt man am Genetiv Singular, z. B. vīll-ae.

2. Die o-Deklination: Substantive auf -us (Maskulina)

Beispiel: fundus, ī, *m das Grundstück;* Stamm: fundo-; Wortstock: fund-.

	Singular		Plural		Ausgänge Sing.	Plur.
Nom.	fund-us	*das (ein) Grundstück*	fund-ī	*die Grundstücke*	us	ī
Gen.	fund-ī	*des Grundstücks*	fund-ōrum	*der Grundstücke*	ī	ōrum
Dat.	fund-ō	*dem Grundstück*	fund-īs	*den Grundstücken*	ō	īs
Akk.	fund-um	*das Grundstück*	fund-ōs	*die Grundstücke*	um	ōs
Abl.	fund-ō	*durch das Grundstück*	fund-īs	*durch die Grundstücke*	ō	īs
Vok.	fund-e	(*o*) *Grundstück!*	fund-ī	(*ihr*) *Grundstücke!*	e	ī

Merke: Nur die Substantive der o-Deklination auf -us haben im **Vokativ** Singular eine besondere Form mit dem Ausgang -e. Bei allen anderen Substantiven ist der Vokativ gleich dem Nominativ.

Bemerkung:

Die Adjektive, Partizipien und Possessivpronomina dieser Lektion haben dieselben Ausgänge wie die Substantiva, auf die sie sich beziehen: Claudia ... nupta est. – ... cum familiā suā ... – ... colōnōrum Rōmānōrum ...

Das Verb

1 B_2

Die ā-Konjugation

1. Das lateinische Verb hat drei Personen im Singular und drei im Plural, zwei Zustandsformen (Aktiv = Tatform und Passiv = Leideform), drei Aussageweisen (Indikativ = Wirklichkeitsform, Konjunktiv = Begehrs- oder Möglichkeitsform und Imperativ = Befehlsform) und mehrere Tempora = Zeitstufen (z. B. Präsens = Gegenwart, Imperfekt = erste Vergangenheit, Futur I = erste oder unvollendete Zukunft, Perfekt = zweite Vergangenheit oder vollendete Gegenwart.)

Alle Verbformen lassen sich von drei Stämmen ableiten: vom **Präsensstamm**, vom **Perfektaktivstamm** und vom **Perfektpassivstamm.**

Nach dem Auslaut des Präsensstammes unterscheidet man vier vokalische und eine konsonantische Konjugation. Bei der **ā**-Konjugation ist der Auslaut des Präsensstammes -ā-: celebrā-re. Der Perfektaktivstamm muß bei jedem Verb eigens gelernt werden. Er endet bei den Verben der ā-Konjugation meistens auf v: celebrāv- (celebrāv-ī *ich habe gefeiert*).

Die Verbformen setzen sich zusammen aus Stamm, Tempus- oder Moduszeichen, Bildevokal und Personalendung. Der Präsensstamm dient zur Bildung des Präsens, des Imperativs, des Imperfekts und des Futurs I. Die Formen des Präsens und des Imperativs bestehen aus Präsensstamm und Personalendung, die Formen des Imperfekts aus Präsensstamm, Tempuszeichen (-bā-) und Personalendung, die Formen des Futurs I aus Präsensstamm, Tempuszeichen (-b- + Bildevokal -i-) und Personalendung.

Die Formen des Perfekts bestehen im Aktiv aus dem Perfektaktivstamm und den besonderen Ausgängen dieses Tempus: ī, istī, it, imus, istis, ērunt.

2. Bei der 3. Person des Singulars der Verben wird in diesem Lehrbuch im Deutschen nur das Maskulinum des Pronomens angegeben („er").

3. Im Imperativ ist bei den vokalischen Konjugationen die 2. Pers. Sing. gleich dem Präsensstamm; im Plur. kommt dazu noch die Endung -te.

Satzlehre — 1 B₃

1. Kasuslehre

Der **Dativ** bei esse *sein* bezeichnet den Besitzer: Rūfō magnus fundus est *Rufus besitzt ein großes Grundstück* (Dativ des Besitzers = datīvus possessīvus).

Der **Ablativ** steht bei Zeitbegriffen auf die Frage *wann?*: ... hōrā nōnā ... *in der neunten Stunde* (Ablativ der Zeit = ablātīvus temporis).

2. Die Präpositionen

Die Präpositionen verbinden sich mit einem oder zwei Kasus: prope steht mit dem Akkusativ: prope Rōmam *bei Rom*; cum und ex (od. ē) stehen mit dem Ablativ: cum marītō *mit dem Gatten*, ē Germāniā *aus Deutschland*; in steht auf die Frage *wohin?* mit dem Akkusativ, auf die Frage *wo?* mit dem Ablativ: in silvam *in den Wald*, in silvā *im Walde*.

Stilistik — 1 B_4

Die Wortstellung

Das Subjekt steht meist am Satzanfang, das Prädikat in der Regel am Satzende, das Attribut meist nach seinem Beziehungswort. Die Verneinung nōn steht meist an vorletzter Stelle vor dem Verb.

Beispiel:

Vīllae	agricolārum	parvae	nōn	sunt.
Die Landhäuser	*der Bauern*	*klein*	*nicht*	*sind.*
Subjekt	Attribut	adjektivisches Prädikatsnomen	Verneinung	Hilfsverb

Übungen **1 C**

1. *Suchen Sie alle Genetive, Dative, Akkusative, Ablative und Vokative heraus!*

2. *Übertragen Sie* cōgitāre *in alle bisher durchgenommenen Formen* (*mit deutscher Übersetzung*)*!*

3. *Stellen Sie zuerst den Inhalt des Satzes auf deutsch fest und ergänzen Sie dann sinngemäß lateinisch:* Agricola iam diū in vīll.. su.. habitat. – Vīlla agricol.. (*Sg.!*) parv.. ..t. – Italia in Eurōp.. sit.. est. – Claudia et Barbara cum agricol.. nupt.. ..t. – Rūfus marīt.. Claudi.. ..t. – Claudia et Barbara marīt.. prob.. ..t. – Rūfus et Titus in Germāni.. nāt.. ..t, sed ē Germāni.. in Italia.. ēmigrāv... – Hodiē Rūf.. fund.. magn.. sunt. – Fundī prope silv.. sit.. ..t. – Nunc Claudia et Barbara cēnam parā.. cōgita... – "Rūf.. et Tit.., cēn.. parāb..." – "Rāmōs et aqu.. fontān.. ē silv.. apportā..!"

4. *Übertragen Sie die wörtliche Interlinearversion schriftlich in gutes Deutsch!*

2. Lektion

Dē castellō antīquō **2 A**
Über eine Festung alte

Nōn procul ā praediō Rūfī ruīnae
Nicht weit von dem Grundstück des Rufus die Ruinen

castellī sunt. Castellum saeculīs
einer Festung sind. Die Festung in den Jahrhunderten

praeteritīs aedificātum est. Castellum ad rīpam
vergangenen erbaut worden ist. Die Festung am Ufer

fluviī situm est. Fundāmentum castellī firmum
eines Flusses gelegen ist. Das Fundament der Festung fest

et altum est. Via lāta campōs, prāta, vīnēta
und tief ist. Ein Weg breiter Felder, Wiesen, Weinberge

olīvētaque secat, quae inter castellum et
und Olivenhaine durchschneidet, die zwischen der Festung und

praedium sita sunt. Hāc viā vehicula
dem Grundstück gelegen sind. Auf diesem Wege Fahrzeuge

māteriam, saxa frūmentumque et in oppida fīnitima
Bauholz, Steine und Getreide sowohl in Städte benachbarte

et in terrās remōtās portant. Saepe Rūfus et
als auch in Länder entfernte transportieren. Oft Rufus und

Claudia vehicula spectant, quibus equī rōbustī
Claudia die Fahrzeuge ansehen, in die Pferde kräftige

iūnctī sunt. Aurīgae locōrum bene perītī
eingespannt sind. Fuhrleute mit der Gegend wohlvertraut

equōs incitant.
die Pferde antreiben.

Weitere Beispielsätze:

Equī prātō appropinquāvērunt. – Praedium
Die Pferde der Wiese haben sich genähert. – Das Grundstück

olīvētīs fīnitimum est. – Libenter Rūfus et Claudia
den Olivenhainen benachbart ist. – Gern Rufus und Claudia

ruīnās castellōrum antīquōrum spectant.
die Ruinen der Festungen alten ansehen.

dē (*Prp. m. Abl.*) *von (... herab); über*
castellum *n die Festung, die Burg*
antīquus, a, um (*geschichtlich*) *alt*
procul *weit, fern*
ā (*nur vor Kons. außer h; sonst:*) ab (*Prp. m. Abl.*) *von*
praedium *n das Grundstück, das Gut*
ruīna *f der Fall, der Sturz;* (*im Pl.:*) *die Trümmer, die Ruine(n)*
saeculum *n das Jahrhundert*
praeteritus, a, um *vergangen*
aedificāre *erbauen, errichten*
aedificātus, a, um *erbaut*
ad (*Prp. b. Akk.*) *bei*
rīpa *f das Ufer*
fluvius *m der Fluß*
fundāmentum *n der Grund, das Fundament*
firmus, a, um *fest*
altus, a, um *hoch; tief*
via *f der Weg, die Straße*
lātus, a, um *breit*
campus *m das Feld*
prātum *n die Wiese*
vīnētum *n der Weinberg*
olīvētum *n der Olivenhain*
-que (*angehängt*) *und*
secāre *durchschneiden*
quae *n* (*Nom. u. Akk. Pl.*) *die, welche*
inter (*Prp. b. Akk.*) *unter, zwischen*
hāc *f* (*Abl. Sg.*) *durch diese*
vehiculum *n das Fuhrwerk, das Fahrzeug*
māteria *f das Material, das Bauholz*
saxum *n der Stein, der Fels*
frūmentum *n das Getreide*
et ... et *sowohl ... als auch*
oppidum *n die Stadt*

fīnitimus, a, um *benachbart*
terra *f das Land, die Erde*
remōtus, a, um *entfernt*
portāre *tragen, transportieren*
saepe *oft, häufig*
spectāre *ansehen*
quibus *m f n (Dat. u. Abl. Pl.) durch die*

equus *m das Pferd*
rōbustus, a, um *kräftig, stark*
iūnctus, a, um *(m. Dat.) verbunden; eingespannt*
aurīga *m der Wagenlenker, der Fuhrmann*
perītus locōrum *ortskundig*
perītus, a, um *(m. Gen.) erfahren*

locus *m der Ort, die Stelle*
běně *(Adv.) gut*
incitāre *antreiben*
appropinquāre *sich nähern*
appropinquāvērunt *sie haben sich genähert*
libenter *gern*

Grammatik

Das Substantiv — 2 B₁

Die o-Deklination: Substantive auf -um (Neutra)

Beispiel: castellum, ī, *n die Burg;* Stamm: castello-; Wortstock: castell-.

	Singular		Plural		Ausgänge Sing.	Ausgänge Plur.
Nom.	castell-um	*die (eine) Burg*	castell-a	*die Burgen*	um	a
Gen.	castell-ī	*der Burg*	castell-ōrum	*der Burgen*	ī	ōrum
Dat.	castell-ō	*der Burg*	castell-īs	*den Burgen*	ō	īs
Akk.	castell-um	*die Burg*	castell-a	*die Burgen*	um	a
Abl.	castell-ō	*durch die Burg*	castell-īs	*durch die Burgen*	ō	īs
Vok.	castell-um	*(o) Burg!*	castell-a	*(ihr) Burgen!*		

Bemerkung:

Bei der a- und o-Deklination lauten die Ausgänge des Dativs und des Ablativs im Plural gleich (-īs). Bei der o-Deklination lauten die Ausgänge des Dativs und Ablativs im Singular gleich (-ō). Beim Neutrum lauten Nominativ, Akkusativ und Vokativ im Singular und im Plural jeweils gleich (-um bzw. -a).

Das Adjektiv — 2 B₂

Auch im Neutrum haben die Adjektive der o-Deklination – ebenso wie die Possessivpronomina, Ordnungszahlwörter und die vergleichbaren Partizipien – dieselben Ausgänge wie die Substantiva der o-Deklination, soweit diese Neutra sind: castellum ... aedificātum est. – saeculīs praeteritīs ... – ... castellōrum antīquōrum ...

Bemerkung:

Bei Personen gilt das natürliche Geschlecht. Daher: aurīga perītus *ein erfahrener Fuhrmann*, aurīgae perītī *erfahrene Fuhrleute.*

Satzlehre $2\,B_3$

Der **Ablativ** des Mittels oder Werkzeugs (ablātīvus īnstrūmentālis) steht auf die Frage *womit? wodurch?* (Familiae amicitiā iūnctae sunt. *Die Familien sind durch Freundschaft verbunden*); er steht auch bei Ausdrücken der Fortbewegung: Hāc viā vehicula frūmentum portant. *Auf diesem Wege transportieren die Fahrzeuge Getreide.*

Stilistik $2\,B_4$

Die Glieder einer **Wortreihe** stehen oft ohne Konjunktion hintereinander; nur an das letzte Glied wird häufig -que angehängt: campōs, prāta, vīnēta, olīvētaque *Felder, Wiesen, Weinberge und Olivenhaine.*

Übungen 2 C

1. *Deklinieren Sie im Singular und im Plural* aurīga perītus *und verwenden Sie dabei im Ablativ die Präposition* cum (*alles mit deutscher Übersetzung*)!

2. *Stellen Sie zuerst den Inhalt des Satzes auf deutsch fest und ergänzen Sie dann sinngemäß lateinisch:* Aurīga, qu.. frūment.. port.., locōrum perīt.. ..t. – Castell.. nōn procul ā praedi.. Rūf.. et Claudi.. sit.. est. – Fundāment.. castellō.. firm.. sunt. – Vi.. lāt.. vehiculum frūment.. port.. – Vehicul.. frūment.. portāvit. – Saepe Rūf.. vehicula spect.., quibus aurīg.. frūment.. portat.

3. *Bestimmen und übersetzen Sie die folgenden Wortformen* (*eine beigefügte* 2, 3 *od.* 4 *gibt die Anzahl der Möglichkeiten an*): terrae (4), nuptiīs (2), vīllam, fābulās, proavī (3), fundō (2), Rūfe, rāmōs, praediō (2), fundāmentum (3), aurīgae (4), vehicula (3).

4. *Geben Sie zu den unter 3. genannten Substantiven den Nominativ Singular* (*bzw. Plural*) *an.*

5. *Übertragen Sie die beigefügte wörtliche Interlinearversion in gutes Deutsch!*

3. Lektion

Rūfus agricola strēnuus est, quī fīliōs suōs
Rufus ein Bauer tüchtiger ist, der die Söhne seine
optimē ēdŭcat. **3 A**
aufs beste erzieht.

Rūfus exemplum virī probī est. Vīcīnī
Rufus das Beispiel eines Mannes rechtschaffenen ist. Die Nachbarn

agricolam strēnuum valdē aestimant. Iūmenta sua dīligenter
den Bauern tüchtigen sehr schätzen. Zugtiere seine sorgfältig

cūrat.
er betreut.

Ergā Claudiam semper maximā reverentiā est.
Gegenüber Claudia immer von größter Verehrung er ist.

Līberōs suōs amat optimēque ēdŭcat. Itaque
Die Kinder seine er liebt und aufs beste erzieht. Deshalb

magistrī līberōs Rūfī et Claudiae saepe laudant,
die Lehrer die Kinder des Rufus und der Claudia häufig loben,

nam probī, praeditī studiōsīque sunt. Magistrīs
denn anständig, begabt und strebsam sie sind. Den Lehrern

suīs reverentiam dēbitam praestant. Versiculōs
ihren die Ehrfurcht gebührende sie erweisen. Die Verschen

Latīnōs et Graecōs, quōs magister ā discipulīs
lateinische und griechische, die der Lehrer von den Schülern

postulat, dīligenter memoriae mandant. Etiam pēnsum
verlangt, sorgfältig sie auswendig lernen. Auch die Aufgabe

grammaticum et mathēmaticum, quod magister discipulīs
grammatische und mathematische, die der Lehrer den Schülern

mandat, accūrātē administrant.
aufgibt, genau sie ausführen.

Weitere Beispielsätze:

Versiculōs tuōs, ō poēta clāre, libenter memoriae mandāmus
Verschen deine, o Dichter berühmter, gern auswendig wir lernen

semperque mandābimus! – Ergā vōs, agricolae
und immer wir werden lernen! – Gegenüber euch, ihr Bauern

strēnuī, maximā reverentiā sumus semperque erimus. –
tüchtige, von größter Verehrung wir sind und immer wir werden sein. –

Agricolās strēnuōs amō semperque amābō. –
Bauern tüchtige liebe ich und immer werde ich lieben. –

Cūr fortūnā tuā contentus nōn es, magister? –
Warum mit Schicksal deinem zufrieden nicht du bist, Lehrer? –

Cūr fortūnā vestrā contentī nōn estis, magistrī? –
Warum mit Schicksal eurem zufrieden nicht ihr seid, Lehrer? –

Aegrōta sum. – Quandō rūrsus sāna eris? –
Krank ich bin. – Wann wieder gesund du wirst sein? –

Ergā magistrum semper reverentiā magnā erō. –
Gegenüber einem Lehrer immer von Verehrung großer werde ich sein. –

Claudia mox in Italiā erit. – Agricolae mox rūrsus
Claudia bald in Italien wird sein. – Die Bauern bald wiederum

in pulchrā patriā suā erunt. – Hodiē agricolae
in schönen Vaterland ihrem werden sein. – Heute die Bauern

līberī incolae patriae suae sunt. – Contentus es, puer! –
freie Bewohner Vaterlandes ihres sind. – Zufrieden sei, Junge! –

Contentī este, puerī!
Zufrieden seid, Jungen!

strēnuus, a, um *tüchtig*
fīlius *m der Sohn*
optimē (*Adv.*) *aufs beste*
ēducāre *erziehen*
exemplum *n das Beispiel*
vir, virī *m der Mann*
vīcīnus *m der Nachbar*
valdē (*Adv.*) *sehr*
aestimāre *schätzen*
iūmentum *n das Zugtier*
cūrāre *versorgen, betreuen*
ergā (*Prp. b. Akk.*) *gegen (-über)*
semper *immer, stets*
maximus, a, um *größte*
reverentia *f die Ehrerbietung, die Ehrfurcht*
līberī *m* (*Pluraletantum*) *die Kinder*
amāre *lieben*
itaque *daher*
magister, trī *m der Lehrer*
laudāre *loben*
nam *denn*
puer, puerī *m der Knabe*
praeditus, a, um *begabt*
studiōsus, a, um *strebsam*
dēbitus, a, um *schuldig, gebührend*
prae-stāre *gewähren, erweisen; voranstehen*
versiculus *m der Vers, das Verschen*
Latīnus, a, um *lateinisch*
Graecus, a, um *griechisch*
Graecus *m der Grieche*
quōs *m* (*Akk. Pl.*) *die, welche*
discipulus *m der Schüler*
postulāre *verlangen, fordern*
memoria *f das Gedächtnis, die Erinnerung*
mandāre *übergeben, anvertrauen*
memoriae (= *Dat. Sg.*) mandāre *sich einprägen, auswendig lernen*
etiam *auch*
pēnsum *n die Aufgabe*
grammaticus, a, um *grammatisch*
mathēmaticus, a, um *mathematisch, Rechen...*
quod *n* (*Nom. u. Akk. Sg.*) *das, welches*
accūrātē (*Adv.*) *genau*
ad-ministrāre *ausführen, erledigen*
tuus, tua, tuum *dein, deine, dein*
poēta *m der Dichter*
clārus, a, um *berühmt*
vōs *m f* (*Akk.*) *euch*

cūr *warum*
fortūna *f das Schicksal, das Glück*
contentus, a, um (*m. Abl.*) *zufrieden* (*mit ...*)
puer, ī *m der Knabe*
vester, tra, trum *euer(e)*
aegrōtus, a, um *krank*
quandō *wann*
rūrsus *wieder, von neuem*
sānus, a, um *gesund*
mox *bald*
pulcher, chra, chrum *schön*
patria *f das Vaterland*
līber, lībera, līberum *frei*
incola *m Einwohner*
nauta *m Seemann*

Grammatik

Das Substantiv — 3 B_1

Maskulina der **o-Deklination** auf -er

Es gibt zwei Gruppen: eine mit stammeigenem -e- und eine mit stammfremdem -e-.

Beispiele: puer, puerī, *m der Knabe;* Stamm: puero-; Wortstock: puer-.
magister, magistrī, *m der Lehrer;* Stamm: magistro-; Wortstock: magistr-.

	Singular	Plural	Singular	Plural	Ausgänge Sing.	Ausgänge Plur.
Nom.	puer	puer-ī	magister	magistr-ī	er	ī
Gen.	puer-ī	puer-ōrum	magistr-ī	magistr-ōrum	ī	ōrum
Dat.	puer-ō	puer-īs	magistr-ō	magistr-īs	ō	īs
Akk.	puer-um	puer-ōs	magistr-um	magistr-ōs	um	ōs
Abl.	puer-ō	puer-īs	magistr-ō	magistr-īs	ō	īs
Vok.	puer!	puer-ī!	magister!	magistr-ī!	er	ī

Merke: vir, virī *der Mann;* Pl. virī, virōrum

Das Adjektiv — 3 B_2

Adjektive der **o/a-Deklination**

1. Adjektive auf -us

Beispiel: clārus, clāra, clārum *berühmt;* Wortstock: clār-.

	Singular			Plural		
	m	*f*	*n*	*m*	*f*	*n*
Nom.	clārus	clāra	clārum	clārī	clārae	clāra
Gen.	clārī	clārae	clarī	clārōrum	clārārum	clārōrum
Dat.	clārō	clārae	clārō	clārīs	clārīs	clārīs
Akk.	clārum	clāram	clārum	clārōs	clārās	clāra
Abl.	clārō	clārā	clārō	clārīs	clārīs	clārīs
Vok.	clāre	clāra	clārum	clārī	clārae	clāra

2. Adjektive auf -er

Die Adjektive der o/a-Deklination auf -er unterscheiden sich von denen auf -us nur im Nominativ Singular. Von pulcher, pulchra, pulchrum *schön* (Wortstock: pulchr-) heißt also der Gen. Sg.: pulchr-ī, pulchr-ae, pulchr-ī, von līber, lībera, līberum *frei* (Wortstock: līber-) der Gen. Sg.: līber-ī, līber-ae, līber-ī.

Unterscheide: līberī, līberōrum *die Kinder;* lĭbrī, lĭbrōrum *die Bücher.*

Bemerkung zu 3 B_1 und 3 B_2:

Da der Vokativ nur im Singular der Substantiva auf -us und des Maskulinums der Adjektive auf -us (o-Deklination) eine besondere Form mit dem Ausgang -e hat, wird der Vokativ in diesem Lehrbuch weiterhin nicht mehr erwähnt.

Das Verb

3 B_3

1. Konjugation des **Hilfsverbs esse** *sein* (Teilübersicht)

Präsensstamm: es- (bzw. er-) oder s-

Indikativ Präsens	Indikativ Imperfekt	Futur I	Imperativ
1. s-u-m *ich bin*	er-a-m *ich war*	er-ō *ich werde sein*	
2. es	er-ā-s	er-i-s	es! *sei!*
3. es-t	er-a-t	er-i-t	
1. s-u-mus	er-ā-mus	er-i-mus	
2. es-tis	er-ā-tis	er-i-tis	es-te! *seid!*
3. s-u-nt	er-a-nt	er-u-nt	

2. Die ā-Konjugation

Indikativ Präsens, Imperfekt und Futur I im Aktiv; der Imperativ

	Indikativ Präsens Aktiv	Indikativ Imperfekt Aktiv	Futur I Aktiv	Imperativ
celebrāre *feiern*	1. celebr-ō *ich feiere*	celebrā-bā-m *ich feierte*	celebrā-b-ō *ich werde feiern*	
	2. celebrā-s	celebrā-bā-s	celebrā-b-i-s	celebrā! *feiere!*
	3. celebra-t	celebrā-ba-t	celebrā-b-i-t	
	1. celebrā-mus	celebrā-bā-mus	celebrā-b-i-mus	
	2. celebrā-tis	celebrā-bā-tis	celebrā-b-i-tis	celebrā-te! *feiert!*
	3. celebra-nt	celebrā-ba-nt	celebrā-b-u-nt	

Bemerkung:

Da die Personen durch die Personalendungen ausgedrückt werden, werden die Personalpronomina beim Konjugieren nur zur besonderen Betonung verwandt, z. B. bei Gegenüberstellungen.

Satzlehre — 3 B4

1. Ist das Subjekt kein Substantiv, so wird sein **Geschlecht** häufig durch den Ausgang des Prädikatsnomens ausgedrückt; sonst ergibt es sich aus dem Zusammenhang: Cūr contentus nōn es? *Warum bist du nicht zufrieden?* (Mask.) – Sāna sum. *Ich bin gesund* (Fem.) – Līberōs suōs amat. *Er* (= Rufus – von dem die Rede war –) *liebt seine Kinder.*

2. Der **Ablativ** mit einem Attribut drückt die Eigenschaft aus (ablātīvus quālitātis): Ergā Claudiam maximā reverentiā est. *Gegenüber Claudia ist er von größter Ehrerbietung.*

Übungen — 3 C

1. *Deklinieren Sie im Singular und Plural (beim Ablativ mit Präposition* ā; *alles mit deutscher Übersetzung!):* puella pulchra – nauta līber – vir praeditus – poēta clārus.

2. *Übertragen Sie ins Imperfekt und ins Futur I und übersetzen Sie sodann:* Agricolam aestimāmus. – Dīligenter iūmenta cūrās. – Līberōs amātis. – Magistrīs semper reverentiam praestō. – Semper strēnuī estis. – Studiōsī sunt. – Magistrī versiculōs postulant. – Dīligenter versiculōs memoriae mandant.

3. *Stellen Sie zuerst den Inhalt des Satzes auf deutsch fest und ergänzen Sie sodann sinngemäß lateinisch:* Rūfus et Titus exempl.. vir.. prob.. sunt (*alles im Plural!*). – Agricol.. strēnu.. (*Plural!*) valdē aestimām.. – Magist.. discipul.. strēnu.. pēns.. grammatic.. manda.. (*alles im Singular!*). – Quandō aegrōt.. erāt.., magistr..? (*alles im Plural!*) – Ergā magistr.. (*Plural!*) semper reverenti.. maxim.. erām..

4. *Übertragen Sie die wörtliche Interlinearversion schriftlich in gutes Deutsch!*

4. Lektion

Dē līberīs Rūfī et Claudiae. – Rūfus posterō tempore praedium suum vendere cōgitat. **4A**

Tullia et Mārcus et Mānius līberī Claudiae et Rūfī sunt. Mārcus et Mānius frātrēs sunt; frātrēs sorōrem valdē amant. Tullia octō, Mārcus ūndecim, Mānius quattuordecim annōs nātus est. Mārcus et Mānius interdum patrem adiūvant, cum in agrō aut in silvā labōrat. Tullia summā dīligentiā in mātrem spectat, cum in hortō labōrat aut cum ad rīpam flūminis lintĕa lavat. Libentissimē Tullia in mātrem spectat, cum cēnam parat. Saepe Tullia gallīnīs et ānseribus pābulum dat.
Familia beāta est, nam pater, māter, līberīque sānī et contentī sunt. Līberī in scholā semper attentī sunt omniaque memoriā tenent, quae magister discipulōs docet. Līberī parvō contentī sunt neque possidēre dēsīderant, quae cēterōrum discipulōrum sunt.
Parentēs et līberī laetī sunt, saepe rīdent, numquam dēspērant. Rūfus post paucōs annōs praedium ac pecora vendere et Rōmam sibĭ domiciliō dēligere cōgitat. Pecūniā quaesītā ūnā cum amīcō bonō, homine litterātō, tabernam librāriam in capite sitam emere dēsīderat, nam labōrem minus molestum sibĭ quaerere exoptat. Saepe dīcit: "Caput imperiī Rōmānī līberīs nostrīs ērudītiōnem meliōrem praestābit. Fīliī nostrī ibĭ apud prīncipēs magistrōs in studium iūris Rōmānī incumbere poterunt."

Weitere Beispielsätze:

Saepe cum amīcīs sermōnem habeō. – Cum amīcīs sermōnēs pulchrōs habēmus. – Cum amīcīs sermōnēs pulchrōs habēbāmus. – Crās cum amīcō meō optimō sermōnem sērium habēbō. – Crās sermōnem cum amīcīs habēbimus. – Quamdiū ad aquās manēbitis? – Parentēs diū ad aquās manēbunt. – Semper cum sociīs in amicitiā manēbō. – Cavē perīculum! – Cavēte ab hominibus impūrīs! – Cūr pecora venditis? – Agricolae pecora vendunt. – Rūfus pecora semper magnō pretiō vendēbat. – Mox pecora vendam. – Quandō pecora vendētis? – Mox pecora vendēmus. – Quandō nōbīs frūmentum melius vendēs? – Frūmentum melius tibĭ vendere nōn possum. – Semper nōbīs frūmentum bonum vendere poterat. – Māter Claudiae mulier pauper erat. – Rōma diū caput imperiī Rōmānī erat. – Pūblius amīcus vetus Rūfī est. – Rūfus libenter cum Titō, vetere amīcō suō, sermōnem īnstituit. – Bis dat, quī citō dat.

posterus, a, um *nachfolgend, kommend*
tempus, oris *n die Zeit*
tempus posterum *n die Folgezeit, die Zukunft*
vendĕre, ō *verkaufen*
Tullia *f Tullia*
Mārcus *m Markus*
Mānius *m Manius*
frāter, tris *m der Bruder*
soror, ōris *f die Schwester*
octō *acht*
ūndecim *elf*
quattuor-decim *vierzehn*
annus *m das Jahr*
inter-dum *bisweilen*
pater, tris *m der Vater*
ad-iuvāre (*m. Akk.*) *helfen*
cum (*Konjunktion*) (*dann*) *wenn*
ager, agrī *m der Acker, das Feld*
aut *oder*
summus, a, um *höchste*
dīligentia *f die Aufmerksamkeit, die Sorgfalt*
māter, tris *f die Mutter*
hortus *m der Garten*
flūmen, inis *n der Fluß*
lintĕum *n die Leinwand; das Laken*
lavāre *waschen*
libentissimē (*Adv.*) *sehr gern*
gallīna *f das Huhn, die Henne*
ānser, eris *m die Gans*
pābulum *n das Futter*
dare *geben*
beātus, a, um *glücklich*
schola *f die Schule*
attentus, a, um *aufmerksam*
omnia *n* (*Nom. u. Akk. Plur.*) *alle* (*Dinge*) = *alles*
tenēre, ĕō *festhalten*
docēre, ĕō *lehren*
parvō (*Adv.*) *mit wenigem*
neque *und nicht, auch nicht*
pos-sidēre, ĕō *besitzen*
dē-sīderāre *verlangen, begehren*
cēterī, ae, a *die übrigen*
parentēs, tum *m/pl. die Eltern*
laetus, a, um *fröhlich, vergnügt*

rīdēre, ĕō *lachen*
numquam *niemals*
dē-spērāre *verzweifeln*
post (*Prp. b. Akk.*) *nach*
paucī, ae, a *wenige*
pecus, oris *n die Viehherde, das Vieh*
domicilium *n die Wohnung, der Wohnort*
dē-ligere, ō *auswählen*
domiciliō sibĭ dēligere (*für*) *sich zum Wohnsitz wählen*
pecūnia *f das Vermögen, das Geld*
ita *so*
quaesītus, a, um *erworben, gewonnen*
ūnā *zusammen, gemeinschaftlich*
amīcus *m der Freund*
bonus, a, um *gut*
homō, inis *m der Mensch*
litterātus, a, um *gebildet*
taberna *f die Bretterbude*
librārius, a, um *Bücher...*
taberna librāria *f der Buchladen*
caput, itis *n der Kopf; die Hauptstadt*
emere, ō *kaufen*
labor, ōris *m die Arbeit*
minor, us *kleiner, weniger*
molestus, a, um *beschwerlich*
sibĭ *m f n* (*Dat. des pers. Reflexivpronomens*) *sich, für sich*
quaerere, ō *suchen, erwerben*
ex-optāre *herbeiwünschen, ersehnen*
dīcere, ō *sagen, nennen*
imperium *n der Befehl; die Herrschaft; die obrigkeitliche Gewalt; das Reich*
noster, tra, trum *unser*(*e*)
ērudītiō, ōnis *f die Bildung*
melior, us *besser*
meliōrem (*Akk. Sg. m u. f v.* melior) *bessere*(*n*)
ibĭ *dort*
apud (*Prp. b. Akk.*) *bei*
prīnceps, ipis *Adj. m f n der angesehenste, erste*

studium *n der Eifer, das Studium*
iūs, iūris *n das Recht*
in-cumbere (*m.* in *b. Akk.*) *sich legen auf ...; sich widmen*
poterunt (*3. Pers. Plur. Futur I v.* posse) *sie werden können*
posse *können*
sermō, ōnis *m die Unterhaltung*
habēre, ĕō *haben, halten* (*für*)
sermōnem habēre *sich unterhalten*
crās *morgen*
mĕus, a, um *mein*(*e*)
optimus, a, um *beste*
sērius, a, um *ernst*
quam-diū *wie lange*
aqua *f das Wasser; im Plur.: die Heilquelle, das Bad*
manēre, ĕō *bleiben, sich aufhalten*
socius *m der Gefährte, der Bundesgenosse*
amīcitia *f die Freundschaft*
cavēre, ĕō (*m. Akk. od.* ab *m. Abl.*) *sich hüten vor*
perīculum *n die Gefahr*
im-pūrus, a, um *unrein, lasterhaft*
pretium *n der Preis, der Wert*
nōbīs (*Dat. u. Abl.*) *uns; durch uns*
tibĭ *dir*
bonus, a, um *gut*
mulier, ĕris *f die Frau*
pauper, *Gen.* paupĕris *m f n arm*
Pūblius *m Publius*
amīcus *m der Freund*
vetus, *Gen.* vetĕris *m f n alt*
īn-stituere, ō *hineinstellen, beginnen*
bis *zweimal*
citō *schnell*
dī-ligere, ō *lieben*
vērus, a, um *wahr*
vērum *n die Wahrheit*
dīves, *Gen.* dīvitis *m f n reich*

Grammatik

Das Substantiv — 4 B1

Maskulina, Feminina und Neutra der **konsonantischen Deklination**

Bei der konsonantischen Deklination endet der Stamm auf einen Konsonanten; Wortstock und Stamm sind gleich, deshalb auch Ausgänge und Endungen. Die Endungen (= Ausgänge) sind für alle drei Geschlechter dieselben, nur daß beim Neutrum der Akkusativ stets dem Nominativ gleicht und daß Nominativ und Akkusativ im Plural auf -a enden.

Beispiele: pater, patris, *m der Vater;* Stamm: patr-.
lēx, lēgis, *f das Gesetz;* Stamm: lēg-.
flūmen, flūminis, *n der Fluß;* Stamm: flūmin-.

	Sing.	Plural	Sing.	Plural	Sing.	Plural
Nom.	pater	patr-ēs	lēx	lēg-ēs	flūmen	flūmin-a
Gen.	patr-is	patr-um	lēg-is	lēg-um	flūmin-is	flūmin-um
Dat.	patr-ī	patr-ibus	lēg-ī	lēg-ibus	flūmin-ī	flūmin-ibus
Akk.	patr-em	patr-ēs	lēg-em	lēg-ēs	flūmen	flūmin-a
Abl.	patr-e	patr-ibus	lēg-e	lēg-ibus	flūmin-e	flūmin-ibus

Ausgänge:

	Sing.	Plural
Nom.	–	ēs / a
Gen.	is	um
Dat.	ī	ibus
Akk.	em / –	ēs / a
Abl.	e	ibus

Bemerkungen:

1. Die Lautform des Nom. Sing. weicht häufig von der Lautform des Stammes (des Wortstocks) ab: z. B. hom-ō, homin-is; ērudīti-ō, ērudītiōn-is; flūmen, flūmin-is.
2. Auch bei der konsonantischen Deklination gibt es Substantiva auf -er mit stammeigenem und mit stammfremdem -e-: ānser, ānseris und pater, patris.
3. Wie bisher wird bei den Substantiven auf -us und auf -um der o-Deklination sowie bei den Substantiven auf -a der a-Deklination der Genetiv nicht angegeben. Bei anderen Substantiven wird er zur Andeutung der Deklination angegeben, z. B. pecus, -coris *n*.
4. Die Neutra der konsonantischen Deklination enden auf -men, -ur und -us, z. B. rōbur, rōboris *n die Kraft*.

Das Adjektiv — 4 B2

Das Adjektiv der **konsonantischen Deklination** hat die gleichen Ausgänge wie das Substantiv. Diese Adjektive haben im Nominativ Singular für alle drei Geschlechter dieselbe Endung. Es gibt nur die folgenden Adjektive der konsonantischen Deklination:

dīves, *Gen.* dīvitis *reich*
vetus, *Gen.* veteris *alt*
pauper, *Gen.* pauperis *arm*
particeps, *Gen.* participis *teilhaftig*
prīnceps, *Gen.* prīncipis *der erste; als Subst.* (*m*) *der Führer*

Beispiel: pauper; *Abl. Sing.*: pauper-e;
Nom. und *Akk. Plur. Neutrum:* pauper-a;
Gen. Plur.: pauper-um.

Bemerkung:

Der Komparativ der Adjektive wird ebenfalls nach der konsonantischen Deklination abgewandelt; z. B. melior *m u. f*, melius *n:* ērudītiō melior (*Nom. Sg.*), ērudītiōnem meliōrem (*Akk. Sg.*) *eine bessere Ausbildung*; frūmentum melius (*Nom. u. Akk. Sg.*) *besseres Getreide.*

Das Zahlwort 4 B3

Die Grundzahlen von eins bis zwanzig („*Wie viele?*")

1	ūn-us, a, um *eins, einer*	8	octō	15	quīndecim
2	duo, duae, duo	9	novem	16	sēdecim
3	trēs, tria	10	decem	17	septendecim
4	quattuor	11	ūndecim	18	duodēvīgintī
5	quīnque	12	duodecim	19	ūndēvīgintī
6	sex	13	trēdecim	20	vīgintī
7	septem	14	quattuordecim		

Bemerkung:

Die Grundzahlen von vier bis hundert drücken das Geschlecht nicht aus und werden nicht dekliniert.

Das Verb 4 B4

1. Die ē-Konjugation

Indikativ Präsens, Imperfekt und Futur I; der Imperativ

	Indikativ Präsens Aktiv	Indikativ Imperfekt Aktiv	Futur I Aktiv	Imperativ
tenēre *halten*	1. tene-ō *ich halte*	tenē-ba-m *ich hielt*	tenē-b-ō *ich werde halten*	
	2. tenē-s	tenē-bā-s	tenē-b-i-s	tenē! *halte!*
	3. tene-t	tenē-ba-t	tenē-b-i-t	
	1. tenē-mus	tenē-bā-mus	tenē-b-i-mus	
	2. tenē-tis	tenē-bā-tis	tenē-b-i-tis	tenē-te! *haltet!*
	3. tene-nt	tenē-ba-nt	tenē-b-u-nt	

Bemerkung:

Die ē-Konjugation unterscheidet sich von der ā-Konjugation durch den Präsensstammauslaut -ē; sie bildet die meisten Formen wie die ā-Konjugation.

2. Die konsonantische Konjugation

Indikativ Präsens, Imperfekt und Futur I; der Imperativ

	Indikativ Präsens Aktiv	Indikativ Imperfekt Aktiv	Futur I Aktiv	Imperativ
dīligere *lieben*	1. dīlig-ō *ich liebe*	dīlig-ē-ba-m *ich liebte*	dīlig-a-m *ich werde lieben*	
	2. dīlig-i-s	dīlig-ē-bā-s	dīlig-ē-s	dīlig-e! *liebe!*
	3. dīlig-i-t	dīlig-ē-ba-t	dīlig-e-t	
	1. dīlig-i-mus	dīlig-ē-bā-mus	dīlig-ē-mus	
	2. dīlig-i-tis	dīlig-ē-bā-tis	dīlig-ē-tis	dīlig-i-te! *liebt!*
	3. dīlig-u-nt	dīlig-ē-ba-nt	dīlig-e-nt	

Bemerkung:

Bei der konsonantischen Konjugation ist der Auslaut des Präsensstammes ein Konsonant. Beim Konjugieren treten im Präsens zwischen Präsensstamm und Personalendung die Bildevokale -i- oder -u-, beim Imperfekt der Bildevokal -ē-.

Das Futur I wird bei der konsonantischen Konjugation nicht mit Hilfe des Tempuszeichens -b- und Bildevokals -i- bzw. -u- gebildet, sondern mit dem Tempuszeichen -ē-, in der 1. Person Singular mit -a-.

Der Imperativ hat im Singular die Endung -e, im Plural -te (davor Bildevokal -i-!).

Beim Einprägen der Verben mit dem Infinitiv auf -ere muß man darauf achten, ob das -e- der vorletzten Silbe lang oder kurz ist. Ist das -e- lang, so geht das Verb nach der ē-Konjugation, ist es kurz, nach der konsonantischen Konjugation.

In lateinischen Grammatiken und Wörterbüchern wird die Länge durch einen waagerechten Strich über dem Vokal angedeutet; sonst ist ein Vokal kurz. Nur bei besonderer Verwechslungsgefahr wird manchmal das Kürzezeichen ˘ verwendet; z. B. pārēmus *wir gehorchen*, aber părēmus! *laßt uns vorbereiten!*

3. Das unregelmäßige Verb **posse** *können*

Indikativ Präsens, Imperfekt und Futur I

	Indikativ Präsens	Indikativ Imperfekt	Futur I
posse *können*	1. pos-sum *ich kann*	pot-eram *ich konnte*	pot-erō *ich werde können*
	2. pot-es	pot-erās	pot-eris
	3. pot-est	pot-erat	pot-erit
	1. pos-sumus	pot-erāmus	pot-erimus
	2. pot-estis	pot-erātis	pot-eritis
	3. pos-sunt	pot-erant	pot-erunt

Bemerkung:

Bei posse, entstanden aus pot-se, und bei anderen Formen dieses Verbs wird der erste Bestandteil pot- vor folgendem -s- zu pos-; der zweite Bestandteil dieses Verbs sind die entsprechenden Formen von esse *sein.*

Satzlehre $4\ B_5$

adiuvāre *helfen* verbindet sich mit dem **Akkusativ:** patrem adiuvāre *dem Vater helfen.*

Stilistik $4\ B_6$

Das Alter wird durch nātus mit Akkusativ ausgedrückt: octō annōs nātus *acht Jahre alt.*

Übungen 4 C

1. *Deklinieren Sie im Singular und Plural* agricola pauper, māter vetus *und* oppidum dīves (*alles mit deutscher Übersetzung; Ablativ bei* agricola *und* māter *mit* cum, *bei* oppidum *mit* in!).

2. *Stellen Sie zuerst den Inhalt des Satzes auf deutsch fest und ergänzen Sie dann sinngemäß lateinisch:* Frāte.. tu.. quīndecim ann.. n.. ..t. – Cūr sorōr.. tu.. nōn adiuvābās? (2) – Pater cum mātr.. in hortō labōrābi.. – Cūr familia beāt.. nōn ..t? (2) – Quōmodo Tulli.. mātr.. adiuvābat? – Mānius in schol.. semper attent.. ..t. (3) – Mārcus omnia memori.. tenē̆.. (3) – Magistr.. discipul.. bon.. libenter docē̆.. (*mehrere Möglichkeiten*) – Cūr nōn respondē..? (2. *Pers. Sg. Präs. u. Impf.*)

3. *Übertragen Sie ins Imperfekt und ins Futur* (*alles mit deutscher Übersetzung!*)*:* Cum līberīs sermōnem īnstituere nōn potes. – Tabernam librāriam novam quaerō. – Equōs vendimus. – Semper vērum dīcit. – Ē patriā ēmigrāre nōn possum. – Ērudītiōnem meliōrem nōbīs praestat. – Libenter cum amīcīs sermōnem habēmus. – Quamdiū ad aquās manēs? – Semper perīcula cavēmus.

4. *Bestimmen Sie den Fall und übersetzen Sie:* Temporibus antīquīs (2); – pecorī; – labōrēs (2); – ērudītiōnī optimae; – amīcōrum veterum; – cum amīcīs dīvitibus; – amīce optime!

5. *Übertragen Sie das Lesestück und die weiteren Beispielsätze schriftlich in gutes Deutsch!*

5. Lektion

Claudia cum Rūfō, marītō suō, dē temporibus praeteritīs et dē tempore praesentī sermōnem familiārem habet. **5 A**

(Pars prior)

Claudia: Nunc iam quīndecim annōs tēcum in Italiā vīvō. Anteā cum parentibus (meīs) et cum sorōre (meā) in Germāniā vīvēbam. In vīllā prope Colōniam Agrippīnēnsem sitā habitābāmus.
Rūfus: Vīllam vestram optimē apparātam, quae nōn longē ā turrī antīquā sita est, semper memoriā tenēbō.

Weitere Beispielsätze:

Custōs dē turrī altā oculōs acrēs (suōs) in terram vīcīnam dēicit. – Numerus omnium turrium, quae Rōmam, caput imperiī Rōmānī, ōrnant, ingēns est. – Omnēs vīcīnī Claudiam et Rūfum aestimant. – Saepe cum amīcīs (meīs) sermōnem habeō. – Cum amīcīs (nostrīs) sermōnēs pulchrōs habēbāmus. – Crās sermōnem gravem cum amīcō habēbō. – Crās sermōnēs gravēs cum amīcīs veteribus habēbimus. – Saepe auxiliō celerī opus est. – Vīrēs iūmentōrum magnae erant. – Iūmentum magnā vī arātrum per agrum trahit. – Mare internum, quod Rōmānī plērumque "nostrum" dīcēbant, et mare externum, quod Graecī et Rōmānī "Ōceănum" appellābant, maria erant, in quibus nautae temporibus antīquīs nāvigābant. – Tū, fēlīx Austria, nūbe! (*Anspielung auf die habsburgische Heiratspolitik; der erste Teil des Verses lautet in deutscher Übersetzung: Kriege mögen andere führen!*)

praesēns, *Gen.* -sentis *gegenwärtig*
familiāris, -e *vertraut, vertraulich*
pars, partis *f der Teil*
prior, us *der (die, das) erste (von zwei)*
quīndecim *fünfzehn*
tēcum *mit dir*
vīvere, ō *leben*
Colōnia Agrippīnēnsis *f Köln*
apparātus, a, um *wohl ausgestattet, prächtig*
quae *f (Nom. Sg.) die, welche*
longē ā ... *(m. Abl.) weit entfernt von ...*
turris, is *f der Turm*
custōs, ōdis *m der Wächter*
oculus *m das Auge*
ācer, ācris, ācre *scharf*
vīcīnus, a, um *benachbart*
dē-icere, iō *(sprich: dejikere) herabwerfen*
oculōs dēicere *den Blick richten (senken)*
numerus *m die Zahl, die Anzahl*
omnis, e *ganz, all*
ōrnāre *schmücken*
ingēns, *Gen.* ingentis *ungeheuer (groß)*
gravis, e *schwer, bedeutend*
celer, eris, e *schnell*
auxilium *n die Hilfe*
opus, eris *n das Werk; der Bau*
opus est *(m. Abl.) es ist nötig*
vīs, vim, vī *f die Kraft, die Stärke*
arātrum *n der Pflug*
per *(Prp. b. Akk.) durch, über*
trahere, ō *ziehen, schleppen*
mare, is *n das Meer*
internus, a, um *innere; inländisch*
plērumque *meistens*
externus, a, um *äußere, ausländisch*

Ōcĕănus *m der Ozean, das Weltmeer*
appellāre *nennen, benennen*
nāvigāre *segeln, in See gehen*
tū (*Pers.-Pron., nur betont!*) *du*
fēlīx, *Gen.* fēlīcis *glücklich*
Austria *f Österreich*
nūbere, ō *heiraten* (*von der Frau*)
vīsitāre *besuchen*
studium *n der Eifer*
ē-discere, ō *auswendig lernen*
natāre *schwimmen*
ambulāre *spazierengehen*
nōtus, a, um *bekannt*
anguis, *Gen.* anguis *m u. f die Schlange*
os-tendere, ō *zeigen*
quam *wie*
ūnus, a, um *einzig*

Grammatik

Das Substantiv

5 B₁

Die i-Deklination

Die Feminina und Maskulina – diese nur Flußnamen! – der i-Deklination enden auf -is. Die Ausgänge sind bei beiden Geschlechtern gleich.

Beispiel: turris, turris *f der Turm;* Stamm: turri-; Wortstock: turr-.

	Singular	Plural	Ausgänge Sing.	Plur.
Nom.	turr-is	turr-ēs	is	ēs
Gen.	turr-is	turr-ium	is	ium
Dat.	turr-ī	turr-ibus	ī	ibus
Akk.	turr-im	turr-īs (ēs)	im	īs (ēs)
Abl.	turr-ī	turr-ibus	ī	ibus

Die Neutra enden auf -ar, -e, -al: exemplar, āris *n das Muster*, mare, maris *n das Meer*, animal, ālis *n das Lebewesen*, vectīgal, gālis *n der Zoll, die Abgabe.*

Beispiel: mare, maris *n das Meer*; Stamm: mari-; Wortstock: mar-.

	Singular	Plural	Ausgänge Sing.	Plur.
Nom.	mar-e	mar-ia	e bzw. –	ia
Gen.	mar-is	mar-ium	is	ium
Dat.	mar-ī	mar-ibus	ī	ibus
Akk.	mar-e	mar-ia	e bzw. –	ia
Abl.	mar-ī	mar-ibus	ī	ibus

Bemerkung:

Im Akkusativ Plural haben die Maskulina und Feminina den Ausgang -īs oder -ēs. Zur i-Deklination gehört auch vīs *f*, vim (Akk.), vī (Abl.) *Kraft, Gewalt*, Plural: vīrēs, vīrium, vīribus *Kräfte.*

Das Adjektiv

5 B₂

Die i-Deklination

Bei den Adjektiven der i-Deklination unterscheidet man nach dem Nominativausgang drei Gruppen:

Adjektive auf -er mit drei Endungen im Nominativ Singular: ācer, ācris, ācre *scharf;*

Adjektive auf -is mit zwei Endungen im Nominativ Singular: gravis, gravis, grave *schwer*, *bedeutend;*

Adjektive auf -x und -ns mit einer Endung im Nominativ Singular: fēlīx, fēlīx, fēlīx *glücklich;* ingēns, ingēns, ingēns *ungeheuer.*

Beispiel: ācer, ācris, ācre *scharf;* Stamm: ācri-; Wortstock: ācr-.

	Singular			Plural		
	m	*f*	*n*	*m*	*f*	*n*
Nom.	ācer	ācris	ācre	ācrēs	ācrēs	ācria
Gen.	ācris	ācris	ācris	ācrium	ācrium	ācrium
Dat.	ācrī	ācrī	ācrī	ācribus	ācribus	ācribus
Akk.	ācrem	ācrem	ācre	ācrīs (ēs)	ācrīs (ēs)	ācria
Abl.	ācrī	ācrī	ācrī	ācribus	ācribus	ācribus

Bemerkung:

Neben den Adjektiven der i-Deklination auf -er mit stammfremdem -e- (ācer, ācris, ācre *scharf*) gibt es auch solche mit stammeigenem -e-, z. B. celer, celeris, celere *schnell.*

Unterscheide von den Adjektiven der i-Deklination auf -er die Adjektive der o-Deklination auf -er, z. B. pulcher, pulchra, pulchrum *schön* oder līber, lībera, līberum *frei.*

Das Pronomen — 5 B₃

Die Possessivpronomina (Die besitzanzeigenden Fürwörter)

	1. Person	2. Person	3. Person (reflexiv)
Singular	meus, a, um *mein*	tuus, a, um *dein*	suus, a, um (eigen), *sein*, *ihr*
Plural	noster, tra, trum *unser*	vester, tra, trum *euer*	suī, ae, a (eigene), *ihre*

Bemerkung:

Das reflexive Possessivpronomen der 3. Person steht nur, wenn es sich auf das Subjekt des Satzes bezieht: Pater amīcum suum vīsitāvit. *Der Vater hat seinen* (eigenen) *Freund besucht.*

Die Possessivpronomina werden nach der o-/a-Deklination abgewandelt.

Das Possessivpronomen fehlt, wenn es selbstverständlich ist.

Satzlehre — 5 B₄

Der Ablativ kann auch die Art und Weise bezeichnen (ablātīvus modī) und steht auf die Frage *wie?*, *auf welche Weise?* (magnō studiō ēdiscere *mit großem Eifer auswendig lernen*).

Bemerkung:

Bei opus esse *etwas nötig haben* steht der ablātīvus īnstrūmentālis an Stelle eines Objektkasus; die Person steht im Dativ: Mihĭ auxiliō tuō opus est. *Ich benötige deine Hilfe.*

Stilistik — 5 B_5

Das Imperfekt drückt keinen Fortschritt in der Handlung aus (steht also nicht auf die Frage *was geschah?*), sondern bedeutet einen Zustand, eine Wiederholung oder eine Gewohnheit (es steht also auf die Frage *was war?*). Daher kann es oft mit „*pflegen*" oder „*gewöhnlich*" wiedergegeben werden: In hortō ambulābāmus. *Wir pflegten im Garten spazierenzugehen = Wir gingen gewöhnlich im Garten spazieren.*

Übungen — 5 C

1. *Stellen Sie zuerst den Inhalt des Satzes auf deutsch fest und ergänzen Sie dann sinngemäß lateinisch:* Libenter turr.. nov.. spectāmus. (2) – Dē turr.. altīs custōdēs terram vīcīnam spectāre possunt. – Custōs turr.. novae nōbīs bene nōtus est. – *Setzen Sie analog die richtige Form von* Tiberis (*m der Tiber*) *ein:* Libenter in Tiber.. natāmus. – Libenter in rīpā Tiber.. ambulāmus. – Tiber.. fluvium valdē amāmus.

2. *Stellen Sie zuerst den Inhalt des Satzes auf deutsch fest und ergänzen Sie dann sinngemäß durch die entsprechende Form von* vīs *bzw.* ingēns: Anguēs saepe v.. ingent.. (*Singular und Plural!*) inter sē pūgnant. – Anguibus v.. ingĕn.. est/sunt. – Anguēs saepe v.. ingen.. (*Singular und Plural!*) ostendunt.

3. *Verwandeln Sie die folgenden Sätze in Sätze von gleicher Bedeutung mit der entsprechenden Form von* habēre *und übersetzen Sie sodann:* Agricolae multī agrī sunt. – Quam multī equī vōbīs erunt? – Patrī anteā multī equī erant. – Parentibus nunc ūnus equus est.

4. *Fügen Sie die richtige Form aller Possessivpronomina ein und übersetzen Sie sodann:* mātrī ..; – cum patre ..; – ad parentēs ..; – patrem ..; – parentum ..

5. *Übertragen Sie das Lesestück und die weiteren Beispielsätze dieser Lektion schriftlich in gutes Deutsch!*

6. Lektion

Claudia cum Rūfō, marītō suō, dē temporibus praeteritīs et dē tempore praesentī sermōnem familiārem habet. **6 A**

(Pars altera)

Rūfus: Egō quoque nōnnūllōs annōs in Germāniā vīvēbam; in complūribus regiōnibus ad rīpās Rhēnī fluviī sitīs stipendia merēbam. Amīcus Mārcus Caelius in Germāniā in bellō cecidit. Frāter ēius Pūblius eī sepulcrum cōnstituit et titulum addidit.

Claudia: Sepulcrum amīcī tuī saepe spectāvī, nam sepulcrum mihĭ valdē placēbat. Aliquandō tū et egō simul ante sepulcrum stābāmus, sed eō tempore alter alterum nōndum cognōverāmus.

Rūfus: Statim mihĭ valdē placuistī. Aliquot mēnsibus post tē ā patre tuō in mātrimōnium petīvī.

Claudia: Et iterum post aliquod tempus fēlīcissimum diem vītae vīdī: diem nuptiārum meārum. Cum autem patriā excēdere et tēcum in Italiam ēmigrāre dēbuī, trīstissima eram. Nam semper semperque mihĭ quaestiōnem prōposuī: Quandō patriam revīsam?

Rūfus: Prīmō vīta externa tibĭ molesta erat, sed mox ad patriam meam initiō tibĭ aliēnam assuēvistī. Nunc tū et egō beātī sumus: optimē valēmus, cūrīs vacāmus līberīsque nostrīs bene ēducātīs dēlectāmur.

Claudia: Vērē sors nostra et vīta nostra commūnis nōbīs valdē placet.

Rūfus: Sine dubiō etiam tū hodiē prōverbium probās: Ubĭ bĕnĕ, ibĭ patria!

Weitere Beispielsätze:

Parentibus ā līberīs saepe quaestiōnēs difficilēs prōpōnuntur. – Frātrēs eī sepulcrum cōnstituērunt. – Quandō sepulcrum novum spectāvistis? – Nōndum in Italiā fuimus. – Multīs rēbus nōbīs opus est. – Nam inopiā multārum rērum labōrāmus. – Naufrāgī diū sine spē erant. – Oppidum iter diēī ā vīllā nostrā aberat. – Hibernia dīmidiō minor est quam Britannia. – Quandō Claudia Rūfō nūpsit? – Dormīre nōn potuī. – Mediās in rēs! – Ultrā posse nēmō tenētur. – Hodiē plānē fēlīx esse vidēris, Claudia! – Saepe in Graeciam nāvigāre dīciminī, amīcī! – Antīquīs vāsīs valdē dēlector. – Mēnsem Māium nōs omnēs maximē amāmus. – Ubinam gentium sumus?

alter, era, erum *der andere, der zweite*
egō *ich*
quŏque (*nachgestellt*) *auch*
nōn-nūllī, ae, a *einige*
com-plūrēs, a (*nur i. Plural*) *mehrere*
regiō, ōnis *f die Gegend*
Rhēnus *m der Rhein*
stipendium *n der Wehrsold*
merēre, ĕō, uī *verdienen*
stipendium merēre *Kriegsdienst leisten*
bellum *n der Krieg*
cadere, ō, cecidī *fallen*
ēius *dessen, sein, deren, ihr*
eī (*Personalpronomen; Dat. des Sing.*) *ihm, ihr*
sepulcrum *n das Grabmal*
cōn-stituere, ō, uī *aufstellen; richterlich entscheiden*
titulus *m die Inschrift, die Aufschrift*
ad-dere, ō addidī *hinzufügen*
mihĭ (*Personalpronomen, Dat. des Sing.*) *mir*
placēre, ĕō, uī *gefallen*
aliquandō *einmal*
simul *zugleich*
ante (*Prp. b. Akk.*) *vor*
stāre, stō, stĕtī *stehen*
eō (*Abl. Sing. m u. n*) *durch jenen, durch jenes*
co-gnōscere, ō, gnōvī *kennenlernen, erkennen*
statim *auf der Stelle, sofort*
aliquot (*unveränderlich*) *einige*
mēnsis, is *m der Monat*
post-eā (*Adv.*) *später*
tē (*Personalpronomen, Akk. Sing.*) *dich*
mātrimōnium *n die Ehe*
petere, ō, tīvī *erbitten*
in mātrimōnium petere (ā patre) *um die Hand anhalten* (*beim Vater*)
iterum *Adv. wieder*
aliquod *n* (*Sing. Nom. u. Akk.*) *irgendein*
fēlīcissimus, a, um (*Superlativ v.* fēlīx *glücklich*) *glücklichst*
diēs, diēī *m der Tag*
vīta *f das Leben*
vidēre, ĕō, vīdī *sehen, erleben*
autem (*nachgestellt*) *aber*
ex-cēdēre, ō, cessī *weggehen, scheiden*
dēbēre, ĕō, uī *müssen*
nōn dēbēre *nicht dürfen*
trīstissimus, a, um (*Superlativ v.* trīstis, e *traurig*) *traurigst*
quaestiō, ōnis *f die Frage*
pro-pōnere, ō, pŏsuī *vorlegen*
re-vīsere, ō, ī *wiedersehen*
prīmō *zuerst, in der ersten Zeit*
initiō *anfänglich, im Anfang*
aliēnus, a, um *fremd*
as-suēscere, ō, suēvī *sich gewöhnen*
valēre, ĕō, uī *stark sein, sich wohl befinden*
cūra *f die Sorge*
vacāre (*m. Abl.*) *frei sein* (*von*)
dēlectāre *ergötzen, erfreuen*
vērē *wahrhaftig*
sors, rtis *f das Los, das Schicksal*
commūnis, e *gemeinsam*
dubium *n der Zweifel*
prō-verbium *n das Sprichwort*
probāre *beurteilen; billigen*
ubī *Adv. wo?*
dif-ficilis, e *schwierig*
nŏvus, a, um *neu*
nōn-dum *noch nicht*
rēs, rĕī *f die Sache, das Ding*
inŏpia *f der Mangel*
labōrāre *arbeiten; an etwas leiden*
nau-frāgus *m der Schiffbrüchige*
sīne (*Prp. b. Abl.*) *ohne*
spēs, eī *f die Hoffnung*
ab-esse, ab-sum, ā-fuī *abwesend sein, entfernt sein*
Hibernia *f Irland*
dīmidium *n die Hälfte*
quam *als*
nūbere, ō, nūpsī (*m. Dat.; nur v. der Frau gebraucht*) *heiraten*
dormīre, ĭō, īvī *schlafen*
medius, a, um *mittlere, mitten*
ultrā (*Prp. b. Akk.*) *über ... hinaus*
posse, possum, potuī *können*
nēmō *niemand*
plānē (*Adv.*) *deutlich, völlig*
videor *ich werde gesehen, ich scheine, es scheint, daß ich ...*
dīcor *von mir wird gesagt = ich soll*
vās, vāsis *n* (*Plur.* vāsa, vāsōrum) *das Gefäß*
mēnsis Māius *m, Gen.* mēnsis Māī *der Monat Mai*
maximē *sehr, am meisten*
ubĭnam? *wo denn* (*nur*)?
gēns, gĕntis *f Sippe; Volk*
gĕntium (*Gen. Plur.*) *in aller Welt*
memor, *Gen.* memoris *eingedenk*
monēre, ĕō, uī *erinnern; ermahnen*
agere, ō, ēgī (*be*)*treiben; verhandeln*
calamitās, ātis *f der Schaden, das Unheil*
carmen, inis *n das Lied, das Gedicht*
cīvis *m der Bürger, der Mitbürger*
urbs, urbis *f die Stadt*
fēstus, a, um *festlich, Fest...*
īn-fāns, īnfăntis *m u. f das* (*kleine*) *Kind*
mīles, itis *m der Soldat*
quīnque *fünf*

Grammatik

Das Substantiv

1. Die e-Deklination

Beispiel: rēs, reī, *f die Sache, das Ding;* Stamm: rē-; Wortstock: r-.

	Singular	Plural	Ausgänge Sing.	Plur.
Nom.	r-ēs	r-ēs	ēs	ēs
Gen.	r-eī	r-ērum	eī	ērum
Dat.	r-eī	r-ēbus	eī	ēbus
Akk.	r-em	r-ēs	em	ēs
Abl.	r-ē	r-ēbus	ē	ēbus

Merke: Das e im Genetiv und Dativ Singular ist lang, wenn der Wortstock auf einen Vokal endet. Beispiel: di-ēs, di-ēī.

Genusregel: Die Substantiva der e-Deklination sind Feminina. *Ausnahmen:* Maskulina sind merīdiēs, merīdiēī *der Mittag* und diēs, diēī *der Tag;* doch ist diēs in der Bedeutung *Termin, Zeit* Femininum (diēs cōnstitūta *der vereinbarte Termin*).

2. Die gemischte Deklination

Zur gemischten Deklination gehören

1. die gleichsilbigen Substantiva auf -is und -ēs – d. h. Substantiva auf -is und -ēs, die im Nom. und Gen. Singular die gleiche Silbenzahl haben –, z. B. classis, classis *f die Klasse, die Flotte;* nūbēs, nūbis *f die Wolke;*

2. die Substantiva mit zwei Konsonanten vor dem Genetivausgang, z. B. gēns, gĕntis, *f die Sippe, das Volk.*

Regel: Die Substantiva der gemischten Deklination haben im Singular die Ausgänge der konsonantischen Deklination, im Plural die Ausgänge der i-Deklination.

Beispiel: classis, classis, *f die Klasse, die Flotte;* Stamm: classi-; Wortstock: class-.

	Singular	Plural	Ausgänge Sing.	Plur.
Nom.	class-is	class-ēs	is	ēs
Gen.	class-is	class-ium	is	ium
Dat.	class-ī	class-ibus	ī	ibus
Akk.	class-em	class-īs (ēs)	em	īs (ēs)
Abl.	class-e	class-ibus	e	ibus

Genusregel: Die Substantiva der gemischten Deklination sind Feminina, z. B. classis, classis *die Klasse, die Flotte;* nūbēs, nūbis *die Wolke* und gēns, gēntis *die Sippe, das Volk.* Alle Substantiva der gemischten Deklination auf -nis, z. B. fīnis, fīnis *die Grenze,* aber auch andere auf -is, z. B. mēnsis, mēnsis *der Monat,* sind Maskulina. Auch alle Substantiva der gemischten Deklination, die männliche Personen bezeichnen, sind Maskulina, z. B. cīvis, cīvis *der Bürger.*

Das Pronomen (Fürwort) — 6 B_2

Das Personalpronomen der ersten, zweiten und dritten Person des Singulars:

	1. Person		2. Person		3. Person oder Sache					
					m	*f*	*n*			
Nom.	egŏ	*ich*	tū	*du*	(is	ea	id	*er*	*sie*	*es)*
Gen.	meī	*meiner*	tuī	*deiner*	ēius	ēius	ēius	*seiner*	*ihrer*	*seiner*
Dat.	mihī̆	*mir*	tibī̆	*dir*	eī	eī	eī	*ihm*	*ihr*	*ihm*
Akk.	mē	*mich*	tē	*dich*	eum	eam	id	*ihn*	*sie*	*es*
Abl.	ā mē	*von mir*	ā tē	*von dir*	cum eō	cum eā	eō	*mit ihm*	*mit ihr*	*durch es*
	mēcum	*mit mir*	tēcum	*mit dir*						

Beachte:

1. Alle Pronomina außer den Possessivpronomina haben im Dativ Singular den Ausgang -ī̆.

2. Beim Personalpronomen der 1. und 2. Person wird die Präposition cum hinten angehängt, die übrigen Präpositionen werden davorgesetzt: mēcum, aber ā mē.

3. Der Genetiv Singular kommt – wie im Deutschen – sehr selten vor, z. B. mē miseret tuī *es jammert mich deiner* = *ich bedauere dich* oder memor sum ēius *ich bin seiner eingedenk* = *ich gedenke seiner* = *ich erinnere mich an ihn.*

Das Verb — 6 B_3

1. Der Indikativ des Präsens im Passiv

Die vom Präsensstamm abgeleiteten Formen des Passivs unterscheiden sich vom Aktiv nur durch die Personalendungen: -or oder -r, -ris, -tur, -mur, -minī, -ntur.

Beachte: Bei der zweiten Person Singular wird bei der konsonantischen Konjugation kurzes -i- in unbeto .en Mittelsilben vor r zu -e- abgeschwächt: dīlig-i-ris > dīlig-e-ris.

ā-Konjugation		ē-Konjugation		konsonantische Konjugation	
celebrāre *feiern*	1. celebr-or *ich werde gefeiert*	tenēre *halten*	tene-or *ich werde gehalten*	dīligere *lieben*	dīlig-or *ich werde geliebt*
	2. celebrā-ris		tenē-ris		dīlig-ĕ-ris
	3. celebrā-tur		tenē-tur		dīlig-i-tur
	1. celebrā-mur		tenē-mur		dīlig-i-mur
	2. celebrā-minī		tenē-minī		dīlig-i-minī
	3. celebra-ntur		tene-ntur		dīlig-u-ntur

2. Der Indikativ des Perfekts im Aktiv

besteht aus dem Perfektaktivstamm und den Ausgängen -ī, -istī, -it, -imus, -istis, -ērunt.

Der Perfektaktivstamm wird gebildet

1. durch v- oder u-Erweiterung (v- oder u-Perfekt): spectā-re, spect-ō, spectāv-ī; monē-re, mone-ō, monu-ī;

2. durch s-Erweiterung (s-Perfekt): nūb-ere, nūb-ō, nūps-ī; dīc-ere, dīc-o, dīx-ī (-x- = -c+s-);

3. durch Dehnung des Stammvokals, teilweise mit qualitativem Ablaut (d. i. Wechsel des Vokals: Dehnungsperfekt): vĭdē-re, vĭde-ō, vīd-ī; ăg-ere, ăg-ō, ēg-ī;

4. durch Reduplikation (der anlautende Konsonant tritt mit e oder dem Stammvokal vor den Stamm: Reduplikationsperfekt): cad-ere, cad-ō, ce-cid-ī; ad-dere, add-ō, ad-did-ī;

5. ohne Veränderung des Präsensstammes (Stammperfekt): cōnstitu-ere, cōnstitu-ō, cōnstitu-ī.

Merke: Die Formen der einzelnen Konjugationen unterscheiden sich nur im Präsensstamm! Die vom Perfektaktivstamm abgeleiteten Formen werden bei allen Konjugationen gleich gebildet.

3. Der Indikativ des Plusquamperfekts im Aktiv

besteht aus dem Perfektaktivstamm und dem Indikativ Imperfekt von esse: -eram.

Perfekt-aktivstamm	Indikativ Perfekt Aktiv		Indikativ Plusquamperfekt Aktiv	
	-ī	*ich habe*	-eram	*ich hatte*
celebrāv-	-istī	*gefeiert*	-erās	*gefeiert*
tenu-	-it	*gehalten*	-erat	*gehalten*
dīx-	-imus	*gesagt*	-erāmus	*gesagt*
	-istis		-erātis	
	-ērunt		-erant	

Indeklinabilia **6 B_4**

Indeklinabilia sind Worte, die nicht dekliniert werden, z. B. das unveränderliche Zahladjektiv aliquot *einige:* aliquot puerī *einige Knaben*, aliquot puerōrum *einiger Knaben.*

Satzlehre **6 B_5**

1. Akkusativ

Der Akkusativ steht als adverbiale Bestimmung zur Bezeichnung der Ausdehnung in Raum und Zeit auf die Frage *wie hoch?*, *wie tief?*, *wie lang?*, *wie breit?*, *wie weit?*, *wie alt?*, *wie lange Zeit?* Z. B. iter diēī abesse *den Weg eines Tages* (*weit*) = *einen Tagesmarsch entfernt sein.*

2. Ablativ

1. Der ablātīvus mēnsūrae bezeichnet auf die Frage *um wieviel?* das Maß der Verschiedenheit bei Komparativen und komparativischen Begriffen: Hibernia dīmidiō minor est quam Britannia. *Hibernien* (= *Irland*) *ist um die Hälfte kleiner als Britannien.*

Meist nachgestelltes post und ante in der Bedeutung „*nachher*" und „*vorher*" sind der Form nach keine Komparative, dem Sinne nach aber komparativische Begriffe, *später* und *früher:* aliquot mēnsibus post (*um*) *einige Monate später* = *einige Monate danach.*

2. Der ablātīvus sēparātīvus bezeichnet auf die Frage *woher?*, *wovon?* bei Verben und Adjektiven die Trennung: patriā excēdere *aus der Heimat scheiden* = *die Heimat verlassen.*

3. Der ablātīvus causae bezeichnet auf die Frage *wodurch?*, *infolge wovon?* die Ursache bei Verben und Adjektiven des Affekts: dolēre *traurig sein über*, laetus *froh über* (doleō calamitāte amīcī *ich empfinde Schmerz über das Unheil meines Freundes*).

4. Bei passivischer Ausdrucksweise steht die Person, die etwas tut, im Ablativ in Verbindung mit der Präposition ā (ab, abs): Sepulcrum ab amīcō cōnstituitur. *Vom Freund wird ein Grabmal errichtet.*

Stilistik **6 B_6**

1. Bedeutung und Gebrauch des **Perfekts:** Das Perfekt drückt einen Fortschritt der Handlung aus; es steht also auf die Frage *Was geschah dann?*, z. B. Amīcus bellō cecidit. *Der Freund fiel im Kriege* oder *ist im Kriege gefallen.*

2. Das **Plusquamperfekt** drückt eine vor einer anderen Handlung in der Vergangenheit abgeschlossene Handlung aus: Rūfus libenter cum amīcō sermōnēs familiārēs habēbat, nam in Germāniā nōnnūllōs annōs stipendia

meruerat. *Gern führte Rufus mit seinem Freunde vertrauliche Gespräche, denn er hatte in Germanien (Deutschland) einige Jahre Kriegsdienste geleistet.*

3. Freiere Wiedergabe des **Passivs:** Das lateinische Passiv kann im Deutschen manchmal durch das Aktiv in Verbindung mit einem persönlichen rückbezüglichen Fürwort (reflexiven Personalpronomen) wiedergegeben werden: Carminibus dēlectātur. *Er wird durch Gedichte erfreut = er freut sich über Gedichte = er erfreut sich an Gedichten.*

4. **videor** *ich scheine* und **dicor** *ich soll:* Im Deutschen kann man auch Wendungen wie *es scheint, daß* ... bzw. *angeblich* ... gebrauchen: Fēlīx esse vidēris. *Du scheinst glücklich zu sein = du bist anscheinend glücklich.* – Saepe in Graeciam nāvigāre dīciminī. *Ihr sollt häufig nach Griechenland fahren = man sagt, daß ihr häufig nach Griechenland fahrt = ihr fahrt angeblich häufig nach Griechenland.*

5. **Est** und **sunt** werden häufig in Sprichwörtern, Ausrufen und auch sonst weggelassen: Ubĭ bĕnĕ, ibĭ patria. *Ein Vaterland ist jedes Land, wo (nur immer) es einem gut geht.*

Esse fehlt häufig nach vidētur und analogen Formen: Oppidum bene mūnītum vidētur. *Die Stadt ist anscheinend gut befestigt.*

6. Bei einer **wechselseitigen Beziehung** (einem reziproken Verhältnis) gebraucht das Lateinische häufig die Doppelsetzung: Alter alterum vidēre nōn potuit. *Sie konnten einander nicht sehen.*

Übungen 6 C

1. *Deklinieren Sie im Singular und Plural mit deutscher Übersetzung:* cīvis Rōmānus (*Ablativ mit Präposition* ā), urbs dīves (*Ablativ mit Präposition* in), diēs fēstus *und* rēs difficilis (*alles mit deutscher Übersetzung!*).

2. *Setzen Sie alle möglichen Formen der Personalpronomina des Singulars* (*einschließlich* is/ea/id) *ein* (*alles mit deutscher Übersetzung*)*:* Sepulcrum ... valdē placet. – Diū ... cum / cum ... ante sepulcrum stābant. – Rūfus ... ā patre in mātrimōnium petīvit. – Semper ... quaestiōnes difficilēs prōposuērunt. – Semper ... memorēs erunt.

3. *Konjugieren Sie durch alle Personen des Singulars und Plurals des Perfekts und Plusquamperfekts* (*mit deutscher Übersetzung!*)*:* In hortō stāre.

4. *Konjugieren Sie im Präsens und beachten Sie dabei die Endung des Adjektivs im Plural* (*mit deutscher Übersetzung*)*:* Beāta esse dīcor. – Sānus esse videor. – Carminibus dēlector.

5. *Stellen Sie zuerst den Sinn des Satzes fest und übertragen Sie ihn sodann sinngemäß deutsch und lateinisch ins Passiv:* Māter līberōs lavat. – Cūr mē

advocātis? – Omnēs tē aestimant. – Cūr nōs nōn adiūvat? – Pater īnfantem aegrōtum portat. – Aurīga equum incitat.

6. *Stellen Sie zuerst den Sinn des Satzes fest, ergänzen Sie ihn sodann mit der richtigen Ablativform und geben Sie die Art des Ablativs an:* Quīnque ann.. ante in Germāniā habitābāmus. – Mīlitēs saxa castell.. dēiciunt. – Auxili.. tu.. mihĭ opus est. – Iūmenta magn.. v.. arātrum trahunt. – Tempor.. praeterit.. multa castella erant. – Mārcus et Mānius magn.. dīligenti.. sunt.

7. *Übertragen Sie das Lesestück und die weiteren Beispielsätze dieser Lektion schriftlich in gutes Deutsch!*

7. Lektion

Claudia cum fīliā sermōnem īnstituit. 7 A

Māter: Quid nunc agis, Tullia?
Fīlia: Fābulam Aesōpī memoriae mandō.
Māter: Facilene versūs memoriae mandās?
Fīlia: Egō versūs celerius et facilius memoriae mandō quam frātrēs.
Māter: Quid posteā agēs?
Fīlia: Clāmōrem gallīnārum audiō; pābulum iīs dabō.
Māter: Nōnne pābulum praeparātum est?
Fīlia: Statim pābulum praeparābō. Etiam aquam ē fonte nostrō hauriam et gallīnīs apportābō.
Māter: Hodiē duae gallīnae dēsunt.
Fīlia: Vīcīnum interrogābō. Gallīnae saepe in fundum vīcīnī trānsvolant aut trānsiliunt.
Māter: Quot ōva gallīnae cottīdiē pōnunt?
Fīlia: Decem ferē ōva cottīdiē colligō. Herī duodecim ōva invēnī.
Māter: Hŏc patrī gaudiō erit, nam ōva cēterīs cibīs praefert. Quamlibet cēnam ab ōvō incipere vult. Saepe dīcit: Famem integram afferō ad ōvum. Interdum pater nōn irrīdiculē interrogat: Cūr gallīnae nostrae nōn bīna ōva cottīdiē pōnunt?

Weitere Beispielsätze:

Num nōs fefellistis, puerī? – Puerī ā lacū reveniunt. – Lacus Lemannus in agrō Helvēticō situs est. – Agricolae in domibus parvīs habitābant. – Herī sērō vēnimus. – Quandō vĕniēs? – Sērō vĕniam. – Libenter mātrēs nostrās convenīmus. – Libenter mātrem conveniēbam. – Ab omnibus bĕnĕ vidēris et audīris. – Lēge vincior. – Nōs omnēs lēgibus vincīmur. – Aqua ē fonte haurītur. – Ex quō fonte aquam hausistis? – Ex hōc fonte aquam haurīre nōn poteritis. – Hanc aquam bibere nōn licet, nam pūra nōn est. – Manus manum lavat. – Terra frūgēs parit. – Claudia Rūfō trēs līberōs peperit. – Pater puerum aegrōtum manibus suīs fert. – Cūr mihĭ auxilium nōn fers? – Fertisne nōbīs auxilium? – Tulistisne nōbīs auxilium? – Homērus caecus fuisse fertur. – Omnēs hominem falsum dēspiciunt. – Cūr mē dēspicitis? – Cūr ab omnibus dēspicior? – Amīcī inimīcīque eum dēspexērunt. – Tibĭ bĕnĕ volō. – Nōnne etiam tū mihĭ bĕnĕ vīs? – Praemium, quod multī auferre voluērunt, is abstulit. – Celeriter omnēs hostēs superāre eī contigit. – Cūr aquam nōn bibistī, quam ex fonte hauseram? – Gallīnās diū reperīre nōn potuī, quae ad vīcīnum trānsvolāverant aut trānsiluerant. – Sociī iīs auxiliō vēnērunt.

fīlia *f die Tochter*
quid? *was?*
Aesōpus *m Äsop, griech. Fabeldichter, v. Phaedrus ins Lateinische übersetzt*
facile (*Adv.*) *leicht, einfach*
-ne *angehängte Fragepartikel*
versus, ūs *m der Vers*
celerius (*Adv., Komp.*) *schneller*
facilius (*Adv., Komp.*) *leichter, einfacher*
clāmor, ōris *m das laute Rufen, das Geschrei*
audīre, ĭō, īvī *hören*
iīs (*Dat. u. Abl. Plur.*) *ihnen*
nōnne (*Fragepartikel*) *doch gewiß*
prae-parātus, a, um *vorbereitet*
prae-parāre *vorbereiten*
fōns, fōntis *m die Quelle*
haurīre, ĭō, hausī *schöpfen*
dē-esse, dē-sum, dē-fuī *fehlen*
inter-rogāre *fragen*
trāns-volāre *hinüberfliegen*
trān-silīre, ĭō, uī *hinüberspringen*
quot (*undeklinierbar*) *wieviel*
ōvum *n das Ei*
cottīdiē *täglich*
pōnere, ō, pŏsuī *setzen, legen, stellen*
ferē *ungefähr, beinahe*

col-ligere, ō, ēgī *sammeln*
in-venīre, iō, vēnī *finden*
hōc (*Nom. u. Akk. Neutr. Sing.*) *dieses*
gaudium *n die Freude*
cibus *m die Speise*
prae-ferre, fĕrō, tŭlī *vorziehen*
quam-libet *f* (*Sing. Akk.*) *eine jede beliebige*
incipere, iō; coepī *anfangen*
velle, volō, voluī *wollen*
intĕger, gra, grum *unberührt, ungeschmälert* (*noch ganz*)
famēs, is *f der Hunger*
af-ferre, fĕrō, at-tŭlī (*m.* ad *u. Akk.*) *dazubringen, mitbringen* (*zu*)
ir-rīdiculē (*Adv.*) *unwitzig, witzlos*
bīnī, ae, a *je zwei*
num (*Fragepartikel*) *denn, etwa*
fallere, ō, fefellī *täuschen*
lacus, ūs *m der See*
re-vĕnīre, iō, vēnī *zurückkehren*
lacus Lemannus, ūs ī *m der Genfer See*
Helvēticus, a, um *helvetisch, schweizerisch*
domus, ūs *f das Haus*
herī *gestern*
sērō *spät*
vĕnīre, iō, vēnī *kommen*

con-vĕnīre, iō, vēnī *zusammenkommen; im Lat. mit Akk.: j-n treffen*
lēx, lēgis *f das Gesetz*
vincīre, ĭō, vinxī *fesseln*
quō *m n* (*Abl. Sing.*) *durch welchen, durch welches*
hōc *m n* (*Abl. Sing.*) *durch diesen, durch dieses*
hanc *f* (*Akk. Sing.*) *diese* (*bzw. dieses*)
bibere, ō, bibī *trinken*
licet, uit (+ *Inf.*) *es ist gestattet, man darf*
manus, ūs *f die Hand; die Handvoll Leute, die Schar*
frūx, frūgis *f die Frucht*
părĕre, ĭō, pepĕrī *hervorbringen; gebären*
ferre, ferō, tulī *tragen; bringen; verbreiten*
Homērus *m Homer* (*griech. Dichter*)
caecus, a, um *blind*
fuisse (*Inf. Perf. v.* esse) *gewesen sein*
homō, inis *m der Mensch*
falsus, a, um *falsch, betrügerisch*
dē-spicere, iō, spexī *verachten*
inimīcus *m der Feind*
bene velle *wohlgesinnt sein*
praemium *n der Preis, die Belohnung*
au-ferre, fĕrō, abs-tulī *davontragen*

celeriter (*Adv.*) *schnell*
hostis, is *m der Feind*
superāre *übertreffen; überwinden, besiegen*
con-tingere, ō, tĭgī *berühren; unpersönlich: glücken*
quam *f* (*Akk. Sing.*) *die, welche*
re-perīre, iō, re-pperī *finden* (*durch Suchen*)
potuī (*Perf. Ind. v.* posse) *ich habe gekonnt*
cornū, ūs *n das Horn; der Heeresflügel*
com-perīre, ĭō, compĕrī *zuverlässig erfahren*
argentĕus, a, um *von Silber, silbern*
re-cipere, iō, cēpī *annehmen, aufnehmen* (*zu Hause*)
dialŏgus *m das Gespräch*

Grammatik

Das Substantiv

7 B₁

Die u-Deklination

1. Substantiva auf -us

Beispiel: lacus, lacūs, *m der See*; Stamm: lacu-; Wortstock: lac-.

	Singular	Plural	Ausgänge Sing.	Ausgänge Plur.
Nom.	lac-us	lac-ūs	us	ūs
Gen.	lac-ūs	lac-uum	ūs	uum
Dat.	lac-uī	lac-ibus	uī	ibus
Akk.	lac-um	lac-ūs	um	ūs
Abl.	lac-ū	lac-ibus	ū	ibus

2. Substantiva auf -ū

Beispiel: cornū, cornūs, *n das Horn;* Stamm: cornu-; Wortstock: corn-.

	Singular	Plural	Ausgänge Sing.	Ausgänge Plur.
Nom.	corn-ū	corn-ua	ū	ua
Gen.	corn-ūs	corn-uum	ūs	uum
Dat.	corn-uī (ū)	corn-ibus	uī (ū)	ibus
Akk.	corn-ū	corn-ua	ū	ua
Abl.	corn-ū	corn-ibus	ū	ibus

Merke:

Die ältere Form des Dativs Singular Neutrum auf -uī wird seit der klassischen Zeit meist durch -ū ersetzt.

Genusregel:

Die Substantiva der ū-Deklination auf -us sind Maskulina, die auf -ū sind Neutra; Ausnahmen: Feminina sind u. a. domus, ūs *das Haus* und manus, ūs *die Hand, die Schar.* – Besonderheit: domus, ūs, *f das Haus* bildet den Abl. Sing. und den Akk. Plur. nach der o-Deklination: domō und domōs.

1. Die langvokalische i-Konjugation (Verbformen des Präsensstammes im Aktiv)

		Indikativ Imperfekt	Futur I	Imperativ
	Indikativ Präsens			
audīre *hören*	1. audĭ-o *ich höre*	audi-ē-ba-m *ich hörte*	audi-a-m *ich werde hören*	
	2. audī-s	audi-ē-bā-s	audi-ē-s	audī! *höre!*
	3. audi-t	audi-ē-ba-t	audi-e-t	
	1. audī-mus	audi-ē-bā-mus	audi-ē-mus	
	2. audī-tis	audi-ē-bā-tis	audi-ē-tis	audī-te!
	3. audi-u-nt	audi-ē-ba-nt	audi-e-nt	

2. Die kurzvokalische i-Konjugation (Verbformen des Präsensstammes im Aktiv)

	Indikativ Präsens	Indikativ Imperfekt	Futur I	Imperativ
dēspicere *verachten*	1. dēspici-ō *ich verachte*	dēspici-ē-ba-m *ich verachtete*	dēspici-a-m *ich werde verachten*	
	2. dēspici-s	dēspici-ē-bā-s	dēspici-ē-s	dēspice! *verachte!*
	3. dēspici-t	dēspici-ē-ba-t	dēspici-e-t	
	1. dēspici-mus	dēspici-ē-bā-mus	dēspici-ē-mus	
	2. dēspici-tis	dēspici-ē-bā-tis	dēspici-ē-tis	dēspici-te!
	3. dēspici-u-nt	dēspici-ē-ba-nt	dēspici-e-nt	

3. Der Indikativ des Präsens im Passiv

wird bei der langvokalischen und bei der kurzvokalischen Konjugation aus dem Präsensstamm und den Personalendungen zusammengesetzt. Der Bildevokal ist in der 3. Pers. Plur. -u-; bei der kurzvokalischen Konjugation wird -i- in kurzen Mittelsilben vor r zu -e- abgeschwächt:

audi-or *ich werde gehört*, audī-ris, audī-tur
audī-mur, audī-minī, audi-u-ntur

dēspici-or *ich werde verachtet*, dēspicĕ-ris, dēspici-tur
dēspici-mur, dēspici-minī, dēspici-u-ntur

4. Der Indikativ des Perfekts und des Plusquamperfekts im Aktiv besteht aus dem Perfektaktivstamm und den Ausgängen -ī, -istī, -it, -imus, -istis, -ērunt bzw. den Formen des Indikativs Imperfekt von esse: eram, erās, erat, erāmus, erātis, erant.

Beachte: Der Perfektaktivstamm wird in gleicher Weise wie bei der ā-, ē- und konsonantischen Konjugation gebildet. Beispiele: audīvī *ich habe gehört* (v-Perfekt), hausī *ich habe geschöpft* (s-Perfekt), vēnī *ich bin gekommen* (Dehnungsperfekt), peperī *ich habe hervorgebracht* (Reduplikationsperfekt), comperī *ich habe erfahren* (Stammperfekt).

Perfekt-aktivstamm	Indikativ Perfekt		Indikativ Plusquamperfekt	
audīv- haus- vēn- peper- comper-	-ī -istī -it -imus -istis -ērunt	*ich habe / bin* *gehört* *geschöpft* *gekommen* *hervorgebracht* *erfahren*	-eram -erās -erat -erāmus -erātis -erant	*ich hatte / war* *gehört* *geschöpft* *gekommen* *hervorgebracht* *erfahren*

5. Das unregelmäßige Verb **ferre**, ferō, tulī *tragen, bringen*

	Aktiv Indikativ	Passiv Indikativ		
Präs.	1. fer-ō 2. fer-s 3. fer-t 1. fer-ĭ-mus 2. fer-tis 3. fer-u-nt	fer-or fer-ris fer-tur fer-ĭ-mur fer-i-minī fer-u-ntur	Impf.	fer-ē-ba-m fer-ē-bā-s
			Futur I	fer-a-m fer-ē-s
			Inf. Präs.	ferre
			Imperat. 2. P. Sg. 2. P. Pl.	fer! fer-te!
			Perfekt	tul-ī tul-istī
			Plusquamperf.	tul-eram tul-erās

Merke: ferre folgt im Präsensstamm der konsonantischen Konjugation; vor r, s, t fällt der Bildevokal weg.

6. Das unregelmäßige Verb **velle**, volō, voluī *wollen*

Ind. Präs. 1. vol-ō 2. vī-s 3. vul-t 1. vol-ŭ-mus 2. vul-tis 3. vol-unt	Ind. Impf.	vol-ē-ba-m vol-ē-bā-s
	Futur I	vol-a-m vol-ē-s
	Inf. Präs.	velle
	Ind. Perf.	volu-ī volu-istī
	Ind. Plusqpf.	volu-eram volu-erās
	Imperativ	–

Satzlehre 7 B_3

1. Der Dativ steht als adverbiale Bestimmung des Zwecks und der Wirkung auf die Frage *wozu?* (datīvus fīnālis) bei esse (mit doppeltem Dativ): *dienen zu ..., gereichen zu ...*: Hoc patrī gaudiō erit. *Das wird dem Vater Freude machen.*

Auch bei venīre kommen, dēligere auswählen – z. B. Sociī iīs auxiliō vēnērunt. *Die Bundesgenossen kamen ihnen zu Hilfe;* oder Rōmam sibĭ domiciliō dēliget. *Er wird Rom zu seinem Wohnsitz wählen* –; aber auch noch bei anderen Verben steht der Dativ des Zwecks und der Wirkung.

2. Die unabhängige (direkte) Frage

wird häufig von einem Fragepronomen oder einem Frageadverbium eingeleitet: Quid dīxistī? *Was hast du gesagt?* oder: Cūr nōn vēnistis? *Warum seid ihr nicht gekommen?*

In jedem anderen Falle steht im Lateinischen eine von den folgenden drei Fragepartikeln:

1) -nĕ (an das erste Wort angehängt; die Antwort ist ungewiß): Facilene versūs memoriae mandās? *Lernst du leicht Verse auswendig?*

2) nōnne (es wird ein „Ja" erwartet): Nōnne pābulum praeparātum est? *Das Futter ist doch vorbereitet?*

3) num (es wird ein „Nein" erwartet): Num nōs fefellistis, puerī? *Ihr habt uns doch nicht etwa getäuscht, Jungen?*

Stilistik 7 B_4

Die Passivformen fertur/feruntur werden ebenso wie dīcitur/dīcuntur auch in der Bedeutung *soll/sollen = angeblich* gebraucht: Homērus caecus fuisse fertur. *Homer soll blind gewesen sein.* Oder: Parentēs in hortō fuisse feruntur. *Die Eltern waren angeblich im Garten.*

Übungen 7 C

1. *Deklinieren Sie im Singular und Plural (mit deutscher Übersetzung):* manus pūra; – cornū argentĕum; – versus pulcher.

2. *Konjugieren Sie im Aktiv durch alle bisher durchgenommenen Zeiten und übersetzen Sie jeweils die erste Person:* Aquam hauriō et apportō mātrī.

3. *Übersetzen und übertragen Sie sodann lateinisch ins Passiv:* Omnēs eum bĕnĕ audiunt. – Quandō plērumque aquam haurīs? – Cūr servum vinciunt? – Omnēs mē/tē/eum domum recipiunt. – *Dasselbe, verwenden Sie jedoch* recipimus *und* recipitis!

4. *Ersetzen Sie durch die gleichbedeutende Form von* ferre *und übersetzen Sie sodann:* portāveram, portāvistis, portābimus, portābat, portās, portantur *und* portāris.

5. *Übersetzen Sie und geben Sie den Infinitiv an:* pariunt, parant, pārent, parābat, pārēbunt, parient, pāruērunt, parāvērunt, pepererunt, parābam, parāveram, pārueram, pepereram, pārēbam, pariēbam.

6. *Übersetzen Sie und formen Sie sodann unter Verwendung von* velle *um (gleiche Zeit und gleiche Person!):* Mātrem cottīdiē adiūvō/adiuvābam. – Quandō vēnistī/vēniēs? – Claudia ōva colligit/collēgit. – Coepistīne in hortō labōrāre? – Pater tē interrogāvit. – Aquam hausī et mātrī apportāvī.

7. *Übersetzen Sie und verwandeln Sie sodann in einen Fragesatz:* Contentus es (*ungewiß und bejahend*). – Gallīnae dēsunt (*bejahend und verneinend*). – Dialōgus iīs placuit (*ungewiß und bejahend*).

8. *Übertragen Sie das Lesestück und die weiteren Beispielsätze schriftlich in gutes Deutsch!*

8. Lektion

Rūfus cum Mārcō et Māniō, fīliīs suīs, colloquium īnstituit. 8A

(Pars prior)

Pater: Vōbīscum in silvam īre in animō habeō. Iam per longum tempus ligna domum nōn apportāvimus.
Mānius: Nōndum secūrim meam acuī.
Pater: Acue quam celerrimē secūrim tuam! Exspectābimus tē et paulō post abībimus.
Mārcus: Hoc necesse nōn est. Mihĭ duae secūrēs sunt; utraque acūta est. Alteram frātrī in ūsum trādam, alteram in ūsum proprium reservābō.
Pater: Optimē! Statim nōs in silvam cōnferāmus!

Weitere Beispielsätze:

Diū vōs nōn vīdī. – Diū nōs nōn vīdistī. – Vestrī semper libenter memorēs erimus. – Sempernē nostrī memorēs eritis? – Omnia iīs condiciōnibus fēcī, quās accipere potuī. – Hominēs saepe nōn sunt iī, quī esse videntur. – Iī, quī iūdicant, semper lēgēs observent! – Eōs librōs, quōs emere voluī, mihĭ comparāre nōn potuī. – Multī memoriam eōrum nōn libenter retinent, quī in eōs ipsōs anteā beneficia contulērunt. – Quō īs? – Quō īstis? – Ī domum! – Īte domum! – Ībam aliā viā. – Legĭte hōs librōs! – Lege hunc librum! – Tacē et audī! – Tacēte et audīte! – Sortem tuam animō aequō fer! – Labōrēmus quam dīligentissimē! – Intret! – Intrent! – Quī labor tibĭ placet plūrimum? – Quis vestrum mēcum in silvam ībit? – Gaudeāmus igitur, iuvenēs dum sumus! – Audiāmus etiam alteram partem!

īre, eō, iī *gehen*
in animō habēre *beabsichtigen*
longus, a, um *lang*
lignum *n das Holz*
secūris, is *f das Beil*
acuere, ō, uī *schärfen*
celerrimē *schnellstens*
ex-spectāre (*m. Akk.*) *erwarten, warten (auf)*
ab-īre, ĕō, iī *weggehen, aufbrechen*
paulō *um ein wenig*
posterius *später*
uter-que, utra-que, utrumque *jeder (v. beiden), beide*
acūtus, a, um *scharf*
ūsus, ūs *m der Gebrauch*
trā-dere, ō, didī *übergeben; überliefern*
proprius, a, um *eigen*
re-servāre *zurücklegen, bewahren*
cōn-ferre, fĕrō, cŏn-tŭlī *zusammentragen; erweisen*
sē cōnferre *sich begeben*
con-diciō, ōnis *f die Bedingung*
facere, iō, fēcī *tun, machen*
ac-cipere, iō, cēpī *annehmen*
iūdicāre *Recht sprechen, urteilen*
observāre *beobachten*
com-parāre *an-, beschaffen; vergleichen*
discere, ō, didĭcī *lernen*
ipse, a, um *selbst*
quō? *wohin?*
alius, a, ud *ein anderer, eine andere, ein anderes*
lĕgere, ō, lēgī *lesen; auswählen*
tacēre, ĕō, uī *schweigen*
aequus, a, um *eben; gelassen*
dīligentissimē (*Adv.*) *sehr fleißig*
plūrimum *am meisten*
intrāre *eintreten*
quis? *wer?*
gaudēre, ĕō *sich freuen*
igitur *also*
iuvenis, is *m f der junge Mann, die junge Frau*
dum *während, solange als*
nūper *unlängst, kürzlich*
ad-hūc *bis jetzt, bisher*
arbor, oris *f der Baum*
frūctuōsus, a, um *fruchtbar, ertragreich*
in-īre, ĕō, ĭī *hineingehen, betreten*
nōmināre (*beim Namen*) *nennen*
ōlim *einst*
nōmen, inis *n der Name*
portus, ūs *m der Hafen*

Grammatik

Das Pronomen **8 B₁**

1. Das Personalpronomen des Plurals

	1. Person	2. Person	3. Person oder Sache *m*	*f*	*n*
Nom.	nōs *wir*	vōs *ihr*	eī (iī)	eae *sie*	eă
Gen.	nostrī *unser* (Gen. obiectīvus) nostrum *von uns* *unter uns* (Gen. partītīvus)	vestrī *euer* vestrum *von euch* *unter euch*	eōrum	eārum *ihrer*	eōrum

	1. Person	2. Person	3. Person oder Sache *m*	*f*	*n*
Dat.	nōbīs *uns*	vōbīs *euch*	eīs (iīs)	eīs (iīs) *ihnen*	eīs (iīs)
Akk.	nōs *uns*	vōs *euch*	eōs	eās *sie*	eă
Abl.	ā nōbīs *von uns* nōbīscum *mit uns*	ā vōbīs *von euch* vōbīscum *mit euch*	cum eīs (iīs)	cum eīs (iīs) *mit ihnen*	cum eīs (iīs)

2. Das Relativpronomen (bezügliche Fürwort)

quī, quae, quod *der*, *die*, *das* (*welcher*, *welche*, *welches*)

Sing.	*m*	*f*	*n*			
Nom.	quī	quae	quod	*der*	*die*	*das*
Gen.	cūius	cūius	cūius	*dessen*	*deren*	*dessen*
Dat.	cuī	cuī	cuī	*dem*	*der*	*dem*
Akk.	quem	quam	quod	*den*	*die*	*das*
Abl.	quō	quā	quō	*durch den*	*die*	*das*
Plur.						
Nom.	quī	quae	quae	*die*		
Gen.	quōrum	quārum	quōrum	*deren*		
Dat.	quibus	quibus	quibus	*denen*		
Akk.	quōs	quās	quae	*die*		
Abl.	quibus	quibus	quibus	*durch die*		

Merke: is, quī *derjenige*, *welcher;* ea, quae (Plur. Neutr.) *das*, *was*.

3. Interrogativpronomina (Fragefürwörter)

a) substantivisch: quis? *wer?*; quid? *was?*; cūius? *wessen?*; cuī? *wem?*; quem? *wen?*; quid? *was?*; ā quō? *von wem?*

b) adjektivisch: quī, quae, quod? *welcher*, *welche*, *welches?*

Das adjektivische Fragepronomen ist gleich dem Relativpronomen, z. B. quī vir? *welcher Mann?*

4. Das Demonstrativpronomen (hinweisende Fürwort) ipse, ipsa, ipsum *selbst* (es wird im Deutschen nicht dekliniert!)

	Singular			Plural		
	m	*f*	*n*	*m*	*f*	*n*
Nom.	ipse	ipsa	ipsum	ipsī	ipsae	ipsa
Gen.	ipsīus	ipsīus	ipsīus	ipsōrum	ipsārum	ipsōrum
Dat.	ipsī	ipsī	ipsī	ipsīs	ipsīs	ipsīs
Akk.	ipsum	ipsam	ipsum	ipsōs	ipsās	ipsa
Abl.	ipsō	ipsā	ipsō	ipsīs	ipsīs	ipsīs

5. Das nicht reflexive Possessivpronomen

Bezeichnet das deutsche Possessivpronomen *sein, ihr* nicht die gleiche Person wie das Subjekt desselben Satzes, so stehen die Genetive ēius, eōrum, eārum: Pater amīcum suum vīsitāvit; amīcus ēius aegrōtus est. *Vater hat seinen Freund besucht; sein Freund ist krank.*

6. uterque

entspricht deutschem *jeder von beiden;* daher verbindet es sich stets mit dem Singular: Utraque secūris acūta est. *Jede von beiden Äxten ist scharf = beide Äxte sind scharf.*

Das Verb

8 B₂

1. Das unregelmäßige Verb **ire**, eō, iī *gehen*

Ind. Präs.	Perf.	Impf.	Plusqpf.	Imperativ
1. e-ō	i-ī	ī-ba-m	i-eram	
2. ī-s	īstī	ī-bā-s	i-erās	ī! *geh!*
3. i-t	i-it	usw.	usw.	
1. ī-mus	i-imus		Fut. I	
2. ī-tis	īstis		ī-b-ō	īte! *geht!*
3. e-u-nt	i-ērunt		ī-b-is	
			usw.	

Konjunktiv Präsens	
e-a-m	e-ā-mus
e-ā-s	e-ā-tis
e-a-t	e-a-nt

Merke: Der ursprüngliche Präsensstamm ei- wird vor den dunklen Vokalen a, o, u zu e-, sonst zu i-: e-ō, aber ī-s; im Perfektaktivstamm wird i-i- vor -s zu ī- zusammengezogen: i-ī, aber īstī.

2. Der Konjunktiv des Präsens im Aktiv

ā-Konjug.	ē-Konjug.	kons.Konjug.	langvok. ī-Konjug.	kurzvok. i-Konjug.
celebrāre *feiern*	tenēre *halten*	dīligere *lieben*	audīre *hören*	dēspĭcĕre *verachten*
1. celebr-e-m *ich soll, möge, könnte, dürfte feiern*	tene-a-m *ich soll, möge, könnte, dürfte halten*	dīlig-a-m *ich soll, möge, könnte, dürfte lieben*	audi-a-m *ich soll, möge, könnte, dürfte hören*	dēspici-a-m *ich soll, möge, könnte, dürfte verachten*
2. celebr-ē-s	tene-ā-s	dīlig-ā-s	audi-ā-s	dēspici-ā-s
3. celebr-e-t	tene-a-t	dīlig-a-t	audi-a-t	dēspici-a-t
1. celebr-ē-mus	tene-ā-mus	dīlig-ā-mus	audi-ā-mus	dēspici-ā-mus
2. celebr-ē-tis	tene-ā-tis	dīlig-ā-tis	audi-ā-tis	dēspici-ā-tis
3. celebr-e-nt	tene-a-nt	dīlig-a-nt	audi-a-nt	dēspici-a-nt

Beachte: Bei der ā-Konjugation ist das Moduszeichen -e-, bei allen übrigen Konjugationen -ā-.

Der Konjunktiv des Präsens bei den unregelmäßigen Verben

esse *sein*	posse *können*	ferre *tragen*	īre *gehen*	velle *wollen*
1. s-i-m	pos-sim	fer-a-m	e-a-m	vel-i-m
2. s-ī-s	pos-sīs	fer-ā-s	e-ā-s	vel-ī-s
usw.	usw.	usw.	usw.	usw.

Beachte: Da der lateinische Konjunktiv des Präsens ein Begehren oder eine Möglichkeit ausdrückt, ist die deutsche Übersetzung zwangsläufig nicht einheitlich.

Satzlehre — 8 B₃

Das Relativpronomen richtet sich im Genus und Numerus nach seinem Beziehungswort im vorhergehenden Satz, im Kasus nach seiner Funktion als Satzteil des Relativsatzes.

Beispiele: Libenter in hortō labōrāmus, quem pater nūper ēmit. *Wir arbeiten gern in dem Garten, den Vater unlängst gekauft hat.* – Pater hortum ēmit, quī adhūc vīcīnī erat. *Vater hat einen Garten gekauft, der bisher unserem Nachbarn gehörte.* – Avus hortum, cūius arborēs veterēs nōn iam frūctuōsae sunt, vendere vult. *Großvater will einen Garten, dessen alte Bäume nicht mehr ertragreich sind, verkaufen.*

Stilistik — 8 B₄

quam m. Superlativ bedeutet *möglichst:* quam celerrimē *möglichst schnell* = *so schnell wie möglich.*

1. *Ersetzen Sie durch die gleichbedeutende Form von* inīre (*mit Übersetzung!*): intrant, intrēmus, intrābam, intrābitis, intrāvī, intrāverās, intrā!, intrāte!

2. *Versetzen Sie das Verbum und das Personalpronomen jeweils in die nächstfolgende Person (aus „ich suche dich" wird „du suchst ihn/sie/es"; alles mit deutscher Übersetzung!):* Tibĭ librum dōnāvī. – Cūr tē nōn interrogāvī? – Libenter tēcum ambulō.

3. *Fügen Sie die richtige Form von* is ea id *sowie von* quī quae quod *ein (alles mit Übersetzung!):* Tibĭ ... nōmināre nōn possum, ... hoc dīxit. (*2 Möglichkeiten!*) – Mihĭ ... nōmināre nōn potuit, ... hoc dīxerant. (2) – Anteā vōs in ... domō habitāvistis, in ... nōs nunc habitāmus. – Herī ... auxilium ferre potuī, ... (2) mihĭ ōlim auxilium tulerat.

4. *Übersetzen Sie und deklinieren Sie sodann:* Nōmen ipsum Rōmānum. – Is ipse portus. – Māter ipsa.

5. *Übertragen Sie das Lesestück und die weiteren Beispielsätze schriftlich in gutes Deutsch!*

9. Lektion

Rūfus cum Mārcō et Māniō, fīliīs suīs, colloquium īnstituit. 9 A

(Pars altera)

Pater: Nunc abeāmus! Māter vestra nōbīs prandium bonum praeparāvit. Quod in silvam ferāmus!
Mārcus: Saepe ā mātre prandiō excellentī recreābāmur, neque enim rārō ā nōbīs in rēbus domesticīs adiuvābātur.
Mānius: Statim equīs iugum impōnam.
Pater: Post labōrem prandiō dēlectābimur; deinde domum redībimus. Domī aquā calidā lavābimur.
Mārcus: Post labōrem difficilem ac molestum aquā calidā lavārī necesse est.
Pater: Certē! Et posteā paulum requiēscāmus!

Weitere Beispielsätze:

Rōmānī pāne et circēnsibus grātīs praebitīs dēlectābantur. – Etiam egō prandiō bonō dēlectābor. – Lavābor, deinde librō bonō dēlectābor. – Versūs bene ēdisce! Aliter ā magistrō reprehenderis. – Versūs bene ēdiscite! Aliter ā magistrō reprehendēminī. – Semper lĭbrīs bonīs dēlectābar. – Fēlīx vidēbāris. – Fēlīcēs vidēbāminī. – Fēlīx vidēbar. – Post labōrem molestum aquā calidā perluī necesse est. – Pater vester agricola strēnuus est; ā quō exemplum capite!

abīre, ĕō, ĭī *weggehen, aufbrechen*
prandium *n das Frühstück*
excellēns, *Gen.* ĕntis *m f n vorzüglich*
re-creāre *kräftigen, erfrischen*
neque enim *denn nicht*
rārō *selten*
domesticus, a, um *häuslich, Haus...*
rēs domesticae, rērum domesticārum *f/pl. die Hauswirtschaft*
iugum *n das Joch*
im-pōnere, ō, pŏsuī *setzen, legen, stellen (auf)*
iugum impōnere *ins Joch spannen*
deinde *hierauf*
red-īre, eō, iī *zurückkehren*
calidus, a, um *warm*
domī *zu Hause*
ac = atque *und dazu*
certē *sicherlich*
paulum *ein wenig*
re-quiēscere, ō, ēvī *(aus-)ruhen*
pānis, is *m das Brot*
circēnsēs, ium *m (Pluraletantum) die Zirkusspiele*
grātīs *unentgeltlich*
aliter *sonst, andernfalls*
re-prehendere, ō, dī *tadeln*
per-luĕre, ō, uī *abwaschen; im Passiv: baden (selbst)*
capere, iō, cēpī *fassen; nehmen*
trā-icere, iō, iēcī *(sprich: trajikere) hinüberwerfen; überschreiten*
praeter-mittere, ō, mīsī *vorbeigehen lassen; übergehen*
piger, gra, grum *faul*
vituperāre *tadeln*
nē *(m. Konjunktiv in Wunsch- u. Befehlssätzen) (daß) nicht*

Grammatik

Das Verb **9 B₁**

1. Der Indikativ des Imperfekts und des Futurs I im Passiv

Beachte: Alle Formen werden entsprechend denen des Aktivs vom Präsensstamm gebildet.

	Indikativ Imperfekt Passiv	Futur I Passiv
ā-Konjugation celebrāre *feiern*	1. celebrā-ba-r *ich wurde gefeiert* 2. celebrā-bā-ris 3. celebrā-bā-tur 1. celebrā-bā-mur 2. celebrā-bā-minī 3. celebrā-ba-ntur	celebrā-b-or *ich werde gefeiert werden* celebrā-b-ĕ-ris celebrā-b-i-tur celebrā-b-i-mur celebrā-b-i-minī celebrā-b-u-ntur
ē-Konjugation tenēre *halten*	1. tenē-ba-r *ich wurde gehalten* 2. tenē-bā-ris 3. tenē-bā-tur 1. tenē-bā-mur 2. tenē-bā-minī 3. tenē-ba-ntur	tenē-b-or *ich werde gehalten werden* tenē-b-ĕ-ris tenē-b-i-tur tenē-b-i-mur tenē-b-i-minī tenē-b-u-ntur

	Indikativ Imperfekt Passiv	Futur I Passiv
konsonantische Konjugation dīligĕre *lieben*	1. dīlig-ē-ba-r *ich wurde geliebt*	dīlig-a-r *ich werde geliebt werden*
	2. dīlig-ē-bā-ris	dīlig-ē-ris
	3. dīlig-ē-bā-tur	dīlig-ē-tur
	1. dīlig-ē-bā-mur	dīlig-ē-mur
	2. dīlig-ē-bā-minī	dīlig-ē-minī
	3. dīlig-ē-ba-ntur	dīlig-e-ntur
langvokalische ī-Konjugation audīre *hören*	1. audi-ē-ba-r *ich wurde gehört*	audi-a-r *ich werde gehört werden*
	2. audi-ē-bā-ris	audi-ē-ris
	3. audi-ē-bā-tur	audi-ē-tur
	1. audi-ē-bā-mur	audi-ē-mur
	2. audi-ē-bā-minī	audi-ē-minī
	3. audi-ē-ba-ntur	audi-e-ntur
kurzvokalische i-Konjugation dēspicĕre *verachten*	1. dēspici-ē-ba-r *ich wurde verachtet*	dēspici-a-r *ich werde verachtet werden*
	2. dēspici-ē-bā-ris	dēspici-ē-ris
	3. dēspici-ē-bā-tur	dēspici-ē-tur
	1. dēspici-ē-bā-mur	dēspici-ē-mur
	2. dēspici-ē-bā-minī	dēspici-ē-minī
	3. dēspici-ē-ba-ntur	dēspici-e-ntur

Beachte: Das unregelmäßige Zeitwort ferre *tragen* bildet den Indikativ des Imperfekts und des Futurs I auch im Passiv nach der konsonantischen Konjugation:

fer-ē-ba-r *ich wurde getragen*, fer-ē-bā-ris usw.
fer-a-r *ich werde getragen werden*, fer-ē-ris usw.

2. Der Infinitiv des Präsens im Passiv

celebrārī	*gefeiert*	*(zu) werden*
tenērī	*gehalten*	
dīligī	*geliebt*	
audīrī	*gehört*	
dēspĭcī	*verachtet*	

Beachte: ferrī *getragen (zu) werden.*

Satzlehre

9 B_2

Beim sogenannten **relativischen Anschluß** wird ein Substantiv des vorausgegangenen Satzes durch ein Relativpronomen wieder aufgegriffen und mit dem Personalpronomen der 3. Person oder einem Demonstrativpronomen übersetzt: Pater agricola strēnuus est; ā quō exemplum capite! (*Euer*) *Vater ist ein tüchtiger Landwirt; an ihm nehmt euch ein Beispiel!*

Stilistik 9 B_3

Das Passiv eines lateinischen transitiven Verbs kann manchmal im Deutschen durch ein reflexives oder intransitives Zeitwort wiedergegeben werden: Mārcus aquā calidā lavābitur. *Markus wird sich mit warmem Wasser waschen* bzw. *wird in warmem Wasser baden.*

Übungen 9 C

(Zu den Übungen 1 und 2 s. Lektion 6, S. 47, betr. videor u. dīcor.)

1. *Übertragen Sie ins Imperfekt und übersetzen Sie:* Mīlitēs flūmen trāicere nōn videntur. – Nōn bonō animō videor. – Nihil vidēmur dēbēre praetermittere. – Hostēs victī videntur. – Cōnsul pater patriae nōminātur.

2. *Übertragen Sie ins Futur I und übersetzen Sie:* Pigrī vidēmur. – Poena iīs levis vidētur. – Dīcimurne ā līberīs parentēs bonī? – Nōnne magister bonus dīcitur?

3. *Ersetzen Sie durch die gleichbedeutende Form von* reprehendere (*mit deutscher Übersetzung!*)*:* Eam nē vituperēmus! – Vituperō; – vituperābās; – vituperābit; – vituperāvistis; – vituperantur; – vituperābar; – vituperāberis.

4. *Übersetzen und übertragen Sie sodann die einzelnen Sätze sinngemäß deutsch und lateinisch ins Passiv:* Puerum aegrōtum in hortum feram (*Futur I!*). – Omnēs mē dēspicient. – Māter līberōs lavābat. – Poētae bonī versūs ēius nōn laudant. – Semper eum laudābō. – Anteā discipulī libenter versūs legēbant. – Līberī mātrem libenter adiuvābunt.

5. *Übertragen Sie das Lesestück und die Beispielsätze schriftlich in gutes Deutsch!*

10. Lektion

Terra globus est, quī aquā, continentī atque īnsulīs tegitur. 10 A

Terra globus est. Pŏpulīs antīquīs trēs partēs terrae nōtae erant: Eurōpa, Asia, Āfrica. Hodiē plūrēs partēs nōvimus quam hominēs antīquī.
Eurōpam multī pŏpulī incolunt. Pŏpulus noster in Germāniā habitat. Germānia, patria nostra, iam nōnnūllōs annōs dīvīsa est.
Māior pars globī terrae aquā tēcta est; minōrem partem nōn sōlum humus, palūdēs, arēnae, saxa lapidēsque, sed etiam nivēs tegunt. In terrā continentī et in īnsulīs rēgna cēteraque genera cīvitātum patent, quae nōn sōlum montēs, flūmina, lacūs atque maria, sed etiam iī fīnēs inter sē sēpărant, quōs hominēs ipsī cōnstituērunt.

Weitere Beispielsätze:

In Pȳrēnaeō montēs altī sunt. – In Alpibus montēs altiōrēs sunt quam in Pȳrēnaeō. – In Caucasō altissimī montēs sunt, quī antīquīs temporibus nōtī erant. – Canis celeriter currit, sed equus celerius currit quam canis; celerrimē autem fāma diffundī vidētur. – Claudia pulchrē scrībit, Aurēlia pulchrius scrībit quam Claudia; Clāra pulcherrimē omnium puellārum scrībit. – Rūfus bĕnĕ legit; Mānius mĕlius legit quam Rūfus, sed Gāius optimē legit omnium puerōrum.

globus *m die Kugel*
continēns, ĕntis *f das Festland, der Kontinent*
atque *und auch; und dazu*
īnsula *f die Insel*
tĕgere, ō, tēxī, tēctus *bedecken*
pŏpulus *m das Volk*
Asia *f Asien; Kleinasien*
Āfrica *f Afrika*
plūrēs, a (*Plur.*) *mehr*
nōvisse (*Perf. v.* nōscere, ō, nōvī, nōtus) *kennengelernt haben = kennen, wissen*
multī, ae, a *viele*
in-colere, ō, uī, cultus *bewohnen*
dī-vĭdere, ō, vīsī, vīsus *teilen*
māior, us *größer*
mĭnor, us *kleiner*
nōn sōlum ... sed etiam *nicht nur ... sondern auch*
humus, ī *f der Erdboden*
palūs, ūdis *f der Sumpf*
arēna *f der Sand; Plur. die Sandmassen, die Sandwüste*
lapis, idis *m der Stein*
nix, nivis *f der Schnee; Plur. die Schneemassen*
continēns, ĕntis *Adj. zusammenhängend*
rēgnum *n das Königreich*
genus, eris *n das Geschlecht, die Art und Weise*
cīvitās, ātis *f die Bürgerschaft, der Staat*
patēre, ĕō, uī, – *ausgesetzt sein; offenstehen; sich erstrecken*
mōns, mŏntis *m der Berg*
fīnis, is *m die Grenze; das Ende*
sē-parāre *trennen*
Pȳrēnaeus *m die Pyrenäen*
Alpēs, ium *f die Alpen*
Caucasus *m der Kaukasus*
canis, is *m der Hund*
currere, ō, cucurrī, cursum *laufen*
fāma *f das Gerücht*
dif-fundere, ō, fūdī, fūsus *ausbreiten; i. Pass.: sich ausbreiten*
pulchrē (*Adv.*) *schön*
scrībere, ō, scrīpsī, scrīptus *schreiben*
puella *f das Mädchen*
dīligēns, ĕntis *aufmerksam*
capere, iō, cēpī, captus *fassen, ergreifen*
mittere, ō, mīsī, missus *schicken*
claudere, ō, sī, sus *schließen; unzugänglich machen*
com-prĭmere, ō, pressī, pressus *zusammendrücken*
flectere, ō, flexī, flexus *biegen, beugen*
mălus, a, um *schlecht*
magis *mehr*
lĭber, librī *m das Buch*
mōs, mōris *m die Sitte*

iter, itinĕris *n der Weg, die Reise, der Marsch*
magnum iter *n der Eilmarsch*
fĭdēs, ĕī *f der Glaube, das Vertrauen*
dăre, dō, dĕdī, dătus *geben, schenken*
animus *m die Seele; die Gesinnung*
verbum *n das Wort*
vōx, vōcis *f die Stimme*
mĕtus, ūs *m die Furcht*
văcuus, a, um (*m. Abl.*) *leer; frei* (*von*)

Grammatik

Das Adjektiv

10 B₁

Die Steigerung (Komparation)

Begriff: Man unterscheidet bei der Steigerung drei Stufen: Positiv = Grundstufe, Komparativ = Vergleichsstufe, Superlativ = Höchststufe.

Beispiel: *schön, schöner, der schönste*

1. Bildung des Komparativs und Superlativs

Der Komparativ wird gebildet, indem man an den Wortstock das Suffix -ior für Maskulinum und Femininum, für das Neutrum -ius anfügt.

Der Superlativ wird gebildet, indem man an den Wortstock das Suffix -issimus, a, um anhängt.

Die Adjektive auf -er (der o/a- und der i-Deklination) bilden den Superlativ auf -errimus, a, um.

Positiv	Wortstock	Komparativ	Superlativ
longus *lang*	long-	long-ior, -ius *länger*	long-issimus, a, um *der längste*
gravis *schwer*	grav-	grav-ior, -ius *schwerer*	grav-issimus, a, um *der schwerste*
fēlīx *glücklich*	fēlīc-	fēlīc-ior, -ius *glücklicher*	fēlīc-issimus, a, um *der glücklichste*
dīligēns *aufmerksam*	dīligĕnt-	dīligent-ior, -ius *aufmerksamer*	dīligent-issimus, a, um *der aufmerksamste*
pulcher *schön*	pulchr-	pulchr-ior, -ius *schöner*	pulcher-rimus, a, um *der schönste*
mĭser *elend*	miser-	mĭser-ior, -ius *elender*	mĭser-rimus, a, um *der elendeste*
ăcer *scharf*	ăcr-	ăcr-ior, -ius *schärfer*	ăcer-rimus, a, um *der schärfste*

2. Die Deklination des Komparativs

Der Komparativ wird nach der konsonantischen Deklination abgewandelt.

	Singular			Plural		
	m	*f*	*n*	*m*	*f*	*n*
Nom.	longior	longior	longius	longiōrēs	longiōrēs	longiōra
Gen.	longiōris	longiōris	longiōris	longiōrum	longiōrum	longiōrum
Dat.	longiōrī	longiōrī	longiōrī	longiōribus	longiōribus	longiōribus
Akk.	longiōrem	longiōrem	longius	longiōrēs	longiōrēs	longiōra
Abl.	longiōre	longiōre	longiōre	longiōribus	longiōribus	longiōribus

Ausnahmen: plūrēs, plūra, Gen. plūrium *mehr* (wird im Deutschen nicht dekliniert);

ebenso: complūrēs, complūra, Gen. complūrium *mehrere* (ohne komparativen Sinn!).

3. Besonderheiten der Steigerung

a) Steigerung mit Stammwechsel

Positiv		Komparativ		Superlativ	
bŏnus	*gut*	mĕlior, mĕlius	*besser*	optimus	*der beste*
mălus	*schlecht*	peior, peius	*schlechter*	pessimus	*der schlechteste*
magnus	*groß*	māior, māius	*größer*	maximus	*der größte*
parvus	*klein*	mĭnor, mĭnus	*kleiner*	minimus	*der kleinste*
multum	*viel*	plūs	*mehr* (Menge, Grad)	plūrimum	*das meiste*
multī	*viele*	plūrēs, plūra	*mehr* (Zahl)	plūrimī	*die meisten*

Unterscheide: Plūs scit quam tū. *Er* (oder: *sie*) *weiß mehr als du.* Mihĭ plūrēs lĭbrī sunt quam tibĭ. *Ich habe mehr Bücher als du.*

b) Bildung des Superlativs auf -illimus

Fünf Adjektive bilden den Superlativ auf -illimus:

facilis, e	*leicht*	facilior, ius	facillimus, a, um
difficilis, e	*schwierig*	difficilior, ius	difficillimus, a, um
similis, e	*ähnlich*	similior, ius	simillimus, a, um
dissimilis, e	*unähnlich*	dissimilior, ius	dissimillimus, a, um
hŭmilis, e	*niedrig*	humilior, ius	humillimus, a, um

aber:

nōbilis, e	*edel*	nōbilior, ius	nōbilissimus, a, um

Das Adverb (Umstandswort) **10 B_2**

Begriff: Das Adverb ist eine nähere Bestimmung, z. B. zu einem Vollverb.

Puella pulchrē cantat. *Das Mädchen singt schön.*
„pulchrē" bestimmt die Art und Weise des Singens näher. (Frage: *wie? auf welche Weise?*)

Unterscheide: Puella pulchra est. *Das Mädchen ist schön.* „pulchra" bezeichnet eine Eigenschaft des Subjekts, ist Prädikatsnomen.
(Frage: *wie beschaffen?*)

1. Bildung der Adverbien von Adjektiven

Positiv: Bei den Adjektiven der o/a-Deklination hängt man an den Wortstock das Suffix -ē: clārus, a, um; Adverb: clār-ē; pulcher, chra, chrum; pulchr-; Adverb: pulchr-ē.

Bei den Adjektiven der i-Deklination hängt man an den Wortstock das Suffix -iter: gravis, e; Adverb: grav-iter; celer, eris, ere; celer-; Adverb: celer-iter.

Endet der Wortstock jedoch auf -nt, so wird nur -er angefügt: dīligēns; dīligent-; Adverb: dīligent-er.

Komparativ: Das Adverb im Komparativ ist gleich dem Akk. Sing. Neutrum des Adjektivs: clār-ius, pulchr-ius, grav-ius, celer-ius, dīligent-ius.

Superlativ: Das Adverb des Superlativs endet bei allen Adjektiven entsprechend dem Positiv der Adverbien der o/a-Deklination auf -ē: clārissim-ē, pulcherrim-ē, gravissim-ē, celerrim-ē, dīligentissim-ē.

Merke: Adverbien sind im Lateinischen wie im Deutschen unveränderlich; in beiden Sprachen gibt es neben den abgeleiteten Adverbien auch ursprüngliche, z. B. crās *morgen* oder diū *lange.*

2. Besonderheiten der Adverbien

Zu bŏnus *gut* heißt das Adverb bĕnĕ, zu mălus *schlecht*, mălĕ, zu facilis *leicht* (zu tun) facile, zu audāx *kühn* audăcter, zu ălius *ein anderer* aliter *anders.*
diū *lange*, diŭtius *länger*, diŭtissimē *am längsten*
magnopere *sehr*, magis *mehr*, maximē *am meisten*
saepe *oft*, saepius *öfter*, saepissimē *am häufigsten; sehr oft*

Das Verb **10 B_3**

Das **Partizip Perfekt Passiv** (P.P.P) ist gekennzeichnet durch den Perfektpassivstamm (meist Supinstamm genannt) und die Ausgänge der o/a-Deklination. Der Perfektpassivstamm, an den -us/-a/-um treten, wird durch Anhängen von -t an den Verbalstamm gebildet: celebrā-t-us, a, um; ten-t-us, a, um; cap-t-us, a, um. Bei den Dentalstämmen wird das angehängte t zu s; der dentale Stammauslaut selbst wird zu s assimiliert (mittere, mis-s-us, a, um). Bei vorhergehendem langem Vokal oder Diphthong wird Doppel-s vereinfacht (dīvidere, dīvī-s-us, a um; claudere, clau-s-us, a, um). Diese Lautveränderung ist auch auf andere Verben übergegangen (Analogiebildung): comprimere, compres-s-us, a, um; flectere, flex-us, a, um.

Das Partizip Perfekt Passiv muß wegen möglicher lautlicher Abweichungen oder Verwendung eines besonderen Stammes auswendig gelernt werden; bei den transitiven Verben wird das PPP auf -us, bei den intransitiven das Supinum (siehe Lektion 27, S. 157) auf -um angegeben.

celebrāre	celebrāt-us	*einer, der gefeiert worden ist*
tenēre	tent -a	*eine, die gehalten worden ist*
dīligĕre	dīlēct -um	*etwas, das geliebt worden ist*
audīre	audīt -ī	*Leute, die gehört worden sind*
dēspicĕre	dēspect -ae	*Frauen, die verachtet worden sind*
ferre	lāt -a	*Dinge, die getragen worden sind*

Übungen **10 C**

1. *Bilden Sie drei Sätze jeweils mit der 1., 2. und 3. Person des Präsens Aktiv im Singular des angegebenen Verbs und dem Positiv, dem Komparativ und dem Superlativ des betr. Adjektivs oder Adverbs* (*Muster:* ich zeichne sorgfältig, du zeichnest sorgfältiger, Rufus / Claudia zeichnet am sorgfältigsten; „*ich*“ *und* „*du*“ *müssen ausdrücklich durch* egŏ *bzw.* tū *wiedergegeben werden*): scrībere: accūrātus. – audīre: bonus. – esse: beātus. (*Alles mit deutscher Übersetzung!*)

2. *Bilden Sie von den folgenden Adjektiven unter Beibehaltung des betr. Falles sowie von den Adverbien den Komparativ und den Superlativ* (*alles mit deutscher Übersetzung*): montium altōrum, – in domibus nŏvīs; – labōre difficilī; – multōs lĭbrōs; – mălī mōrēs; – Cūr scrībis multum?

3. *Übersetzen und deklinieren Sie im Singular und im Plural:* rĕgiō remōta; – iter magnum; – domus bĕnĕ tēcta; – fĭdēs dăta.

4. *Übertragen Sie und geben Sie die Art des Ablativs an:* annō proximō; – mănū propriā; – bŏnō animō esse. – Maximā dīligentiā opus est. – Haec verba magnā vōce dīxerat. – multō māius; – mĕtū văcuus; – equō ācrī gaudēre; – multō celerius.

5. *Übertragen Sie das Lesestück und die Beispielsätze schriftlich in gutes Deutsch!*

11. Lektion

Dē sōlis atque dē terrae et lūnae mōtibus **11 A**

Sōl terrae lūcem et calōrem dōnat. Etiam lūna lūcem ā sōle accipit; noctū lūna terram radiīs lūcis ā sōle acceptīs illūstrat. Praetereā lūna in terrā accessum et recessum aestuum prōvocat.
Astrolŏgī mōtūs sōlis, lūnae stēllārumque observant et dēfectiōnēs sōlis atque lūnae praedīcunt.
Ōlim philosŏphīs physicīsque persuāsum erat terram lŏcum medium mundī esse; prīmus saeculō post Christum nātum sextō dĕcimō vĭr doctus terram circum sōlem, neque vērō sōlem circum terram versārī cognōvit.
Nōn sōlum terra, sed etiam nōnnūllae stēllae errantēs sōlem ita circumvŏlant ut lūna terram; quā dē causā terra quŏque stēlla errāns est. – Sed nē sōl quidem lŏcum medium ūniversī tenet.

Weitere Beispielsätze:

Poēta doctus celebrātus est. – Imperātor tertiō annō, postquam domō profūgerat, in Āfricam rediit. – Cum pōns factus erit, mīlitēs ab imperātōre praemiīs afficientur. – Īnfantem dormientem nē ē somnō exsuscitēmus! – Tē libenter cum frātre tuō lūdere putō. – Beātī possidentēs! – Tē saepe cum frātre tuō lūdere videō. – Tē īnfantem dormientem ē somnō exsuscitāvisse putāmus. – Vōs saepe in Graeciam nāvigāvisse putō. – Per multa saecula terram medium lŏcum ūniversī nōn tenēre īgnōtum erat. – Graecōs Rōmānōs in litterīs artibusque superāvisse quis īgnōrat?

sōl, sōlis *m die Sonne*
lūna *f der Mond*
mōtus, ūs *m die Bewegung*
lūx, lūcis *f das Licht*
calor, ōris *m die Wärme*
dōnāre *schenken*
noctū *nachts*
rădius *m der Strahl*
il-lūstrāre *beleuchten*
praeter-eā *außerdem*
accessus, ūs *m die Annäherung*
recessus, ūs *m das Zurückweichen*
aestus, ūs *m die Hitze; die Flut*
aestuum accessus et recessus *die Flut und die Ebbe*
prō-vocāre *hervorrufen*
astrolŏgus *m der Astrologe, der Astronom*
stēlla *f der Stern*
dēfectiō, ōnis *f das Abnehmen; die Verfinsterung*
prae-dīcere, ō, dīxī, dictus *vorher sagen*
philosŏphus *m der Philosoph*
physicus *m der Naturphilosoph, der Physiker*
per-suādēre, ĕō, sī, sum (*m. Dat.*) *überzeugen*
mundus *m die Welt*
prīmus, a, um *der vorderste; der erste*
post Christum nātum *nach Christi Geburt*
sextus, a, um *der sechste*
dĕcimus, a, um *der zehnte*
sextus dĕcimus *der sechzehnte*
circum (*Prp. b. Akk.*) *um (herum)*
neque vērō *aber nicht*
versāre *drehen*
versārī *sich drehen*
errāre *umherirren; sich irren*
stēlla errāns *f*, *Gen.* stēllae errāntis *der Planet*
ita ... ut *so ... wie*
circum-volāre *umkreisen*
causa *f der Grund*
quā dē causā (*rel. Anschluß*) *aus diesem Grunde*
nē ... quidem *nicht einmal*
ūniversum *n das Weltall*

imperātor, ōris *m der Feldherr; der Kaiser*
tertius, a, um *der dritte*
post-quam *nachdem*
dŏmō *von Hause*
pro-fŭgere, iō, fūgī, – *entfliehen*
pōns, pŏntis *m die Brücke*
af-ficere, iō, fēcī, fectus (*m. Abl.*) *versehen* (*mit*)
praemiīs afficere *belohnen*
somnus *m der Schlaf*
ex-suscitāre *aufwecken*
lūdere, ō, lūsī, lūsum *spielen*
pŭtāre *glauben; halten* (*für*)
īgnōtus, a, um *unbekannt*
littera *f der Buchstabe*
litterae, ārum (*Plur.*) *der Brief; die Wissenschaft*
litterās dăre *einen Brief absenden*
ars, artis *f die Kunst*
īgnōrāre *nicht wissen*
crēdere, ō, crēdidī, ditus *glauben; anvertrauen*
deus *m* (*der*) *Gott*
rĕgere, ō, rēxī, rēctus *lenken; regieren*
scīre, sciō, scīvī, scītum *wissen*
nātālis, e *Geburts...*
dĭēs nātālis *m, Gen.* dĭēī nātālis *der Geburtstag*
ăgere, ō, ēgī, āctus (*be*)*treiben; feiern*
in-grātus, a, um *unangenehm, undankbar*
Hannibal, is *m karthagischer Feldherr*
Carthāgō, ĭnis *f Stadt i. Nordafrika*
senex, senis *m f der Greis, die Greisin*
maestus, a, um *traurig*
vīvus, a, um *lebendig*
mortuus, a, um *tot*
ab-sēns, *Gen.* sĕntis *abwesend*
postrēmus, a, um *letzter; äußerster*
nox, noctis *f die Nacht*
mŏra *f der Aufschub*
ăvis, is *f der Vogel*
suāvis, e *angenehm, lieblich*
cantāre *singen*
similis, e *ähnlich*
Graecia *Griechenland*
per-legere, ēgī, ēctus *durchlesen*
trānsportāre *transportieren*
architectus *m der Baumeister*

Grammatik

Das Verb

11 B$_1$

1. Der Infinitiv Perfekt Aktiv

wird vom Perfektaktivstamm durch Anhängen von -isse gebildet:

celebrāv	-isse	*gefeiert*	(*zu*) *haben*
tenu	-isse	*gehalten*	
dīlēx	-isse	*geliebt*	
audīv	-isse	*gehört*	
dēspex	-isse	*verachtet*	

2. Indikativ Perfekt, Plusquamperfekt und Futur II im Passiv

Perfekt-passivstamm	Indikativ Perf. Pass.		Indikativ Plusquamperf. Pass.		Futur II Passiv	
celebrāt-us	sum	*ich bin gefeiert worden*	eram	*ich war gefeiert worden*	erō	*ich werde gefeiert worden sein*
tent -a	es	*du bist*	erās	*du warst gehalten*	eris	*du wirst gehalten*
dīlēct -um	est	*es ist*	erat	*es war geliebt*	erit	*es wird geliebt*
audīt -ī	sumus	*wir sind*	erāmus	*wir waren gehört*	erimus	*wir werden gehört*

Perfekt- passivstamm	Indikativ Perf. Pass.	Indikativ Plus- quamperf. Pass.	Futur II Passiv
dēspect -ae	estis *ihr seid*	erātis *ihr wart verachtet*	eritis *ihr werdet verachtet*
lāt -a	sunt *sie sind*	erant *sie waren getragen worden*	erunt *sie werden getragen worden sein*

3. Das Partizip Präsens Aktiv

ist gekennzeichnet durch Präsensstamm, Suffix -nt- und die Ausgänge der gemischten Deklination. Der Singular folgt also der konsonantischen Deklination: Ablativausgang -e; der Plural folgt der i-Deklination: Ausgang Nom. Pl. Neutrum -ia, Gen. -ium.

celebrā-ns	tenē-ns	dīlig-ē-ns	audi-ē-ns	dēspici-ē-ns
Gen.	Gen.	Gen.	Gen.	Gen.
celebră-nt-is	tenĕ-nt-is	dīlig-ĕ-nt-is	audi-ĕ-nt-is	dēspici-ĕ-nt-is
feiernd;	*haltend;*	*liebend;*	*hörend;*	*verachtend;*
einer, der	*einer, der*	*einer, der*	*einer, der*	*einer, der*
feiert	*hält*	*liebt*	*hört*	*verachtet*

Beachte: Die unregelmäßigen Verben bilden dieses Partizip entweder nach dem Präsensstamm, z. B. ferre *tragen:* ferēns; velle *wollen:* volēns; oder sie sind auch in diesem Punkte unregelmäßig, z. B. ire *gehen:* iēns, Gen. eŭntis. esse *sein* bildet kein Part. Präs. Aktiv, wohl aber einzelne Komposita, z. B. abesse *abwesend sein:* absēns.

Merke: Das Partizip Präsens aller Konjugationen geht nach der gemischten Deklination (laudāns, Gen. laudăntis).

4. Alphabetische Übersicht über die Stammformen der Verben von Lektion 1 bis 9. (Ab Lektion 10 werden die Stammformen der Verben bei den Vokabeln angegeben.)

Infinitiv Präs. Aktiv	1. Pers. Sing. Ind. Präs Akt.	1. Pers. Sing. Ind. Perf. Akt.	PPP bzw. Supinum	Konjuga- tion
ab-esse *abwesend sein*	absum	āfuī	–	
ab-īre *weggehen*	abĕō	abiī	abĭtum	
accipere *empfangen*	accipiō	accēpī	acceptus	kurzvok. i-Konj.
acuere *schärfen*	acuō	acuī	acūtus	kons. Konj.

Infinitiv Präs. Aktiv	1. Pers. Sing. Ind. Präs. Akt.	1. Pers. Sing. Ind. Perf. Akt.	PPP bzw. Supinum	Konjugation
ad-dere *hinzufügen*	addō	addĭdī	additus	kons. Konj.
ad-iŭvāre *unterstützen*	adiŭvō	adiūvī	adiūtus	ā-Konj.
af-ferre *herbeitragen*	afferō	attulī	allātus	
as-suēscere *sich gewöhnen*	assuēscō	assuēvī	assuētum	kons. Konj.
audīre *hören*	audiō	audīvī	audītus	langvok. i-Konj.
au-ferre *wegtragen*	auferō	abstulī	ablātus	
bĭbere *trinken*	bibō	bibī	pōtus	kons. Konj.
cadere *fallen*	cadō	cecĭdī	cāsum	kons. Konj.
capere *fassen*	capiō	cēpī	captus	kurzvok. i-Konj.
căvēre *sich hüten*	cavĕō	cāvī	cautum	ē-Konj.
co-gnōscere *erkennen*	cognōscō	cognōvī	cognĭtus	kons. Konj.
col-ligere *sammeln*	collĭgō	collēgī	collēctus	kons. Konj.
cōn-ferre *zusammentragen*	cōnfĕrō	cŏntŭlī	collātus	
cōn-stituere *aufstellen*	cōnstitŭō	cōnstituī	cōnstitūtus	kons. Konj.
con-tingere *berühren*	contingō	contĭgī	contāctus	kons. Konj.
dăre *geben*	dō	dĕdī	dătus	ā-Konj.
dēbēre *schulden*	dēbĕō	dēbuī	dēbitus	ē-Konj.
dē-esse *fehlen*	dēsum	dēfuī	–	
dē-icere *herabwerfen*	dēiciō	dēiēcī	dēiectus	kurzvok. i-Konj.
dē-ligere *auslesen*	dēligō	dēlēgī	dēlēctus	kons. Konj.
dē-spicere *verachten*	dēspiciō	dēspexī	dēspectus	kurzvok. i-Konj.
dīcere *sagen*	dīcō	dīxī	dictus	kons. Konj.
dif-fundere *ausgießen*	diffundō	diffūdī	diffūsus	kons. Konj.
dī-ligere *lieben*	dīligō	dīlēxī	dīlēctus	kons. Konj.
discere *lernen*	discō	didĭcī	–	kons. Konj.

Infinitiv Präs. Aktiv	1. Pers. Sing. Ind. Präs. Akt.	1. Pers. Sing. Ind. Perf. Akt.	PPP bzw. Supinum	Konjugation
docēre *lehren*	docĕō	docuī	doctus	ē-Konj.
dormīre *schlafen*	dormĭō	dormīvī	dormītum	langvok. i-Konj.
ē-discere *auswendig lernen*	ēdiscō	ēdidĭcī	–	kons. Konj.
esse *sein*	sum	fuī	–	
ex-cēdere *weggehen*	excēdō	excessī	excessum	kons. Konj.
facere *tun*	faciō	fēcī	factus	kurzvok. i-Konj.
fallere *täuschen*	fallō	fefellī	(dēceptus)	kons. Konj.
ferre *tragen*	ferō	tulī	lātus	
gaudēre *sich freuen*	gaudĕō	gāvīsus sum	–	ē-Konj.
habēre *haben, halten*	habĕō	habuī	habĭtus	ē-Konj.
haurīre *schöpfen*	haurĭō	hausī	haustus	langvok. i-Konj.
incipere *beginnen*	incipiō	coepī	inceptus/ coeptus	kurzvok. i-Konj.
īn-stituere *aufstellen*	īnstituō	īnstituī	īnstitūtus	kons. Konj.
in-vĕnīre *finden*	invĕniō	invēnī	invĕntus	langvok. i-Konj.
īre *gehen*	ĕō	ĭī	ĭtum	
lavāre *waschen*	lavō	lāvī	lautus	ā-Konj.
lĕgere *lesen*	legō	lēgī	lēctus	kons. Konj.
(licēre *feil sein*)	lĭcet *es ist erlaubt*	lĭcuit	(lĭcitum est)	ē-Konj.
manēre *bleiben*	manĕō	mānsī	mānsum	ē-Konj.
merēre *verdienen*	merĕō	meruī	merĭtus	ē-Konj.
monēre *ermahnen*	monĕō	monuī	monĭtus	ē-Konj.
nūbere *heiraten*	nūbō	nūpsī	nuptum	kons. Konj.
părĕre *hervorbringen*	păriō	pĕpĕrī	partus	kurzvok. i-Konj.
patēre *sich ausdehnen*	patĕō	patuī	–	ē-Konj.
petere *zu erlangen suchen*	petō	petīvī	petītus	kons. Konj.
placēre *gefallen*	placĕō	placuī	placitum	ē-Konj.

Infinitiv Präs. Aktiv	1. Pers. Sing. Ind. Präs. Akt.	1. Pers. Sing. Ind. Perf. Akt.	PPP bzw. Supinum	Konjugation
pōnere *setzen, legen*	pōnō	pŏsuī	pŏsitus	kons. Konj.
posse *können*	possum	potuī	–	
pos-sidēre *besitzen*	possidĕō	possēdī	possessus	ē-Konj.
prae-ferre *vorantragen*	praeferō	praetulī	praelātus	
prae-stāre *voranstehen*	praestō	praestĭtī	(praestĭtum)	ā-Konj.
prō-pōnere *vorlegen*	prōpōnō	prōpŏsuī	prōpŏsĭtus	kons. Konj.
re-cipere *zurücknehmen*	recipiō	recēpī	receptus	kurzvok. i-Konj.
re-vĕnīre *wiederkommen*	revĕnĭō	revēnī	revĕntum	langvok. i-Konj.
re-vīsere *wiedersehen*	revīsō	revīsī	revīsus	kons. Konj.
rīdēre *lachen*	rīdĕō	rīsī	rīsum	ē-Konj.
secāre *schneiden*	secō	secuī	sectus	ā-Konj.
stāre *stehen*	stō	stĕtī	(stătum)	ā-Konj.
tenēre *halten*	tenĕō	tenuī	tentus	ē-Konj.
trā-dere *übergeben*	trādō	trādĭdī	trādĭtus	kons. Konj.
trăhere *ziehen*	trahō	trāxī	tractus	kons. Konj.
trān-silīre *überspringen*	trānsiliō	trānsiluī	–	langvok. i-Konj.
valēre *gesund sein*	valĕō	valuī	–	ē-Konj.
velle *wollen*	volō	voluī	–	
vendere *verkaufen*	vendō	vendidī	venditus	kons. Konj.
vĕnīre *kommen*	vĕnĭō	vēnī	vĕntum	langvok. ī-Konj.
vĭdēre *sehen*	vĭdĕō	vīdī	vīsus	ē-Konj.
vincīre *binden*	vincĭō	vinxī	vinctus	langvok. i-Konj.
vīvere *leben*	vīvō	vīxī	–	kons. Konj.

Beachte: Als Übersetzung des Infinitivs ist die Grund- oder häufigste oder die in den Lektionen 1–9 vorkommende deutsche Bedeutung angegeben.

Das Partizip Perfekt Passiv gibt es nur bei transitiven Verben (z. B. acceptum *was empfangen worden ist*); die Bedeutung der Form auf -um bei den intransitiven Verben (z. B. abĭtum) wird später erklärt (Lektion 27, S. 157).

Wenn der Supinstamm fehlt, steht in der vorletzten Spalte ein waagerechter Strich (–).

Satzlehre **11 B₂**

1. Der a. c. i. (accūsātivus cum īnfinitīvō)

Audiō amīcum venīre. *Ich höre den Freund kommen.*
Ich höre, daß der Freund kommt.

Von audiō ist abhängig

a) das Akkusativobjekt „amīcum", b) der Infinitiv „venīre", also ein Akkusativ mit Infinitiv.

Audīre *hören* ist ein Verb des sinnlichen Wahrnehmens („verbum sentiendī").

Audiō amīcum vēnisse. *Ich höre, daß der Freund gekommen ist.*

„Amīcum" bezeichnet man als Subjektsakkusativ, d. h. dieser Akkusativ ist zugleich Subjekt des Infinitivs; der Infinitiv „vēnisse" wird zum Prädikat.

Anmerkung zum Übersetzen des a.c.i. ins Deutsche:

a) Bilde aus dem a.c.i. zunächst einen Nebensatz mit „daß"!

b) Mache den Akkusativ zum Subjekt des Nebensatzes, den Infinitiv zum Prädikat!

c) Vermeide möglichst die Konjunktion „daß" bei der endgültigen Übersetzung!

Beachte:

d) Der a. c. i. steht als Objekt bei den Verben des Sagens (verba dīcendī) zum Ausdruck einer Behauptung; ferner bei den Verben des sinnlichen und geistigen Wahrnehmens (verba sentiendī):

Māter patrem in hortō esse dīcit. *Mutter sagt, Vater sei im Garten.*
Crēdimus mundum ā deō regī. *Wir glauben, die Welt werde von Gott regiert.*

e) Das Prädikatsnomen – es ist ein Substantiv oder Adjektiv, das gemeinsam mit dem Hilfsverb (der Kopula) das Prädikat bildet und sich immer im Kasus, gewöhnlich auch im Numerus und Genus nach dem Subjekt richtet – steht natürlich im a. c. i. – wie sein Beziehungswort, der Subjektsakkusativ – im Akkusativ:

Rūfus beātus est. *Rufus ist glücklich.*
Rūfum beātum esse putō. *Ich glaube, Rufus ist glücklich.*
Wie ich glaube, ist Rufus glücklich.
Meiner Meinung nach ist Rufus glücklich.

f) Wenn das Subjekt im Deutschen ein Personalpronomen ist, wird es im Lateinischen in der Regel nur durch die Personalendung des Verbs ausgedrückt, erscheint aber im a. c. i. als Akkusativ des Personalpronomens:

Beātus es. *Du bist glücklich.*
Tē beātum esse scīmus. *Wir wissen, du bist glücklich.*

g) Stehen am Anfang des a. c. i. zwei Akkusative, so ist der erste der Subjektsakkusativ:

Mē tē amāre scīs. *Du weißt, daß ich dich liebe.*

2. Persönliches Passiv

Ein **persönliches Passiv** (ein Passiv, das durch alle Personen durchkonjugiert werden kann) bilden nur die transitiven Verben; z. B. loben: ich werde gelobt, du wirst gelobt usw. Die intransitiven Verben bilden nur ein unpersönliches Passiv mit „es" in der 3. Pers. Sing.: rīdētur *es wird gelacht* = *man lacht*. Wenn ein Verb im Deutschen transitiv, seine lateinische Entsprechung intransitiv ist, ergeben sich große Abweichungen im Ausdruck; z. B. „persuādēre" ist intransitiv, „*überzeugen*" ist transitiv. Daher im Deutschen: *die Philosophen sind überzeugt*, im Lateinischen: Philŏsŏphīs persuāsum est (wörtlich etwa: *den Philosophen ist die Überzeugung eingepflanzt worden*).

3. Der Konjunktiv der Aufforderung (Coniūnctīvus hortātīvus)

steht in unabhängigen Sätzen; Verneinung: nē. Die 1. Pers. Plur. wird oft mit „Laßt uns ...!" übersetzt:

Diem nātālem mātris agāmus! *Laßt uns Mutters Geburtstag feiern!*
Nē sīmus ingrātī! *Laßt uns nicht undankbar sein! Seien wir nicht undankbar!*

4. Das Prädikativum

Das **Prädikativum** ist eine nähere Bestimmung zu einem Nomen und einem Vollverb. Es stimmt mit seinem Beziehungswort nach Möglichkeit im Kasus, Numerus und Genus überein.

Hannibal puer Carthāgine discessit, senex in patriam rediit.	*Hannibal verließ als Knabe Karthago, als Greis kehrte er in die Heimat zurück.*

Erläuterung: puer, bzw. senex, ist eine nähere Bestimmung zu Hannibal und dem Vollverb „discessit", bzw. „rediit". „puer", bzw. „senex", sind also Prädikativa.

Mīlitēs maestī in castra rediērunt. *Die Soldaten kehrten traurig ins Lager zurück.*

Erläuterung: „maestī" bezeichnet den seelischen Zustand der Soldaten bei ihrer Rückkehr ins Lager, ist also ein Prädikativum.

Beachte:

Als Prädikative werden gebraucht:

a) Substantiva, die ein Amt oder ein Lebensalter bezeichnen, z. B. cōnsul *als Konsul, in seinem Konsulat;* puer *als Knabe, im Knabenalter;* senex *als Greis, im Greisenalter;*

b) Adjektive, die einen seelischen oder körperlichen Zustand, eine Reihenfolge, Zahl oder einen Ort bezeichnen, z. B. laetus *fröhlich;* maestus *traurig;* vīvus *lebendig, bei Lebzeiten;* mortuus *tot, nach dem Tode;* praesēns *in Gegenwart, in Anwesenheit;* absēns *in Abwesenheit;* prīmus *als erster, zuerst;* postrēmus *als letzter, zuletzt;* ūnus *als einziger, allein;* summus *zuoberst, auf der Spitze;* medius *als mittlerer, in der Mitte* u. a.

Merke als prädikative Ausdrücke: prīmā nocte *zu Beginn der Nacht;* prīmā lūce *bei Tagesanbruch;* in summō monte *auf dem Gipfel des Berges.*

Stilistik — 11 B_3

Das Futur II (= Futūrum exāctum)

drückt aus, daß etwas in der Zukunft zum Abschluß gebracht werden wird. Es wird fast nur im Zusammenhang mit dem Futur I gebraucht, das angibt, was im Anschluß an die durch das Futur II ausgedrückte Handlung geschehen wird:

Litterās, cum scrīptae erunt, sine morā dābō. *Wenn der Brief geschrieben worden sein wird, werde ich ihn unverzüglich abschicken;* im Deutschen einfacher: *Wenn der Brief geschrieben ist, schicke ich ihn unverzüglich ab.*

Übungen — 11 C

1. *Übersetzen und übertragen Sie sinngemäß deutsch und lateinisch ins Passiv:* Diem nātālem tuum agēmus. – Litterās scrīpseram. – Quis puellās dīligentēs praemiīs affēcerat? – Amīcī eum ē somnō exsuscitāverant. – Quis tibǐ persuāsit? – Quandō astrologī dēfectiōnem lūnae praedīxerant?

2. *Übersetzen und verwandeln Sie sodann den Relativsatz sinngemäß in einen Partizipialausdruck:* Hominēs, quī omnia possīdent, saepe beātī nōn sunt. – Audīmus libenter eās avēs, quae suāviter cantant. – Stēllae, quae sōlem circumvōlant, stēllae errantēs nōminantur.

3. *Machen Sie die folgenden Sätze von* putō *abhängig und übersetzen Sie sie sodann:* Rūfus mihǐ similis est. – Mārcus et Rūfus agricolae probī sunt. –

Semper optimē dormīs. – Hodiē domī nōn sunt. – Libenter librōs bonōs legis. – Frāter tuus nunc in Italiā habitat. – Amīcus tuus tibĭ facile persuādēre potest.

4. *Verbinden Sie beide nur stichwortartig angedeuteten Gedanken mit der Konjunktion* cum *und verwenden Sie im Hauptsatz das Futur I Aktiv und im Nebensatz das Futur II (Aktiv) (mit deutscher Übersetzung!):* Librōs perlegere: tibĭ reddere (*1. Pers. Sing.*). – Cōnsulēs creāre: pŏpulus Rōmānus pācem fac... – Librōs reddere: librōs novōs emere (*1. Pers. Plur.*). – Domum aedificāre: ibĭ habitāre (*3. Pers. Plur.*). – Saxa in oppidum trānsportāre; architectō vendere (*2. Pers. Plur.*).

5. *Suchen Sie aus der gesamten Lektion 11 die* verba dicendī *und* sentiendī (*getrennt!*) *heraus!*

6. *Übertragen Sie das Lesestück und die Beispielsätze schriftlich in gutes Deutsch!*

12. Lektion

Dē orīgine mundī (Pars prior) — 12 A

Pūblius Ovidius Nāsō, praeclārus poēta Rōmānus, dē orīgine mundī generisque hūmānī hanc ferē fābulam narrat:
Temporibus antīquissimīs chaos erat. Illā aetāte neque sōlem, neque lūnam, neque tellūrem fuisse poēta narrat. Nūllī reī fōrmam propriam fuisse, sed in ūnō corpore frīgida cum calidīs, ūmida cum siccīs, mollia cum dūrīs permixta esse fāma est.
Quod chaos deum in ōrdinem redēgisse atque aquam terrā sēparāvisse poēta narrat. Dīversa loca elementīs ā deō attribūta esse in prīmō librō operis Ovidiī, quod "Metamorphōsēs" dīcitur, legimus.
Antīquī physicī aut mundum ex ūnō elementō aut ex quattuor elementīs exstitisse putābant. Quae sunt: ignis, āēr, terra, aqua.

Weitere Beispielsätze:

Caesar mīlitēs pontem facere iussit. – Caesar mīlitēs pontem rescindere vetuit. – Caesar pontem rescindī vetuit. – Caesar pontem rescindī nōn sīvit. – Quid nōs semper vērum dīcere vetāre potest? – Ovidium multōs pulchrōs versūs scrīpsisse cōnstat. – Caesarem dē Īdibus Mārtiīs praemonitum esse fāma est. – Sōcratēs sē incolam tōtīus mundī esse putābat. – Alius aliī auxilium ferēbat. – Aliud est maledīcere, aliud accūsāre. – Haec alia quaestiō est. – Alius aliō mōre vīvit. – Tibĭ sōlī (= ūnī) omnia explicābō. – Caesar sē ūllī gentī barbărae iter per prōvinciam Rōmānam dăre posse negāvit. – Nomina sunt aut masculīnī, aut fēminīnī, aut nĕŭtrīus generis. – Hoc est illud, quod quaesīvistī. – Hīc Rhodus, hīc saltā! (*Sprichwörtlich für eine unkontrollierbare Prahlerei*)

orīgō, ĭnis *f der Ursprung*
Publius Ovidius Nāsō, Pūbliī Ovidiī Nāsōnis *m römischer Dichter (43 v. bis 17 n. Chr.)*
prae-clārus, a, um *sehr hell; berühmt*
hūmānus, a, um *menschlich*
chaos (*Abl.* chaō) *n das Chaos*
ille, a, ud *jener*
aetās, ātis *f das Zeitalter; das Menschenalter*
neque ... neque *weder ... noch*
tellūs, ūris *f die Erde*
nūllus, a, um *kein*
fōrma *f die (schöne) Gestalt*
corpus, oris *n der Körper*
frīgidus, a, um *kalt*
ūmidus, a, um *feucht, naß*
siccus, a, um *trocken*
mollis, e *weich*
dūrus, a, um *hart*
per-miscēre, ĕō, miscuī, mixtus *vermischen*
ōrdō, inis *m die Ordnung; der (politische) Stand*
red-ĭgere, ō, ēgī, āctus *zurückführen, in einen Zustand versetzen*
caelum *n der Himmel*
elementum *n das Element*
dīversus, a, um *entgegengesetzt*
at-tribuere, ō, tribuī, tribūtus *zuweisen*
metamorphōsēs *f* (*Nom. Pl. i. Griech.*) *Verwandlungen*
ex-sistere, ō, stitī, – *heraustreten; entstehen*
ignis, is *m das Feuer*
āēr, āĕris *m* (*Akk.* āĕra) *die untere Luftschicht, die Luft*
Gāius Iūlius Caesar, Gāī Iūliī Caesaris *m römischer Diktator (100 – 44 v. Chr.)*
iubēre, ĕō, iussī, iussum *befehlen*

re-scindere, ō, scĭdī, scissus *wieder aufreißen, abbrechen*
vetāre, ō, uī, ĭtus *verbieten*
sinere, ō, sīvī, sĭtus *zulassen*
cōn-stat *es ist bekannt*
Īdūs, ŭum *f* (*Pluraletantum*) *die Iden, Monatsmitte (der 15. i. März, Mai, Juli, Oktober, sonst der 13.)*
Īdūs Mārtiae, Īdŭum Mārtiārum *f die Iden des März (= der 15. März)*
prae-monēre, ĕō, uī, itus (*m.* dē *b. Abl.*) *mahnen (an), warnen (vor)*
Sōcratēs, is *m berühmter Philosoph i. Athen (469 bis 399)*
sē (*Akk.*) *sich (hier: er)*
tōtus, a, um *ganz*
male-dīcere, ō, dīxī, dĭctum *lästern, schmähen*
accūsāre *gerichtlich belangen, anklagen*
sōlus, a, um *allein*
ex-plicāre *entfalten; erklären*
ūllus, a, um *irgendein*
barbărus, a, um *fremd; wild*
prōvincia *f die Provinz*
negāre *verneinen*
masculīnus, a, um *männlich*
aut ... aut *entweder ... oder*
fēminīnus, a, um *weiblich*
nĕŭter, tra, trum *keiner von beiden*
hĭc, haec, hŏc *dieser*
quaerere, ō, sīvī, sītus *suchen; zu erwerben trachten; fragen*
hīc *hier*
Rhodus, ī *f Insel an der Küste Kleinasiens u. gleichnamige Stadt*
saltāre *tanzen*
iste, a, ud *dieser da (bei dir)*
uter, utra, utrum *welcher von beiden*

ne-scīre, ĭō, īvī, ītus *nicht wissen*
satis *genug, hinreichend*
Nerviī, ōrum *m belg. Volksstamm zw. Schelde u. Sambre*
mercātor, ōris *m der Kaufmann*
vīnum *n der Wein*
im-portāre *einführen*
castra, ōrum *n* (*Pluraletantum*) *das Lager*
mūnīre, ĭō, īvī, ītus *befestigen; schützen*
brevis, e *kurz*
oportet, uit, – *es gehört sich, es ist nötig*
necesse est *es ist unvermeidlich, es ist nötig*
ap-pāret, uit, – *es ist offenbar*
fās est *es ist göttliches Recht*
ne-fās est *es ist Sünde*
prae-stat *es ist besser*
Sparta *f Hauptst. der griech. Landsch. Lakonien*
avāritia *f der Geiz, die Habsucht*
per-īre, ĕō, ĭī, ĭtum *verlorengehen, umkommen*
stultus, a, um *dumm, einfältig*
salūtāre *grüßen; einen Besuch abstatten*
pecūnia *f das Geld*
aerārium *n die Staatskasse*
dē-ferre, ferō, tulī, lātus *herabtragen; hinabstürzen*
af-firmāre *bekräftigen, behaupten*
pĭger, gra, grum *faul*
scholasticus, a, um *zur Schule gehörig*
ingeniōsus, a, um *geistreich; pfiffig*
aciēs, ēī *f die Schärfe; die Schlacht; die Schlachtordnung*
re-sistere, ō, stĭtī, – *stehenbleiben; Widerstand leisten*

Grammatik

Das Pronomen **12 B₁**

1. Die Demonstrativpronomina (hinweisenden Fürwörter)
hĭc *dieser* und ille *jener:*

	Singular			Plural		
	m	*f*	*n*	*m*	*f*	*n*
Nom.	hĭc	haec	hŏc	hī	hae	haec
Gen.	huius	huius	huius	hōrum	hārum	hōrum
Dat.	huic	huic	huic	hīs	hīs	hīs
Akk.	hunc	hanc	hŏc	hōs	hās	haec
Abl.	hōc	hāc	hōc	hīs	hīs	hīs

	Singular			Plural		
	m	*f*	*n*	*m*	*f*	*n*
Nom.	ille	illă	illud	illī	illae	illă
Gen.	illīus	illīus	illīus	illōrum	illārum	illōrum
Dat.	illī	illī	illī	illīs	illīs	illīs
Akk.	illum	illam	illud	illōs	illās	illă
Abl.	illō	illā	illō	illīs	illīs	illīs

Merke: iste, ista, istud *dieser da*, *diese da*, *dieses da* (bei dir) wird wie ille, illa, illud dekliniert.

2. Das persönliche Reflexivpronomen (persönliches rückbezügliches Fürwort) der 3. Person:

	Singular		Plural	
Nom.	–		–	
Gen.	suī	*seiner/ihrer*	suī	*ihrer*
Dat.	sibĭ	*sich*	sibĭ	*sich*
Akk.	sē	*sich*	sē	*sich*
Abl.	ā sē	*von sich*	ā sē	*von sich*
	sēcum	*mit sich*	sēcum	*mit sich*

Die Pronominaladjektive **12 B₂**

Folgende Adjektive heißen Pronominaladjektive, weil sie teilweise die Endungen der Pronomina haben und auch nach ihrer Bedeutung den Pronomina nahestehen:

ūnus, a, um	*einer, einzig*
sōlus, a, um	*allein*
tōtus, a, um	*ganz*
ūllus, a, um	*irgendeiner*
nūllus, a, um	*keiner*
ălius, ălia, ăliud	*ein anderer*
uter, utra, utrum	*wer von beiden*
uterque, utraque, utrumque, *Gen.* utrīusque	*beide*
nĕŭter, nĕŭtra, nĕŭtrum	*keiner von beiden*
alter, altera, alterum	*der eine, der andere von beiden*

Singular	*m*	*f*	*n*
Nom.	tōtus	tōta	tōtum
Gen.	tōtīus	tōtīus	tōtīus
Dat.	tōtī	tōtī	tōtī
Akk.	tōtum	tōtam	tōtum
Abl.	tōtō	tōtā	tōtō

Merkspruch:

ūnus, sōlus, tōtus, ūllus,
uter, alter, nĕŭter, nūllus,
ălius erfordern alle
-īus in dem zweiten Falle,
doch im Dativ enden sie
stets mit einem langen -ī.

Merke:

a) Der Genetiv von alius wird durch alterīus ersetzt.
Alius aliud dīxit. *Der eine sagte dies, der andere das.*

b) nūllus wird nur adjektivisch verwandt; substantivisch gebraucht man nēmō *niemand, Gen.* nūllīus, Dat. nēminī, Akk. nēminem, Abl. ā nūllo.

Das Verb **12 B$_3$**

Der Infinitiv Perfekt Passiv

besteht aus dem Partizip Perfekt Passiv und esse.

celebrātus, a, um esse	*gefeiert*	
tentus, a, um esse	*gehalten*	*worden*
dīlēctus, a, um esse	*geliebt*	(*zu*)
audītus, a, um esse	*gehört*	*sein*
dēspectus, a, um esse	*verachtet*	

Beachte: Beim a. c. i. richtet sich das Partizip Perfekt Passiv des Infinitivs Perfekt Passiv in Geschlecht und Zahl natürlich nach dem Subjektsakkusativ: Rūfum ā magistrō laudātum esse sciō. *Ich weiß, Rufus wurde vom Lehrer gelobt.* – Barbaram ā magistrō laudātam esse sciō. *Ich weiß, Barbara wurde vom Lehrer gelobt.* – Līberōs ā magistrō laudātōs esse sciō. *Ich weiß, die Kinder wurden vom Lehrer gelobt.*

1. Reflexivpronomen beim a. c. i.

Regel: Steht beim a. c. i. ein Reflexivpronomen, so bezieht es sich auf das Subjekt des übergeordneten Verbs. Im Deutschen wird das Reflexivpronomen durch das Personalpronomen der 3. Person ausgedrückt:

Paulus sē aegrōtum esse nescit. *Paul weiß nicht, daß er krank ist.*

aber: Eum sānum nōn esse putō. *Ich glaube, er ist nicht gesund.*
Discipulī sē satis didicisse putāvērunt. *Die Schüler glaubten, sie hätten genug gelernt.*

2. Der a. c. i. steht auch bei iubēre *befehlen*, vetāre *verbieten* und sinere *zulassen:*

Vōs statim redīre iubeō. *Ich befehle euch, sofort zurückzukommen.* Tē in flūmine natāre vetō. *Ich verbiete dir, im Fluß zu schwimmen.* Nerviī mercātōrēs vīnum importāre nōn sinēbant. *Die Nervier ließen es nicht zu, daß Kaufleute Wein importierten.*

Merke: Wenn die Person, der etwas befohlen oder verboten wird, nicht genannt ist, steht der passive Infinitiv:

Caesar mīlitēs castra mūnīre iussit. *Cäsar befahl den Soldaten, das Lager zu befestigen.*

Aber: Caesar castra mūnīrī iussit. *Cäsar befahl, das Lager zu befestigen.*

3. Der a. c. i. als Subjekt steht bei unpersönlichen Verben und Ausdrücken, wenn der Infinitiv ein eigenes Subjekt hat.

Lēgem brevem esse oportet. *Ein Gesetz muß kurz sein.*
Tē errāvisse hūmānum est. *Es ist menschlich, daß du dich geirrt hast.*

Aber: Errāre hūmānum est. *Irren ist menschlich.*

Unpersönliche Verben und Ausdrücke:

oportet	*es gehört sich; es ist nötig*
opus est	*es ist Bedürfnis; es ist nötig*
necesse est	*es ist unvermeidlich; es ist nötig*
appāret	*es ist offenbar*
cōnstat	*es ist bekannt; bekanntlich*
fās est	*es ist göttliches Recht*
nefās est	*es ist Sünde*
praestat	*es ist besser*

Stilistik 12 B_5

Plural von lŏcus *m die Stelle:*
lŏcī, ōrum, *m Stellen in Büchern*
lŏca, ōrum, *n Punkte in der Natur; Gegend*

1. *Übersetzen und übertragen Sie sodann den a. c. i. in die Vergangenheit (wodurch die Vorzeitigkeit der Handlung des a. c. i. ausgedrückt wird).* Beispiel: Eum hodiē sānum nōn esse putō. *Ich glaube, er ist heute nicht gesund* (Gleichzeitigkeit beider Handlungen). Eum iam hĕrī aegrōtum fuisse putō. *Ich glaube, er war schon gestern krank* (Vorzeitigkeit der Handlung des a. c. i. gegenüber dem Hauptverbum). Eum vōs saepe salūtāre audīvimus. – Eum semper vērum dīcere cōnstat. – Sē pecūniam in aerārium dēferre affirmāvit. – Vōs libenter lĭbrōs bonōs lĕgere nōn īgnōrō.

2. *Übersetzen Sie und machen Sie sodann von* opus est *abhängig:* Discipulī bonī ā magistrō laudantur. – Magister discipulōs pigrōs vituperat. – Discipulī bonī in schŏlā nihil agunt nisĭ rēs scholasticās. – Nōn schŏlae, sed vītae discimus.

3. *Deklinieren Sie im Singular und im Plural:* haec domus; – illud opus; – iste homō ingeniōsus.

4. *Versehen Sie das eingeklammerte Pronominaladjektiv mit dem richtigen Kasusausgang (mit deutscher Übersetzung):* (tōtus) urbis; – (ūnus) fābulae (2); – cum patre (sōlus). – (Alius) mīlitēs in (alius) partibus aciēī restitērunt. – (Alius) iter (nūllus) Helvētiīs erat.

5. *Übertragen Sie das Lesestück und die Beispielsätze schriftlich in gutes Deutsch!*

13. Lektion

Dē orīgine mundī — 13 A

(Pars altera)

Deinde deus terram in magnī glŏbī fōrmam redēgit. Māiōrem partem globī Ōceănō maribusque, minōrem terrā continentī contēxit. Terram lacūs, flŭviī, silvae, prāta, agrī montēsque ōrnāvērunt.
Posteā deus terram quīnque cingulīs, quī Graecā linguā zōnae dīcuntur, circumdĕdit. Mēdia zōna multīs locīs aestuum causā habitābilis nōn est. Duās extrēmās zōnās circum pŏlōs sitās deus nĭve altā contēxit. Duābus relĭquīs zōnīs, quārum altera septentriōnālis, altera austrālis nōminātur, deus temperiem dĕdit. Quamobrem utraque zōna habitābilis est. Deinde creātor mundī nĕbulās nūbēsque dispŏsuit atque ventōs dēfīnītās regiōnēs domiciliō dēligere, postrēmō sīdera tōtum caelum illūstrāre iussit.

Quō in globō deus aquam piscibus, terram bēstiīs, āĕra avibus domiciliō tribuit.

Weitere Beispielsätze:

Magistrī Mārcum optimum discipulum nōminant: Ā magistrīs Mārcus optimus discipulus nōminātur. – Avārus numquam amōre in aliōs impulsus, sed semper amōre suī permōtus agit. – Antīquissimīs temporibus terra in magnī globī fōrmam redācta, neque tamen animālibus inculta neque arboribus, herbīs, flōribus vestīta esse vidētur. – Hŏc suō, neque tuō impulsū fēcit. – Gubernātor aegrōtus ad classem remittī nōn poterat. – Cum duo faciunt ĭdem, nōn est ĭdem. – Trēs faciunt collēgium.

deinde *von da an; hierauf*
con-tĕgere, ō, tēxī, tēctus *bedecken*
cingulus *m der Erdgürtel*
lingua *f die Zunge; die Sprache*
zōna *f der Gürtel; die Zone*
circum-dăre, ō, dĕdī, dătus *herumlegen; umgeben*
habitābilis, e *bewohnbar*
extrēmus, a, um *äußerst*
pŏlus *m der Pol*
relĭquus, a, um *zurückgelassen; übrig*
septentriōnālis, e *nördlich*
austrālis, e *südlich*
temperiēs, ēī *f die rechte Mischung; die milde Wärme*
quam-ob-rem *und deshalb*
creātor, ōris *m der Schöpfer*
nebula *f der Nebel*
nūbēs, is *f die Wolke*
dis-pōnere, ō, pŏsuī, pŏsitus *verteilen*
ventus *m der Wind*
dēfīnītus, a, um *abgegrenzt; bestimmt*
postrēmō *schließlich*
sīdus, eris *n das Sternbild; der Stern*
caelum *n der Himmel*
piscis, is *m der Fisch*
bēstia *f das Tier*
tribuere, ō, uī, ūtus *zuteilen*
avārus, a, um *geizig*
avārus *m der Geizhals*
amŏr, ōris *m die Liebe*
im-pulsus, a, um *angetrieben*
per-mōtus, a, um *bewegt, angetrieben*
neque tamen *doch nicht*
animăl, ālis *n das Lebewesen*
herba *f der Halm; das Gras*
flōs, ōris *m die Blüte; die Blume*
vestīre, ĭō, īvī, ītus *bekleiden; bedecken*
impulsus, ūs *m der Antrieb*
gubernātor, ōris *m der Steuermann*
classis, is *f die Klasse; die Flotte*
re-mittere, ō, mīsī, missus *zurückschicken*
īdem, ĕădem, ĭdem *derselbe*
collēgium *n die Amtsgenossenschaft; das Kollegium*
commŏdum *n die Bequemlichkeit; der Vorteil*
cupĭdus, a, um (*m. Gen.*) *begierig* (*nach*)
meminisse, meminī, – (*m. Gen.*) *sich erinnern, denken* (*an*)
fīdūcia *f das Vertrauen; der zuversichtliche Glaube*
mĕdicus *m der Arzt*
mēns, mĕntis *f die Gesinnung*
compŏs, ŏtis (*m. Gen.*) *völlig mächtig; im Besitze von*
suī, ōrum *Plur. die eigenen Leute; die Angehörigen*
cōnsulere, ō, luī, ultum (*m. Dat.*) *Sorge tragen für*
fortis, e *tapfer*
sē prae-stāre, ō, stitī, (stitum) *sich bewähren, sich zeigen*
re-pŭtāre *berechnen; erwägen*
mementō! *gedenke!*
ōdisse, ōdī, – *hassen*
dūcere, ō, dūxī, ductus *ziehen; führen; halten für*
ex-īstimāre *schätzen, halten*
red-dere, ō, dĭdī, dĭtus *wiedergeben; machen zu*
iūdicāre *gerichtlich untersuchen; erklären*
sē praebēre, ĕō, buī, bitum *sich zeigen als*
fīdus, a, um *treu, zuverlässig*
crĕāre *hervorbringen; ernennen*
cōnsul, ŭlis *m der Konsul* (*die beiden Konsuln waren die höchsten Beamten der röm. Republik*)
invitāre *einladen*
in-īquus, a, um *uneben; ungerecht*
dīvitiae, ārum *f* (*Pluraletantum*) *der Reichtum*
aestimātor, ōris *m der Taxator, der Beurteiler*
aliter *anders*
ŏdium *n der Haß*
coniux, iŭgis *m u. f der Gatte; die Gattin*
necāre *töten*
fossa *f der Graben*
pēs, pĕdis *m der Fuß; der Fuß* (*als Längenmaß*)
vulnerātus, a, um *verwundet*

implōrāre *anflehen; erflehen*
auxilium implōrāre *um Hilfe rufen*
pugnāre *kämpfen*
assĭduus, a, um *ansässig; fleißig*
turpis, e *häßlich; schimpflich*
ēducātiō, ōnis *f die Erziehung*
disciplīna *f der Unterricht; die Manneszucht*
in-doctus, a, um *ungelehrt; unerzogen*
rŭdis, e *unbearbeitet; roh*
hūmānitās, ātis *f die Menschlichkeit; die echte Bildung*
polītus, a, um *geglättet; geläutert*
Augustus, ī *m Ehrenname des Oktavian (seit 27) u. der späteren Kaiser*
honor, ōris *m die Ehre; die Ehrenbezeigung*
Augustālēs, ium *m (Pluraletantum) Spiele zu Ehren des Augustus*
vŏcāre *rufen; nennen*
săpiēns, ĕntis *weise; Subst. m: der Weise*
cōnsilium *n der Rat; der Plan; die Absicht*
dē-fendere, ō, dī, fēnsus *abwehren; verteidigen*
nōn-numquam *manchmal*

Grammatik

Das Pronomen — 13 B₁

Das **reflexive Personalpronomen** (das rückbezügliche persönliche Fürwort) bezieht sich auf das Subjekt des Satzes. Es ist daher nicht selbst Subjekt und steht nie im Nominativ. Es kommt nur in der 3. Person vor, die Formen sind im Singular und im Plural gleich und berücksichtigen das Genus nicht.

Das reflexive Personalpronomen steht

a) im Genetiv als Objekt (selten, da nur wenige Verben ein Genetivobjekt haben): Homō suī commodī cupidissimus semper suī, rārō aliōrum meminit. *Ein Egoist denkt stets an sich, selten an die anderen;* als Attribut bei Substantiven oder Adjektiven: fīdūcia suī *das Selbstvertrauen.* – Ā mĕdicō mēns aegrōtī compos suī facta est. *Der Kranke wurde vom Arzt wieder zur Besinnung gebracht.*

Beachte:

suī ist auch Gen. Sing. des reflexiven Possessivpronomens: suī commodī cupidus *auf seinen Vorteil bedacht = egoistisch.*
Merke als Vokabel: suī *die eigenen Leute; die Angehörigen.*

b) im Dativ und Akkusativ als Objekt: Parentēs nōn sibĭ, sed līberīs cōnsulant! *Die Eltern sollen nicht für sich, sondern für ihre Kinder sorgen!* – Mīlitēs sē fortēs praestitērunt. *Die Soldaten zeigten sich tapfer.*

c) im Ablativ in Verbindung mit einer Präposition: Parentēs omnia saepe sēcum reputāvērunt. *Die Eltern erwogen alles oft bei sich.*

Das Zahlwort — 13 B₂

Deklination der Grundzahlwörter „eins" bis „drei"

ūnus *eins* geht nach den Pronominaladjektiven (s. Lektion 12, S. 79–80).

duo *zwei* und trēs *drei*

	Mask.	Fem.	Neutr.	Mask.	Fem.	Neutr.
Nom.	duo	duae	duo	trēs	trēs	tria
Gen.	duōrum	duārum	duōrum	trium	trium	trium
Dat.	duōbus	duābus	duōbus	tribus	tribus	tribus
Akk.	duōs/duo	duās	duo	trēs	trēs	tria
Abl.	duōbus	duābus	duōbus	tribus	tribus	tribus

Wie duo, duae, duo wird auch ambo, ae, o *beide* dekliniert.

Das Verb — 13 B₃

Verba dēfectīva (= unvollständige Verben)

bilden nur Formen des Perfektaktivstammes mit präsentischer Bedeutung:

meminisse *sich erinnern, gedenken, denken an:* memin-ī, -istī, -it usw. *ich erinnere mich* usw.

Imperativ: mementō *gedenke!* mementōte! *gedenkt!*

ōdisse *hassen:* ōd-ī, -istī, -it usw. *ich hasse* usw.

Vergangenheit und Zukunft werden durch die Formen für Plusquamperfekt und Futur II ausgedrückt: memineram *ich gedachte*, meminerō *ich werde gedenken.*

Satzlehre — 13 B₄

1. Der doppelte Akkusativ als Objekt und als Prädikatsnomen beim Objekt steht bei:

haben, halten und erkennen,
machen, wählen und ernennen,
ferner nennen und erklären,
auch sich zeigen, sich bewähren (ein Merkvers!).

habēre *haben;* putāre, dūcere, exīstimāre *halten;* cognōscere *erkennen;* facere, reddere *machen;* nōmināre *nennen;* iūdicāre *erklären;* sē praebēre *sich zeigen;* sē praestāre *sich bewähren.* Tē amīcum fīdum putō. *Ich halte dich für einen treuen Freund.* Mīlitēs sē fortēs praestitērunt. *Die Soldaten zeigten sich tapfer.*

Merke: Treten diese Verben ins Passiv, so steht statt des doppelten Akkusativs der doppelte Nominativ:

Cicerō cōnsul creātus est. *Cicero wurde zum Konsul gewählt.* Ab omnibus piger nōminātur. *Er wird von allen Faulpelz genannt.*

2. Der ablātīvus locātīvus bezeichnet auf die Frage *wo?* den Ort ohne Präposition bei lŏcus und tōtus: multīs lŏcīs *an vielen Stellen;* tōtā urbe *in der ganzen Stadt.*

Die Stellung der Verneinung

Wenn der Sinn des ganzen Satzes verneint ist, steht nōn am Satzende vor dem Verb, sonst unmittelbar vor dem zu verneinenden Begriff: Mĕdia zōna habitābilis nōn est. *Die mittlere Zone ist nicht bewohnbar.* – Nōn egŏ hŏc dīxī, sed tū. *Nicht ich habe das gesagt, sondern du.*

Übungen 13 C

1. *Setzen Sie die richtige Form von* is ea id (*nur im Singular!*) *bzw. die des reflexiven Personalpronomens ein* (*mit deutscher Übersetzung!*)*:* ... saepe ad prandium in hortum invītārī dīxit. (2) – Amīcus meus iuvenis ingentibus dīvitiīs praeditus est; multī ... inīquum aestimātōrem ... iūdicant. – Vestra et nostra vīlla nōn prŏcul inter ... absunt. – Pater ... ita, nec aliter dīxisse accūrātissimē meminit.

2. *Übersetzen und geben Sie die Art des Ablativs an:* Odiō incitātus coniugem necāvit. – Omnēs hominēs mētū vacuī esse dēbent. – Haec fossa quīnque pĕdibus altior est quam illa. – Tōtā nocte mīles vulnerātus auxilium implōrābat. – Tōtā Galliā pugnābātur.

3. *Verwandeln Sie die folgenden Sätze in solche mit dem doppelten Akkusativ* (*mit deutscher Übersetzung!*)*:* Ab omnibus magistrīs Mānius discipulus assiduus nōminātur. – Nōnne istae rēs ā vōbīs turpēs putantur? – Ēducātiōne disciplīnāque ē puerīs indoctīs et rudibus virī vērā hūmānitāte polītī redduntur. – Ā Rōmānīs lūdī, quī mortuī Augustī honōris causā factī sunt, Augustālēs vocābantur.

4. *Fügen Sie sinngemäß die richtige Form des reflexiven Personal- oder Possessivpronomens ein* (*mit deutscher Übersetzung!*)*:* Sapiēns omnia s.. s..cum portat. – Rūfus iam diū cum amīcīs s.. sermōnem nōn habuit. – Rūfus s.. cum amīcīs s.. sermōnem familiārem nōn habuisse narrāvit. – Frāter mē ad s.. librōs pulchrōs mīsisse putat. – Rūfus cōnsilia s.. inimīca amīcī s.. probāre nōn potuit. – Gallī s.. s..que ā Rōmānīs dēfendere volēbant. – Amīcum meum nōnnumquam vīsitāre voluī, sed amīcus saepe apud s.. nōn erat.

5. *Übertragen Sie das Lesestück und die Beispielsätze schriftlich in gutes Deutsch!*

14. Lektion

Dē orīgine generis hūmānī **14 A**

Ad id tempus animal ratiōnis particeps dēerat, quod cētera animālia coercēre posset: quamobrem homō genitus est. Sīve creātor mundī hominem ē sēmine dīvīnō fīnxit, sīve Promētheus, quī pariter atque Iuppiter nepōs Uranī erat, quem theolŏgī antīquissimum omnium deōrum Graecōrum nōminant, proăvus generis hūmānī factus est.

Promētheus tellūrem nūper ab altō aethere sēparātam, quae etiamtunc sēmina caelī retinēbat, aquā pluviālī permiscuit. Ex quibus duōbus elementīs Promētheus hominem in effĭgiem deōrum fīnxisse et eī ōs sublīme dĕdisse dīcitur, ut caelum vidēre et vultūs suōs ad sīdera tollere posset.

Weitere Beispielsätze:

Hŏc dīcō, ut condiciōnem vestram incertam mĕlius intellegere possītis. – Hŏc dīxit, ut condiciōnem nostram incertam mĕlius intellegere possēmus. – Nūntium ad tē mittam, quī tibĭ condiciōnem tuam explicet. – Nūntium tibĭ mīsī, quī tibĭ condiciōnem tuam incertam explicāret. – Condiciō tua sē hodiē aliter habet atque hĕrĭ. – Fiĕrī potest, ut fallar. – Omnia ex elementīs fīunt. – Tōtā urbe flētus factus est. – Tempestās flūctūs ad sīdera tulit. – Ancŏrae sublātae sunt. – Nāvis equitēs sustulerat. – Discipulī clāmōrem sustulērunt. – Lūx fīat! – Tolle, lĕge! (*Gemeint ist die Bibel; aus den Bekenntnissen des Kirchenlehrers Augustinus.*) – Gallī multīs proeliīs victī superārī assuēfactī sunt. – In Germāniā urī nē parvulī quidem exceptī mānsuēfierī poterant. – Nōnne patefiet coniūrātiō hostium reī pūblicae? – Caesarī ab Ubiīs satisfactum est. – Cīvēs alter alterum interrogant, cūr coniūrātiō hostium reī pūblicae nōndum patefacta sit. – Cīvēs alter alterum interrogābant, cūr coniūrātiō hostium reī pūblicae nōndum patefacta esset.

rătiō, ōnis *f die Rechnung; die Vernunft*
particeps, cĭpis (*m. Gen.*) *teilnehmend; teilhaftig*
co-ërcēre, ĕō, cuī, cĭtum *in Ordnung halten; züchtigen*
gignere, ō, genuī, genitus *erschaffen; zeugen*
sīve ... sīve *sei es daß ... oder daß*
sēmen, inis *n der Same*
dīvīnus, a, um *göttlich*
fingere, ō, fīnxī, fictus *bilden; vortäuschen*
Promētheus *m er schuf den Menschen u. holte das Feuer v. Himmel; zur Strafe an den Kaukasus geschmiedet, v. Herkules befreit*
păriter (*Adv.*) *in gleicher Weise*
atque *und dazu; wie, als*
Iuppiter, Iŏvis *m Gott des Himmels, später dem griech. Zeus gleichgesetzt; Bruder u. Gemahl der Juno; Götterkönig*
nepōs, ōtis *m der Enkel; der Neffe*
Uranus *m nach der griech. Mythologie Vater der Titanen, Ahnherr aller Götter*
theolŏgus *m der Theologe, der Mythologe*

nūper *kürzlich, jüngst*
aethēr, ĕris *m die obere Luftschicht, der Himmelsraum*
etiam-tunc *damals noch*
re-tinēre, ĕō, tinuī, tentus *zurückhalten; festhalten*
pluviālis, e *Regen...; regenbringend*
effigiēs, ēī *f das Bild*
ōs, ōris *n der Mund; das Gesicht*
sublīmis, e *schwebend; erhaben*
vultus, ūs *m der Blick*
tollere, ō, sustulī, sublātus *erheben; lichten; an Bord nehmen*
con-diciō, ōnis *f die Bedingung; die Lage*
intellegere, ō, lēxī, lēctus *wahrnehmen; verstehen*
nūntius *m der Bote; die Nachricht*
sē habēre, ĕō, uī *sich verhalten*
fierī, fīō, factum *werden; entstehen; geschehen*
flētus, ūs *m das Weinen, der Jammer*
tempestās, ātis *f das Unwetter, der Sturmwind*
flūctus, ūs *m die Strömung, die Flut*
ancora *f der Anker*
nāvis, is *f das Schiff*
equēs, itis *m der Reiter; der Ritter*
Gallī, ōrum *m die Gallier, die Kelten*
proelium *n der Kampf, der Krieg*
as-suē-facere, iō, fēcī, factus; *Pass.:* assuēfierī *gewöhnen an*
ūrus *m der Auerochse*
parvulus, a, um *sehr klein, sehr jung*
ex-cipere, iō, cēpī, ceptus *herausnehmen; gefangennehmen*
mānsuē-facere, iō, fēcī, factus; *Pass.:* mānsuēfierī *zähmen, besänftigen*
patē-facere, iō, fēcī, factus; *Pass.:* patēfierī *öffnen; entdecken*
coniūrātiō, ōnis *f die Verschwörung*
rēs pūblica, rēī pūblicae *f die Staatsangelegenheit; der Staat*
Ubiī, ōrum *m germ. Stamm i. der Gegend v. Köln*
satis-facere, iō, fēcī, factum; *Pass.:* satisfierī *Genugtuung leisten; sich rechtfertigen*
certus, a, um *bestimmt, sicher*
certiōrem facere (*b. Akk. m.* dē; *i. Pass.* fierī *b. doppelten Nom. m.* dē) *benachrichtigen über*
etiam atque etiam *immer wieder*
făber, brī *m der Handwerker*
făbrī, ōrum *m die Bauleute; die Pioniere*
adulēscēns, ĕntis *m u. f der junge Mann; die junge Frau*
stipendium *n der Kriegsdienst*
stipendium facere *Kriegsdienst leisten*
sīc-ut *gleichwie, wie*
at-tendere, ō, ī, tum *spannen; achtgeben*
prō-vidēre, ĕō, vīdī, vīsus *voraussehen; Vorkehrungen treffen*
ōrāre *sprechen; ersuchen*
tūtō (*Adv.*) *sicher; vorsichtig*
servus *m der Sklave; der Knecht*
petere, ō, īvī, ītus (*m. Akk. u.* ā *b. Abl.*) *j-n um etw. bitten*
nunc ipsum *eben jetzt, gerade jetzt*
quŏtus, a, um *der wievielte*
morbus *m die Krankheit*

Grammatik

Das Verb **14 B₁**

1. Konjunktiv Imperfekt Aktiv und **Passiv:** Präsensstamm, Moduszeichen -re- und Personalendung. Bei der konsonantischen Konjugation tritt vor das Moduszeichen der Bildevokal -e-, bei der kurzvokalischen i-Konjugation wird das kurze -i- vor -r- zu -e- abgeschwächt:

laudā-re-m: laudā-re-r; monē-rē-s: monē-rē-ris; audī-re-t: audī-rē-tur; rege-rē-mus: rege-rē-mur; cape-rē-tis: cape-rē-minī.

Faustregel: Infinitiv Präsens + Personalendung: laudāre-m, esse-m, ferre-m, velle-m, īre-m.

2. Das unregelmäßige Verb **fierī** *werden, gemacht werden, geschehen* dient als Passiv zu facere.

	Indikativ	Konjunktiv		Indikativ	Konjunktiv
Präs.	1. fī-ō 2. fī-s 3. fĭ-t 1. fī-mus 2. fī-tis 3. fī-unt	fī-a-m fī-ā-s fī-a-t fī-ā-mus fī-ā-tis fī-a-nt	Perf.	factus, a, um sum	factus, a, um sim
Impf. Fut. I	fī-ē-ba-m fī-ē-bā-s fī-a-m fī-ē-s	fĭ-e-re-m fĭ-e-rē-s	Plusqpf. Fut. II	factus, a, um eram factus, a, um erō	factus, a, um essem

Inf. Präs. fierī *werden, gemacht werden, geschehen*
Perf. factus, a, um esse *geworden sein, gemacht (worden zu) sein, geschehen sein*
Fut. futūrus, a, um esse = fŏrĕ *werden, geschehen werden*

Beachte: fierī und die dazu gehörenden Formen bilden das Passiv auch bei den Komposita assuēfacere *gewöhnen*, patefacere *öffnen*, satisfacere *Genugtuung leisten* und mānsuēfacere *zähmen*.

Die Bedeutung *geschehen* hat fierī nur in der 3. P. Sg. und Pl. Neutrum.

Merke:

certior fīō dē	*ich werde benachrichtigt von*
saepe fit, ut	*oft kommt es vor, daß*
ita factum est, ut	*so kam es, daß*
fierī potest, ut	*es kann geschehen, daß; es ist möglich, daß*

Satzlehre — 14 B₂

1. Finalsätze (Begehrs- und Zwecksätze)

drücken nach den Verben des Bittens, Wünschens und Befehlens ein Begehren oder nach beliebigen Verben eine Absicht aus. Sie werden eingeleitet mit ut *daß*, verneint mit nē *daß nicht:*

Māter fīliam ōrāvit, ut in hortō ōva colligeret. *Die Mutter bat ihre Tochter, daß sie im Garten Eier sammelt = im Garten Eier zu sammeln.*

Puella in hortum it, ut ōva colligat. *Das Mädchen geht in den Garten* (zu dem Zweck), *daß sie Eier sammelt = um Eier zu sammeln.*

Māter mē ōrāvit, nē sērō domum venīrem. *Die Mutter bat mich, daß ich nicht spät nach Hause komme = nicht spät nach Hause zu kommen.*

Beachte: Nach iŭbēre *befehlen* steht der a. c. i. Caesar mīlitēs pontem facere iussit; aber: Caesar imperāvit, ut mīlitēs pontem facerent. *Cäsar befahl den Soldaten, eine Brücke zu bauen.*

2. Der Relativsatz im Konjunktiv

Wenn der Relativsatz eine Tatsache ausdrückt, steht er im Indikativ: Nūntiī, quī ad nōs missī sunt, nōs dē condiciōne in patriā certiōrēs fēcērunt. *Die Boten, die uns geschickt wurden, berichteten uns über die Lage in der Heimat.* Drückt jedoch der Relativsatz einen Zweck aus, so steht er im Konjunktiv, denn er entspricht einem Finalsatz: Nūntiī ad nōs missī sunt, quī nōs dē condiciōne in patriā certiōrēs facerent. *Zu uns wurden Boten geschickt, die uns über die Lage in der Heimat berichten sollten.*

3. Der abhängige (= indirekte) **Fragesatz** steht im Konjunktiv.

Vergleiche: Cūr saepe maesta es, māter? *Mutter, warum bist du oft traurig?* – Etiam atque etiam mātrem interrōgō, cūr saepe maesta sit. *Immer wieder frage ich Mutter, warum sie oft traurig ist.*

4. Die Zeitenfolge (= cōnsecūtiō temporum)

In den meisten konjunktivischen Nebensätzen – hier: Finalsatz, konjunktivischer Relativsatz, abhängiger Fragesatz – richtet sich das Tempus des Nebensatzes nach dem Tempus des Hauptsatzes und dem zeitlichen Verhältnis beider Sätze zueinander.

Im Hauptsatz steht	Der Nebensatz ist	Im konjunktivischen Nebensatz steht	
Präsens od. Futur	gleichzeitig	Präsens:	Hoc dīcō, ut condiciōnem vestram intellegere possītis. *Das sage ich, damit ihr eure Lage verstehen könnt.*
	vorzeitig	Perfekt:	Tē interrogābit, quid factum sit. *Er wird dich fragen, was geschehen ist.*
ein vergangenes Tempus	gleichzeitig	Imperfekt:	Hoc dīxī, ut condiciōnem vestram intellegere possētis. *Das habe ich gesagt, damit ihr eure Lage verstehen könnt.*
	vorzeitig	Plusquamperfekt:	Tē interrogāvī, quid factum esset. *Ich habe dich gefragt, was geschehen ist.*

Stilistik **14 B_3**

Der Vergleich ohne Komparativ drückt keinen Gradunterschied, sondern Gleichheit oder Ähnlichkeit bzw. deren Gegenteil aus. Er wird eingeleitet durch atque oder ac *wie, als;* davor steht pariter *in gleicher Weise*, similiter *ähnlich,* aliter *anders* u. a. Nōs eum pariter ōdimus atque tū. *Wir hassen ihn gleich wie du.* – Mānius similiter (= nōn aliter) facit atque frāter. *Manius handelt ähnlich wie (= nicht anders als) sein Bruder.*

Übungen **14 C**

1. *Übersetzen und übertragen Sie sodann sinngemäß im Lateinischen ins Passiv:* Fābrī pontem firmum faciunt. – Facientne omnēs adulēscentēs libenter stipendia? – Avus mē dē hīs rēbus certiōrem faciēbat. – Dīligenter, sīcut adhūc fēcistis, attendite! (*Der Imperativ bleibt unverändert!*)

2. *Verwandeln Sie jeweils den zweiten Satz in einen Nebensatz mit der Konjunktion* ut (*mit deutscher Übersetzung!*): Moneō tē: Prōvidē! – Pater mē ōrāvit: Līberōs tūtō in oppidum dūcō. – Servī lēgum sumus: Līberī esse possumus.

3. *Übersetzen und erklären Sie den Gebrauch des Konjunktivs im Nebensatz:* In urbem iīmus, ut avum vīsitārēmus. – Ā patre petīvimus, ut nōbīscum avum vīsitāret. – Nunc ipsum amīcus vēnit, quī mēcum avum meum vīsitet. – Interrogō tē, cūr saepe sērō veniās.

4. *Übertragen Sie in den Konjunktiv des Imperfekts (gleiche Person und Zahl, gleiche Zustandsform!):* coërcentur; fingimur; retineor; tolluntur; intellegō; fit; assuēfīmus; excipior; mānsuēfīunt; patefaciō; satisfit.

5. *Ergänzen Sie sinngemäß (mit deutscher Übersetzung!):* Tē interrogō, quis in hortō ... – Cūr mihĭ nōn dīxistī, in quā domō ...? Quandō mihĭ dīcēs, ubī nunc habit... – Mihĭ dīcere nōn potuit, quŏta hōra ... – Īgnōrō, quandō porta patefacta ... – Īgnōrāvī, quandō porta patef... (2). – Ā vōbīs petīvī, ut mē semper dē condiciōne vestrā certiōrem fa... – Ā mē petit, ut semper dē morbō mātris meae certior fī... – Īgnōrāvī, cūr dē morbō mātris nostrae nōn certiōrēs factī ... – Īgnōrō, cūr avus nōn iam in urbe nostrā habit...

6. *Übertragen Sie das Lesestück und die Beispielsätze schriftlich in gutes Deutsch!*

15. Lektion

Dē quattuor aetātibus

15 A

(Pars prior)

Īdem Ovidius, poēta Rōmānus, quem iam cognōvimus, haec ferē dē quattuor aetātibus narrat, quārum alia aliī successisse dīcitur.
Prīma aetās aurĕa erat. Tum nōndum lēgēs necdum poenae grăvēs erant, sed hominēs sponte suā sine lēge fidem rēctumque colēbant, neque quemquam iūdicem verērī opus erat: sĭne iūdice hominēs tūtī erant.
Incolae terrae nūlla lītora praeter sua cognōverant. Nōndum oppida fossīs cingēbantur, necdum gentēs mīlitibus ūtēbantur, sed ōtiō mollī fruēbantur. Tellūs nūllō arātrō vulnerāta omnia per sē dăbat. Vēr aeternum erat, flōrēs sĭne sēmine nāscēbantur perque regiōnēs amoenās iam flūmina lactis iam nectaris ībant.
Postquam Sāturnus, rēctor et moderātor aetātis aurĕae, ā Iŏve, fīliō suō, in Tartăra dēlātus est, mundus sub potestāte Iŏvis erat: successit argentĕa aetās, peior quam aurĕa, sed mĕlior quam aēnea aetās.
Iuppiter tempus vēris, quod ūsque ad hunc diem aeternum erat, contrāxit et annum quattuor spatiīs per breve vēr, per dispărēs aestātēs, inaequālēs autumnōs asperāsque hiĕmēs exēgit.

Weitere Beispielsätze:

Istum nōn ferē quisquam domum suam vŏcābit. – Labōrem suum sĭne ūllā vituperātiōne cōnfēcit. – Fortasse aliquis mē nōn dīligenter labōrāvisse dīcet. – Oblivīsciminī verbōrum vīcīnī malīgnī! – Reminīsciminī beneficiōrum parentum! – Laetāre fortūnā tuā! – Cōnsilia amīcōrum bonōrum atque exempla vĭrōrum clārōrum semper sequiminī!
Rem tĕnē, verba sequentur. – Nōsce tē ipsum! – Per aspera ad astra!

suc-cēdere, ō, cessī, cessum (*m. Dat.*) *folgen, ablösen*
aurĕus, a, um *golden*
necdum *und noch nicht*
poena *f die Strafe*
sponte *mit Zustimmung*
suā sponte *freiwillig*
rēctus, a, um *gerade; richtig, recht*
colere, ō, coluī, cultus *bebauen, hegen; hochhalten*
quisquam, quidquam *irgend jemand*
iūdex, ĭcis *m der Richter*
verērī, ĕor, verĭtus sum *sich fürchten vor (lat. m. Akk.); Bedenken tragen (lat. m. Inf.); verehren*
tūtus, a, um *sicher*
lītus, ŏris *n die Küste*
praeter (*Prp. b. Akk.*) *an ... vorüber; außer*
cingere, ō, cinxī, cinctus *umgürten, umgeben*
gēns, gĕntis *f die Sippe; der Volksstamm*
ūtī, or, ūsus sum (*m. Abl.*) *benutzen; besitzen*
ōtium *n die Muße*
fruī, fruor, – (*m. Abl.*) *benutzen; genießen*
vēr, vēris *n der Frühling*
aeternus, a, um *ewig*
flōs, flōris *m die Blume; die Blüte*
nāscī, or, nātus sum *geboren werden; wachsen*
amoenus, a, um *lieblich; reizend gelegen*

iam ... iam *bald ... bald*
lac, lactis *n die Milch*
nectar, ăris *n der Nektar, der Göttertrank*
Sāturnus *m Gott des Ackerbaus, später Kronos, dem Ahnherrn der Götter, gleichgesetzt*
rēctor, ōris *m der Lenker; der Beherrscher*
moderātor, ōris *m der Leiter; der Einhalt gebietet*
Tartăra, ōrum *n (Pluraletantum) die Unterwelt*
sub *(Prp. b. Akk. des Zieles [Frage: wohin?] u. Abl. des Ortes [Frage: wo?]) unter*
potestās, ātis *f die Amtsgewalt; die Herrschaft*
aēneus, a, um *ehern, bronzen*
ūsque ad *(b. Akk.) bis*
con-trăhere, ō, trāxī, tractus *zusammenziehen, verkürzen*
spătium *n der Raum; die Entfernung; der Zeitraum*
dis-pār, ăris *ungleich, verschieden*
aestās, ātis *f der Sommer*
in-aequālis, e *ungleich; unbeständig*
autumnus *m der Herbst*
asper, era, erum *unwirtlich; schwierig*
hiems, ĕmis *f der Winter; die Kälte*
ex-ĭgere, ō, ēgī, āctus *hinaustreiben; zu Ende führen*
tum dēmum *erst damals*
sub-īre, ĕō, ĭī, ĭtum *unter etw. gehen; etw. betreten*
antrum *n die Höhle*
domum suam *zu sich nach Hause; zu sich ins Haus*
vituperātiō, ōnis *f der Tadel*
cōn-ficĕre, iō, fēcī, fĕctus *fertigmachen, beenden*
fortasse *vielleicht*
aliquis, quid *irgendeiner*
oblīvīscī, or, oblītus sum *(m. Gen. od. Akk.) vergessen*
malĭgnus, a, um *übelbeschaffen; mißgünstig*
re-minīscī, or, – *(m. Gen. od. Akk.) sich ins Gedächtnis zurückrufen, sich besinnen*
beneficium *n die Wohltat*
laetārī, or, laetātus sum *sich freuen, seine Freude äußern*
sequī, or, secūtus sum *(m. Akk.) folgen*
nōscere, ō, nōvī, nōtus *kennenlernen; erkennen*
astrum *n das Gestirn*
astra, ōrum *n der Himmel; die Unsterblichkeit; der Ruhm*
sī *wenn*
nisĭ *wenn nicht*
nē *damit nicht*
quantō *um wieviel*
glōriārī *sich rühmen*
partīrī, ior, ītus sum *teilen*
pătī, ior, passus sum *leiden; zulassen*
metuĕre, uō, uī, – *sich fürchten; befürchten*
līberāre *befreien*
templum *n der Tempel*
im-pendēre, ĕō, –, – *über etw. schweben; drohen*
repulsa *f die Zurückweisung*
nĭhĭl, *Gen.* nūllīus rēī *nichts; durchaus nicht*
pendēre, ĕō, pependī, – *herabhängen*
potīrī, ĭor, tītus sum *(m. Abl.) sich bemächtigen*

Grammatik

Das Substantiv — 15 B₁

Deklination von Iuppiter: Der zweite Bestandteil ist pater *Vater* und fällt vom Gen. an weg: Iŏvis, Iŏvī usw.

Das Pronomen — 15 B₂

1. Beim **Demonstrativpronomen** (hinweisenden Fürwort) **idem, ĕădem, ĭdem** *derselbe, dieselbe, dasselbe* bleibt der zweite Teil unverändert, der erste hat dieselben Formen wie is, ea, id; doch lautet der Akk. Sing. eundem, eandem, ĭdem und der Gen. Plur. eōrundem, eārundem, eōrundem.

2. Die Indefinitpronomina (unbestimmten Fürwörter) haben teilweise unterschiedliche Formen, je nachdem, ob sie substantivisch (einem Substantiv entsprechend) oder adjektivisch (einem Adjektiv entsprechend) gebraucht werden.

substantivisch:		adjektivisch:	
ali-quis, ali-quid	*irgendeiner jemand*	ali-quī, ali-qua, ali-quod	*irgendein*
quis-quam, quic-quam	*etwas*	ūllus, a, um	

Anmerkungen:

a) Der Bestandteil quis bzw. quī wird wie das Interrogativ- bzw. das Relativpronomen dekliniert; ūllus ist ein Pronominaladjektiv.

b) Statt aliquis bzw. aliquī kann die Grundform quis bzw. quī stehen, z. B.: Num quem fefellistis, puĕrī? *Ihr habt doch nicht jemanden betrogen, Jungen?*

Merkvers: Sī, nisĭ, nē, num, quō, quantō, cum stoßen immer ali- um.

c) quisquam und ūllus stehen nur in Sätzen verneinten Inhalts, z. B.: neque quisquam crēdat *niemand könnte glauben.*

Das Verb **15 B₃**

Die Deponentien

sind Verben, die passive Formen, aber aktive oder reflexive Bedeutung haben.

Merke: Infolge des ursprünglich medialen (= mitten zwischen Aktiv und Passiv stehenden) Charakters der Deponentien gehört das reflexive Verhältnis zu ihrem Wesen und wird deshalb nicht besonders durch das Reflexivpronomen zum Ausdruck gebracht; z. B. glōriārī *sich rühmen.*

Die Konjugation der Deponentien

		ā-Konjugation	ē-Konjugation	konsonantische Konjugation
		laetārī *sich freuen*	verērī *sich fürchten*	oblīviscī *vergessen*
Indikativ	Präs.	laet-or laetā-ris	vere-or verē-ris	oblīvīsc-or oblīvīsc-ĕ-ris
	Imperf.	laetā-ba-r	verē-ba-r	oblīvīsc-ē-ba-r
	Fut. I	laetā-b-or laetā-b-ĕris	verē-b-or verē-b-ĕris	oblīvīsc-a-r oblīvīsc-ē-ris
	Perf.	laetātus sum	verĭtus sum	oblītus sum
	Plusqpf.	laetātus eram	verĭtus eram	oblītus eram
	Fut. II	laetātus erō	verĭtus erō	oblītus erō
Konjunktiv	Präs.	laet-e-r laet-ē-ris	vere-a-r vere-ā-ris	oblīvīsc-a-r oblīvīsc-ā-ris
	Imperf.	laetā-re-r laetā-rē-ris	verē-re-r verē-rē-ris	oblīvīsc-ĕ-re-r oblīvīsc-e-rē-ris
	Perf.	laetātus sim	verĭtus sim	oblītus sim
	Plusqpf.	laetātus essem	verĭtus essem	oblītus essem
Imperativ	2. P. Sg. 2. P. Pl.	laetā-re laetā-minī	verē-re verē-minī	oblīvīsc-e-re oblīvīsc-i-minī

		ā-Konjugation	ē-Konjugation	konsonantische Konjugation
Infinitiv	Präs.	laetārī	verērī	oblīvīscī
	Perf.	laetātus, a, um esse	verĭtus, a, um esse	oblītus, a, um esse
Partizip	Präs.	laetāns, ăntis	verēns, ĕntis,	oblīvīscēns, ĕntis
	Perf.	laetātus, a, um	verĭtus, a, um	oblītus, a, um
		langvokalische i-Konjugation	**kurzvokalische i-Konjugation**	
		partīrī *teilen*	pătī *leiden*	
Indikativ	Präs.	partĭ-or	patĭ-or	
		partī-ris	patĕ-ris	
	Imperf.	parti-ē-ba-r	pati-ē-ba-r	
	Fut. I	partĭ-a-r	patĭ-a-r	
		parti-ē-ris	pati-ē-ris	
	Perf.	partītus sum	passus sum	
	Plusqpf.	partītus eram	passus eram	
	Fut. II	partītus erō	passus erō	
Konjunktiv	Präs.	partĭ-a-r	patĭ-a-r	
		parti-ā-ris	pati-ā-ris	
	Imperf.	partī-re-r	pate-re-r	
		partī-rē-ris	pate-rē-ris	
	Perf.	partītus sim	passus sim	
	Plusqpf.	partītus essem	passus essem	
Imperativ	2. P. Sg.	partī-re	patĕ-re	
	2. P. Pl.	partī-minī	pati-mĭnī	
Infinitiv	Präs.	partīrī	patī	
	Perf.	partītus, a, um esse	passus, a, um esse	
Partizip	Präs.	partiēns, ĕntis	patĭēns, ĕntis	
	Perf.	partītus, a, um	passus, a, um	

Beachte: Da die Deponentien nur das Aktiv besitzen, müssen für das Passiv ersatzweise gleichbedeutende oder sinnverwandte Verben benutzt werden, z. B. für verērī *sich fürchten* metuere.

Satzlehre 15 B_4

1. Die Konjunktion postquam

leitet einen Temporalsatz ein, der meist im Indikativ Perfekt steht (im Deutschen gewöhnlich das Plusquamperfekt): Postquam Sāturnus in

Tartăra dēlātus est, mundus sub potestāte Iŏvis erat. *Nachdem Saturn in die Unterwelt gestürzt worden war, befand sich die Welt unter der Herrschaft Jupiters.*

2. Das participium coniūnctum

Als participium coniūnctum bezeichnet man ein Partizip, das sich auf einen Satzteil bezieht und in der Regel durch ein Objekt oder eine adverbiale Bestimmung erweitert ist:

Tellūs arātrō nōn vulnerāta omnia per sē dăbat. *Die Erde, die von keinem Pflug verwundet war, gab von sich aus* (= freiwillig) *alles her.*

Multī hominēs in hīs oppĭdīs habitantēs igne necātī sunt. *Viele Menschen, die in diesen Städten wohnten, wurden durch Feuer getötet.*

Übersetzung des participium coniūnctum:

a) Löse in der Regel jedes participium coniūnctum auf!

b) Stelle den logischen Zusammenhang des participium coniūnctum zum gesamten Satz fest! Das Partizip kann temporal, kausal, konditional, konzessiv, final und modal gebraucht sein.

c) Übersetze es dann entsprechend durch einen Nebensatz (Konjunktionalsatz, Relativsatz), beigeordneten Hauptsatz oder präpositionalen Ausdruck!

d) Wandle passive Konstruktionen soweit wie möglich in aktive um!

e) Beziehe nie ein Objekt oder eine adverbiale Bestimmung, die vor dem participium coniūnctum stehen, auf das nachfolgende Prädikat!

Beispiel: Mīlitēs ab hostibus captī līberātī sunt. *Die Soldaten, die der Feind gefangengenommen hatte, wurden befreit.*

Übungen 15 C

1. *Setzen Sie die richtige Form von* ĭdem *ein und übersetzen Sie sodann:* ... īnsulam; ... īnsulae (3); ... templō (2); ... domūs/ūs (3); ... fīlĭī (2).

2. *Übersetzen Sie:* Quō annō nāta es? – Hŏc nōn faciam: Perīculum mihĭ impendēret! – Nūllum perīculum nōbīs impendēbat. – Servī dominum verēbantur. – Ōtiō fruar. (2) – Repulsam nūllīus rēī ferre potuit.

3. *Übertragen Sie die folgenden Sätze mit Hilfe des Verbs* metuĕre *ins Passiv und übersetzen Sie sodann beide Fassungen:* Omnēs eum verēbantur: Ab omnibus ... – Cūr verēris: Cūr ...? – Calĭgŭla imperātor amīcōs sē magis verērī quam amāre putābat: Sē ab amīcīs magis ...

4. *Bestimmen – auch hinsichtlich der Konjugation – und übersetzen Sie die folgenden Verbformen:* pendēre; laetāre; sequĕre; cōnficĕre; potīre; metuere; oblīvīscĕre *und* vulnerāre.

5. *Übersetzen Sie die folgenden Satzgefüge und formen Sie sie durch ein* participium coniūnctum *um:* Hominēs numerum titulōsque lĭbrōrum, quōs lēgērunt, saepe reminīscī nōn possunt. – Ōlim hominēs in oppidīs, quae nōndum fossīs cincta erant, vīxisse dīcuntur. – Hominēs ōlim frūgibus terrae fruēbantur, quae nōndum arātrō vulnerābātur. – Sāturnus, postquam in Tartăra dēlātus est, mundum nōn iam regĕre potuit.

6. *Bilden Sie aus den folgenden Satzpaaren Satzgefüge unter Verwendung von* postquam; *ersetzen Sie vorher die passive Ausdrucksweise durch die aktive und beachten Sie, daß bei gleichem Subjekt dieses an der Spitze des Satzgefüges steht, gefolgt von der Konjunktion* (z. B. Homĭnēs postquam ...): Ā Iŏve tempus vēris contractum et annus quattuor spatĭīs exāctus est. – Ā Iŏve annus quattuor spatĭīs exāctus est; (tum dēmum) hominēs domōs subiērunt. – Ab hominibus oppida fossīs cingēbantur; hominēs mīlitibus utēbantur.

7. *Übertragen Sie das Lesestück und die Beispielsätze schriftlich in gutes Deutsch!*

16. Lektion

Dē quattuor aetātibus **16 A**

(Pars altera)

Argentĕae aetātī aetās aēnĕa successit; quae cum ad crūdēlia arma parātior esset, scelerāta tamen nōn erat.

Ultima aetās dē ferrō dūrō erat. In hanc aetātem omne nefās irrūpit, pŭdor fidēsque tum fūgērunt. In eōrum lŏcum fraus, dŏlus, īnsidiae scelerātusque ămor habendī subiērunt. Campus ad id tempus commūnis tunc līmitibus in multās partēs distribūtus est.

Opēs, quās terra in vīscera sua abdiderat, tum effodiuntur, et ferrum nocentiusque aurum prōdeunt. Cum illīs prōdit bellum, quod utrŏque pūgnat: et ferrō, et aurō. Tunc bellum cruentā mănū arma capit.

Vīvitur raptō: hospes ab hospite tūtus nōn est, nōn sŏcer ā generō, frātrum quŏque grātia rāra est. Vĭr vītae coniŭgis, illa vītae marītī, fīlius vītae patris īnsidiātur. Pietās victa iacet et Iūstitia deōrum deārumque ultima terram caede contāminātam relinquit.

Weitere Beispielsätze:

Aegrōtus diū passus dēnique mortuus est. – Lupus ovibus saepe īnsidiātus ab agricŏlīs occīsus est. – Mīlitēs hostem longius prōsequī veritī in castra sua sē recēpērunt. – Cōnsulēs prōvinciās inter sē sorte partītī rem pūblicam quam optimē administrāre cōnātī sunt. – Illud facile ad dīiūdicandum nōn est. – Fāma crēscit eundō. – Docendō discimus. – Cătō Hispāniam sorte prōvinciam nactus Rōmam relīquit. Ībis, redībis, nōn moriēris in bellō. (*Doppeldeutiges Orakel aus Delphi, als Krösus fragte, ob er den Halys überschreiten und Cyrus von Persien angreifen solle; setze im lateinischen Text das Komma – statt vor – hinter* nōn!) – Rōma locūta, causa fīnīta. (*Gemeint ist der Papst, übertragen: jede oberste Instanz; beachte das Fehlen von* est!)

cum (*Konjunktion b. Konjunktiv*) *obgleich*
crūdēlis, e *grausam, schrecklich*
arma, ōrum *n* (*Pluraletantum*) *die Waffen*
scelerātus, a, um *verbrecherisch*
tămen *trotzdem, dennoch*
ultimus, a, um *letzter*
ferrum *n das Eisen*
ir-rumpere, ō, rūpī, ruptum *einbrechen, eindringen*
pudor, ōris *m die Scham, das Ehrgefühl*
fŭgere, iō, fūgī, – *fliehen*
fraus, dis *f der Betrug*
dolus *m die List*
īnsidiae, ārum *f* (*Pluraletantum*) *der Hinterhalt, die Hinterlist*
līmes, itis *m der Grenzwall, die Grenze*
dis-tribuere, ō, uī, būtus *verteilen, einteilen*
opēs, um *f* (*Pluraletantum*) *der Reichtum, die Macht*
vīscera, um *n* (*Pluraletantum*) *die Eingeweide*
ab-dere, ō, dĭdī, abdĭtus in (*m. Akk.*) *verbergen, vergraben in*
ef-fodĕre, iō, fōdī, fossus *ausgraben*
nocēns, ēntis *schädlich*
prōd-īre, ĕō, ĭī, itum *hervorkommen*
cruentus, a, um *blutig*
rapĕre, iō, uī, ptus *rauben*
hospes, itis *m der Gast; der Wirt*
sŏcer, erī *m der Schwiegervater*
gĕner, erī *m der Schwiegersohn*
grātia *f die Anmut, der Dank, die Liebe*
rārus, a, um *selten*
īnsidiārī, or, ātus sum *nachstellen*
piĕtās, ātis *f das Pflichtgefühl, die Frömmigkeit*
vincere, ō, vīcī, victus *besiegen, siegen*
iacēre, ĕō, uī, – *auf dem Boden liegen*
Iūstitia *f die Göttin der Gerechtigkeit*
dea *f die Göttin*
caedēs, is *f der Mord; die Ermordung*
contāmināre *beflecken, entehren*
re-linquere, ō, līquī, lictus *verlassen*
dēnĭque *schließlich, endlich*
mŏrī, ĭor, mortuus sum *sterben*
lupus *m der Wolf*
ovis, is *f das Schaf*
oc-cīdere, ō, cīdī, cīsus *töten*
prō-sequī, or, secūtus sum *begleiten; verfolgen*
sē re-cipĕre, ĭō, cēpī, – *sich zurückziehen*
cōnārī, or, ātus sum *versuchen*
dī-iūdicāre *entscheiden*
crēscere, ō, crēvī, crētum *wachsen*
nancīscī, or, nactus *u.* nānctus sum (*zufällig*) *erreichen*
Halys *Grenzfluß zw. Lydien u. Persien* (*i. Kleinasien der Antike*)
lŏquī, or, locūtus sum *sprechen*
causa *f der Grund; der Rechtsstreit*
fīnīre, ĭō, īvī, ītus *abgrenzen, beenden*
co-hortārī, or, ātus sum *ermuntern, ermutigen*
com-mittere, ō, mīsī, missus *zusammenfügen; beginnen*
explōrātor, ōris *m der Kundschafter*
victōria *f der Sieg*
etiam atque etiam *immer wieder*
fortitūdō, ĭnis *f die Stärke, die Tapferkeit*
legiō, ōnis *f die Legion* (*4200–6000 Mann*)
longius *länger; allzu weit*
rērī, rĕor, rătus sum *meinen, glauben*
saepe-numerō *oftmals*
per-docēre, ĕō, uī, tus *gründlich belehren, unterweisen*
aequē *gleich*(*mäßig*)
aptus, a, um *geeignet*
ōrātōrius, a, um *rednerisch, Rede...*
lūdus litterārum *m die Elementarschule*
asperitās, ātis *f die Rauheit, die Schroffheit*
sevērus, a, um *streng*
col-lacrimāre *in Tränen ausbrechen*
excellēns, ēntis *emporragend; vorzüglich*
fīnēs, ium *m* (*Pluraletantum*) *das Gebiet*
captīvus *m der Kriegsgefangene*

Grammatik

Das Verb **16 B₁**

1. Der Konjunktiv der Deponentien und des Passivs

Der Konjunktiv Präsens der Deponentien – und der Konjunktiv Präsens des Passivs der übrigen Verben – wird bei der ā-Konjugation durch Wortstock, Moduszeichen -e- und Personalendung, bei den übrigen Konjugationen durch Präsensstamm, Moduszeichen -a- und Personalendung gebildet, z. B. laet-e-r, vere-ā-ris, oblīvīsc-ā-tur, parti-ā-mur, pati-ā-minī bzw. celebr-e-r, tene-ā-ris, dīlig-ā-tur, audi-ā-mur, capi-ā-minī.

Der Konjunktiv Perfekt und Plusquamperfekt der Deponentien sowie der Konjunktiv Perfekt und Plusquamperfekt Passiv der übrigen Verben wird mit dem Partizip Perfekt und den entsprechenden Formen von esse umschrieben, z. B. laetātus sim, veritus essēs, oblītus sit, partītī essēmus, passī essētis bzw. celebrātus sim, monitus essēs, dīlēctus sit, audītī essēmus und captī sint.

2. Das Gerundium

ist ein aktives Verbalsubstantiv; es vertritt die fehlenden Kasus des Infinitivs Präsens Aktiv und bildet nur Genetiv, Dativ, präpositionalen Akkusativ und Ablativ.

Der Infinitiv Präsens Aktiv kann nur als Subjekt oder Akkusativobjekt verwandt werden.

	Infinitiv Präsens		Gerundium	
Nom.	celebrāre	*das Feiern*		
Gen.			celebra-nd-ī	*des Feierns*
Dat.			(celebra-nd-ō	*dem Feiern*)
Akk.	celebrāre	*das Feiern*	ad celebra-nd-um	*zum Feiern*
Abl.			celebra-nd-ō	*durch das Feiern*

Das Gerundium der übrigen Konjugationen

tenendī *des Haltens*, tenendō, ad tenendum, tenendō
dīligendī *des Liebens*, dīligendō, ad dīligendum, dīligendō
audiendī *des Hörens*, audiendō, ad audiendum, audiendō
dēspiciendī *des Verachtens*, dēspiciendō, ad dēspiciendum, dēspiciendō

Merke: Das Gerundium ist gekennzeichnet durch Präsensstamm, Suffix -nd- und die Ausgänge der o-Deklination im Singular.

Beachte: Beim Gerundium sind nur die Ausgänge -ī, -ō, -um als Neutrum Singular möglich.

Die Deponentien bilden das Gerundium in analoger Weise, z. B. cōnārī, cōnāndī usw.

Satzlehre **16 B_2**

1. Wenn das **participium coniūnctum** eine Form der Vergangenheit ist, muß man bei den Deponentien darauf achten, daß diese Form aktive oder mediale Bedeutung hat. Unterscheide: vituperātus *einer, der getadelt worden ist;* secūtus *einer, der gefolgt ist;* laetātus *einer, der sich gefreut hat;* z. B.:

Caesar mīlitēs suōs cohortātus proelium commīsit. *Cäsar ermutigte seine Soldaten und begann den Kampf.*

Caesar ab explōrātōribus dē cōnsiliō hostium certior factus proelium commīsit. *Von Kundschaftern über die Absicht der Feinde unterrichtet, begann Cäsar den Kampf.*

Caesar numquam victōriīs glōriātus etiam atque etiam fidem fortitūdinemque legiōnum Rōmānārum laudāvit. *Ohne sich je seiner Siege gerühmt zu haben, lobte Cäsar immer wieder Treue und Tapferkeit der römischen Legionen.*

2. Die Konjunktion cum mit dem Konjunktiv

drückt immer ein konzessives Verhältnis aus, wenn im Hauptsatz tamen steht: Aetās aēnea cum ad arma parātior esset, tamen scelerāta nōn erat. *Obgleich das eherne Zeitalter für Waffen(gewalt) mehr bereit war, war es trotzdem nicht verbrecherisch.*

Stilistik **16 B_3**

1. Der Komparativ drückt manchmal ohne ausgesprochenen Vergleich nur einen verhältnismäßig höheren Grad aus und wird dann mit *allzu* ... oder *ziemlich* ... übersetzt: Mīlitēs hostem longius prōsecūtī sunt. *Die Soldaten verfolgten den Feind allzu weit.*

2. Das Partizip Perfekt einiger Deponentien drückt die Gleichzeitigkeit aus, namentlich wenn das Partizip Präsens nicht oder nur wenig gebräuchlich ist, wie z. B. bei rērī (rātus *im Glauben*) und verērī (verĭtus *aus Furcht*): Mīlitēs hostem longius prōsequī veritī in castra sē recēpērunt. *Die Soldaten hatten Bedenken (wagten nicht), den Feind noch weiter zu verfolgen, und zogen sich deshalb ins Lager zurück.*

3. Das Passiv

kann – wenn das logische Subjekt fehlt – oft durch „*man*" wiedergegeben werden: Vīvitur raptō. *Man lebt von Raub.* Vergleiche: Num saepenumerō vituperāminī? *Man tadelt euch doch nicht etwa oftmals?* Num saepenumerō ā magiīstrs vituperāminī? *Ihr werdet doch nicht oftmals von euren Lehrern getadelt?*

Übungen

1. *Übersetzen Sie die Verbalformen aus 16 B_1, Abschnitt 1, und verwenden Sie für den Konjunktiv Präsens „ich soll, ich möge, ich könnte, ich dürfte", für den Konjunktiv Perfekt „ich sei" bzw. „ich habe, du habest" und für den Konjunktiv Plusquamperfekt „ich wäre" bzw. „ich hätte".*

2. *Ergänzen Sie durch die Form des Gerundiums und übersetzen Sie:* Narrāre, respondēre, vidēre verba dīc... et sent... sunt. – Leg... multa carmina cognōvimus. – Haec rēs ad perdoc... difficilis est. – Magistrī bonī nōs artem leg... et scrīb... docuērunt. – Nōn omnēs hominēs aequē ad doc... aptī sunt. – Ars ōrātōria etiam ars dīc... nōminātur.

3. *Bilden Sie unter Beachtung der* cōnsecūtiō temporum *mittels der Konjunktion* cum *m. Konjunktiv (= obgleich) Satzgefüge und übersetzen Sie diese sodann:* Nōn in oppidō habitāmus; tamen līberī nostrī lūdum litterārum frequentāre possunt. – Multōs lĭbrōs lĕgis/lēgistī; tamen omnēs lĭbrōs nōvisse nōn potes. – Dīligenter labōrāmus; tamen numquam dīvitēs fīēmus.

4. *Bilden Sie Partizipialkonstruktionen unter Verwendung der folgenden Deponentien (mit deutscher Übersetzung!):* Puella quia asperitātem patris sevērī verēbātur, collacrimāvit. – Quia in Italiā nātī sunt, linguā Latīnā excellenter loquuntur. – Legiōnēs postquam fīnibus hostium potītī sunt, multōs captīvōs in patriam suam mittere potuērunt.

5. *Übertragen Sie die folgenden Verbalformen jeweils in die gleiche Person und Zahl der übrigen Zeiten der Genera und Modi (mit deutscher Übersetzung!):* abdit; effodiunt; aufert; vincĭtis; relinquō.

6. *Übertragen Sie das Lesestück und die Beispielsätze schriftlich in gutes Deutsch!*

17. Lektion

Gāius Iūlius Caesar aequālēs posteritātemque dē partibus Galliae atque dē gentibus in Galliā et in vīcīnīs regiōnibus Galliae habitantibus certiōrēs facit. **17 A**

(Pars prior)

Iam antīquīs temporibus magna imperia erant. C. Iūlius Caesar expedītiōnibus nōn sōlum imperium Rōmānum amplificāvit, sed etiam aequālēs posteritātemque dē fīnibus mōribusque Gallōrum et Britannōrum et Germānōrum certiōrēs fēcit.

Gallia est omnis dīvīsa in partēs trēs, quārum ūnam incolunt Belgae, aliam Aquītānī, tertiam, quī ipsōrum linguā Celtae, nostrā (linguā) Gallī appellantur. Hī omnēs linguā, īnstitūtīs, lēgibus inter sē differunt. Gallōs ab Aquītānīs Garunna flūmen, ā Belgīs Matrona et Sēquana dīvidit.
Hōrum omnium fortissimī sunt Belgae, propterea quod ā cultū atque hūmānitāte prōvinciae longissimē absunt, minimēque ad eōs mercātōrēs saepe commeant atque ĕă, quae ad effēminandōs animōs pertinent, important, proximīque sunt Germānīs, quī trāns Rhēnum incolunt, quibuscum continenter bellum gerunt. Quā dē causā Helvētiī quŏque relĭquōs Gallōs virtūte praecēdunt, quod ferē cotīdiānīs proeliīs cum Germānīs contendunt, cum aut suīs fīnibus eōs prohibent aut ipsī in eōrum fīnibus bellum gerunt.

Weitere Beispielsätze:

Q. Fabius Maximus cūnctandō restituit rem (*nämlich:* rem pūblicam). – Vīvant sequentēs! – Diēbus sequentibus. – Discipulī bella, victōriās, cōnsulātūs imperātōrum clārōrum admīrantēs dē saeculīs praeteritīs loquēbantur. – Alcibiădēs tempus proficīscendī intuēns postulābat, ut potius dē praesente quaestiō habērētur, quam absēns accūsārētur. – Patriae īnserviendō cōnsūmor. (*Wahlspruch Bismarcks*)

Gāius, Gāī *m* (*abgekürzt* C) *römischer Vorname*
Iūlius, a, um *der patrizischen Sippe der Iulier zugehörig*
Iūlius *m davon abgeleiteter Familienname*
aequālis, is *m u. f der Altersgenosse; der Zeitgenosse/die Altersgenossin; die Zeitgenossin*
posteritās, ātis *f die Nachwelt*
Gallia *f Gallien, Land der Gallier bzw. Kelten*
expedītiō, ōnis *f der Feldzug*
amplificāre *vergrößern*
Britannus *m der Britannier (Bewohner Englands u. Schottlands i. der Antike)*
Germānus *m der Germane*
Belgae, ārum *m die Belgier, germ.-kelt. Völkerschaften i. nordwestl. Gallien u. heutigen Belgien*
Aquitānī, ōrum *m iberisches Volk i. südwestl. Gallien*
Celtae, ārum *m die Kelten*
īnstitūtum *n die Einrichtung*
dif-ferre, ō, –, – *sich unterscheiden*
Garunna *f die Garonne*
Matrona *f die Marne*
Sēquana *f die Seine*
propter-eā *deswegen*
quod *weil*
cultus, ūs *m die Pflege, die Kultur*
minimē *am wenigsten*
com-meāre *aus und ein gehen; verkehren*
ef-fēmināre *zum Weibe machen; verweichlichen*
per-tinēre, ĕō, uī, – ad (*b. Akk.*) *sich erstrecken; betreffen, dienen zu*
proximus, a, um *nächster*
trāns (*m. Akk.*) *über; jenseits*
continenter *zusammenhängend; ununterbrochen*
gerere, ō, gessī, gestus *tragen; führen*
dē (*m. Abl.*) *von ... herab; aus; wegen*
Helvētiī, ōrum *m kelt. Volk um den Genfer See*
virtūs, ūtis *f die Mannhaftigkeit, der Mut*
prae-cēdere, ō, cessī, cessus *vorhergehen; übertreffen*
cot(t)īdiānus, a, um (*all-*) *täglich*
con-tendere, ō, tendī, tentus *zusammenspannen, kämpfen*
pro-hibēre, ĕō, uī, ĭtus *fernhalten, abwehren*
Q. = Quīntus (Fabius Maximus, *m. Beinamen* Cūnctātor *der Zauderer*) *Gegner Hannibals i. Zweiten Punischen Krieg*
cūnctārī, or, ātus sum *zögern, zaudern*
re-stituere, ō, uī, ūtus *wieder hinstellen; wiederherstellen*

cōnsulātus, ūs *m das Konsulat*
imperātor, ōris *m der Feldherr; der Kaiser*
ad-mīrārī, or, ātus sum *bewundern*
Alcibiădēs, is *m athenischer Staatsmann u. Feldherr*
pro-ficīscī, or, fectus sum *aufbrechen; marschieren*
in-tuērī, ĕor, (uĭtus sum) *ansehen; berücksichtigen*
potius (*Adv.*) *vielmehr, eher*
quaestiōnem habēre *eine gerichtliche Untersuchung anstellen*
īn-servīre, iō, īvī, ītum *dienstbar sein, ergeben sein*
cōn-sūmere, ō, sūmpsī, sūmptus *verwenden, verbrauchen, verzehren*
facinus, oris *n die (auffallende) Tat; die Schandtat*
con-dere, ō, dĭdī, dĭtus *zusammenfügen; gründen*
ad-esse, sum, fuī *anwesend sein, dasein*
lēgātus *m der Gesandte; der Legat (Unterfeldherr, Unterstatthalter)*
superior, us *weiter oben; früher*
ex-pūgnāre *erobern*
studēre, ĕo, uĭ, – (*m. Dat.*) *sich bemühen; trachten nach*
luxuria *f das üppige Wachstum; die Schwelgerei*
ad-monēre, ĕō, uī, ĭtus *ins Gedächtnis zurückrufen; warnen*
rēs familiāris, rĕī familiāris *f das Vermögen*
augēre, ĕō, auxī, auctus *vermehren*
avia *f die Großmutter*
parātus, a, um ad (*b. Akk.*) *bereit zu*
re-spondēre, ĕō, spondī, spōnsum *antworten*
quaestus, ūs *m der Gewinn*
sapienter (*Adv.*) *weise*
secundus, a, um *der folgende, der zweite; günstig*
cāsus, ūs m *der Fall; der Zufall*
adversus, a, um *zugekehrt; entgegenstehend, feindlich*

Grammatik

Das Verb **17 B₁**

Das Gerundivum

Das Gerundivum ist ein passives Verbaladjektiv, das in der Regel ausdrückt, daß etwas getan werden muß oder soll; verneint, daß etwas nicht getan werden darf.

laudandus — *einer, der gelobt werden muß* oder *soll*
nōn laudandus — *einer, der nicht gelobt werden darf*
Victōria celebranda est. — *Der Sieg muß gefeiert werden.*
Artificium dēlendum nōn est. — *Das Kunstwerk darf nicht zerstört werden.*

Merke: Das Gerundivum ist gekennzeichnet durch Präsensstamm, Suffix -nd- und die Ausgänge der o/a-Deklination.

celebra-nd-us, a, um	tene-nd-us, a, um	dīlig-e-nd-us, a, um	audi-e-nd-us, a, um	dēspici-e-nd-us, a, um
ein zu feiernder; einer, der gefeiert werden muß oder *soll*	*ein festzuhaltender; einer, der festgehalten werden muß* oder *soll*	*ein zu liebender; einer, der geliebt werden muß* oder *soll*	*ein zu hörender; einer, der gehört werden muß* oder *soll*	*ein zu verachtender; einer, der verachtet werden muß* oder *soll*

Merke: Auch bei Deponentien hat das Gerundivum passive Bedeutung!
Victōria admīranda est. *Der Sieg muß bewundert werden.*
Der Sieg ist bewundernswert.

Die Präposition cum **17 B$_2$**

Die Präposition cum wird beim Relativpronomen ohne Unterschied in der Bedeutung entweder vorangestellt oder dahintergesetzt: cum quibus oder quibuscum *mit denen.*

Satzlehre **17 B$_3$**

1. Das Gerundivum

wird verwandt

a) als Attribut: facinus laudandum *eine lobenswerte Tat,*

b) namentlich bei präpositionalen Ausdrücken, besonders mit in, dē und ad: Eae rēs ad effēminandōs animōs pertinent. *Diese Dinge dienen der Verweichlichung* (wörtlich: für die zu verweichlichenden Herzen). – „Dē urbe Rōmā condendā" könnte man – etwa als Überschrift – mit den Worten „*Die Gründung der Stadt Rom* (Über die zu gründende Stadt Rom)" übersetzen.

2. Das Demonstrativpronomen is, ea, id als Determinativpronomen

weist auf bereits Genanntes oder hinlänglich Bekanntes zurück (z. B.: Hostēs adsunt; fortiter eīs resistāmus! *Die Feinde sind da; laßt uns ihnen tapfer Widerstand leisten!*), oder es wird durch ein folgendes Relativpronomen aufgenommen (z. B.: Caesar lēgātōs mīsit ad eās cīvitātēs, quās superiōribus annīs superāverat. *Cäsar schickte Gesandte in diejenigen Bürgerschaften, die er in den vorigen Jahren besiegt hatte.*), doch wird das Determinativpronomen nicht selten vor dem Relativsatz weggelassen; z. B.: Tertiam partem Galliae incolunt, quī ... Latīnā linguā Gallī appellantur. *Den dritten Teil Galliens bewohnen diejenigen, die in lateinischer Sprache „Gallier" genannt werden* (= heißen); vollständig müßte es lauten: ... incolunt iī, quī ...

Stilistik **17 B$_4$**

Das vorliegende Lesestück – Absatz zwei und drei sind Originallatein Cäsars! – zeigt, daß die Wortstellung sehr frei sein kann. So steht das Prädikat nicht immer am Ende des Satzes: Gallia est omnis dīvīsa in partēs trēs (statt: in partēs trēs dīvīsa est) *ganz Gallien ist in drei Teile geteilt,* oder es werden zusammengehörende Worte voneinander getrennt: ... minimēque ad eōs mercātōrēs saepe commeant (statt: ... minimēque saepe ad eōs mercātōrēs commeant) ... *und sehr selten kommen bei ihnen Kaufleute vorbei.*

Kulturgeschichtliches **17 C**

Die römischen Personennamen

Die Römer hatten in der Regel drei Namen: einen Vornamen, z. B. Gāius, einen Familiennamen, z. B. Iūlius, und einen Beinamen, z. B. Caesar.

Es gibt nur 18 Vornamen, die z. T. nichts anderes als die Reihenfolge der Geburt bezeichnen, z. B. Quīntus der fünfte Sohn. Die Vornamen wurden durch Buchstaben abgekürzt; Gāius sonderbarerweise durch den Buchstaben C, denn dieser Buchstabe bedeutete ursprünglich ein G und wurde nie wie „z" ausgesprochen. Später unterschieden die Römer G von C durch einen rechts unten hinzugefügten kleinen rechten Winkel; daher auch die Abkürzung Cn für den Vornamen Gnaeus.

Übungen **17 D**

1. *Ergänzen Sie durch das Gerundivum und übersetzen Sie:* Caesar expugnand... regiōnibus aliēnīs imperium Rōmānum amplificāre studuit. – Importand... rēbus ad luxuriam pertinentibus mercātōrēs animōs Germānōrum effēminant. – Rōmānīs ad bell... gerend... multīs mīlitibus opus erat. (2)

2. *Prüfen Sie, ob es sich um das Gerundium oder das Gerundivum handelt, und übersetzen Sie sinngemäß:* Dē hīs rēbus nōn vituperandī, sed admonendī causā tēcum locūtus sum. – Vīcīnus domūs aedificandae causā praedium ēmit. – Ad beātē vīvendum nihil opus est dīvitiīs. – Nōnne licet rem familiārem labōrandō augēre? – Avia semper ad fābulās narrandās parāta est.

3. *Entscheiden Sie, welche Verbalsubstantive bzw. -adjektive dieses Lesestückes und der Beispielsätze Partizipien, Gerundien oder Gerundive sind.*

4. *Übersetzen Sie folgende Sätze und geben Sie das fehlende Determinativpronomen an:* Egŏ respondēbō eī, quod tū mihĭ respondistī. – Terra numquam sine quaestū reddit, quod accēpit. – Sapienter cōgitant, quī temporibus secundīs cāsūs adversōs verentur. – Auxilium petere coepērunt, quī aderant.

5. *Übertragen Sie das Lesestück und die weiteren Beispielsätze schriftlich in gutes Deutsch!*

18. Lektion

Gāius Iūlius Caesar aequālēs posteritātemque dē partibus Galliae atque dē gentibus in Galliā et in vīcīnīs regiōnibus Galliae habitantibus certiōrēs facit.

18 A

(Pars altera)

Omnēs cīvitātēs Galliae in partēs dīvīsae sunt duās.
Cum Caesar in Galliam vēnit, alterīus factiōnis prīncipēs erant Haeduī, alterīus Sēquanī.
Belgae ab extrēmīs Galliae fīnibus oriuntur, pertinent ad īnferiōrem partem flūminis Rhēnī, spectant in septemtriōnem et orientem sōlem.
Aquitānia ā Garunnā flūmine ad Pȳrēnaeōs montēs et eam partem Oceănī, quae est ad Hispāniam, pertinet; spectat inter occāsum sōlis et septemtriōnēs.
(*Aus Cäsars „Denkwürdigkeiten des gallischen Krieges“*)

Weitere Beispielsätze:

Pariter atque Aquitānī et Belgae Helvētiī quŏque Gallīs annumerandī sunt. – Audiendī sumus. – Etiam altera pars audienda est. – Captīvī in servitūtem abducendī erant. – Pārendum est. – Bella nōn iam paranda esse putō. – Sērō est, nunc abeundum (= proficīscendum), diutius hīc manendum nōn est (= diutius hīc manēre nōn licet). – Cūr hī lĭbrī legendī sunt, ille lĭber autem legendus nōn est?

factiō, ōnis *f das Tun; die Partei*
prīnceps, ipis *m der Führer*
prīncipēs, um *m die führenden Männer*
Haeduī, ōrum *m keltische Völkerschaft Galliens*
Sēquanī, ōrum *m gallisches Volk zw. Saone, Rhone u. Jura*
orīrī, ĭor, ortus sum *sich erheben; seinen Anfang nehmen*
īnferior, ius *niedriger gelegen*
spectāre *ansehen; gelegen sein; liegen; sich ausbreiten*
septem-triō, ōnis *m* (*meist i. Plur.*) *das Siebengestirn, der Große oder Kleine Bär; der Norden*
Aquitānia *f v. Iberern bewohnte Landsch. i. südwestl. Gallien*
Hispānia *f Spanien*
occāsus, ūs *m der Untergang; der Westen*
an-numerāre *hinzuzählen, hinzurechnen*
servitūs, ūtis *f die Sklaverei*
ab-dūcere, ō, dūxī, dŭctus *abführen; abziehen*
pārēre, ĕō, uī, – *erscheinen; gehorchen*
diutius (*Adv.*) *längere Zeit; lange*
praeter-īre, ĕō, ĭī, ĭtum *vorübergehen; übergehen*
ortus, ūs *m der Aufgang; die Entstehung*
oc-cĭdere, ō, cĭdī, cāsum *niederfallen; untergehen*
merīdĭēs, ēī *m der Mittag; der Süden*
scelus, eris *n das Verbrechen*
festīnāre *eilen*
cōn-sequī, or, secūtus sum *verfolgen; einholen*
prae-currere, ō, (cu)currī, cursum *vorauslaufen*
ad-discere, ō, didĭcī, – *hinzulernen*
ab-solvere, ō, vī, solūtus *losmachen; vollenden*
ar-rogāre *noch einmal anfragen; sich anmaßen*
as-sistere, ō, stĭtī, – *sich dazustellen; beistehen*
at-tentāre *auf die Probe stellen; angreifen*
dē-linquere, ō, līquī, lictum *sich vergehen*
dē-nūntiāre *ankündigen; anzeigen*

dī-rigere, ō, rēxī, rēctus *geraderichten; einrichten*
horrēre, ĕo, uī, – *starren; schaudern*
com-pōnere, ō, pŏsuī, pŏsitum *zusammenstellen*
cōn-firmāre *befestigen; bestärken*
cōn-fundere, ō, fūdī, fūsus *zusammengießen; verwirren*
lēgāre *als Gesandten abschicken*
penetrāre *hineinkommen; eindringen*
prŏpāgāre *fortpflanzen*
re-nītī, or, nīsus sum *sich widersetzen*

Grammatik

Die Zahlwörter — 18 B_1

Die Ordnungszahlen (ōrdinālia) von eins bis zwanzig

„*Der wievielte?*"

1. prīmus, a, um der erste	11. ūndecimus
2. secundus *od.* alter	12. duodecimus
3. tertius	13. tertius decimus
4. quārtus	14. quārtus decimus
5. quīntus	15. quīntus decimus
6. sextus	16. sextus decimus
7. septimus	17. septimus decimus
8. octāvus	18. duodēvīcēsimus
9. nōnus	19. ūndēvīcēsimus
10. decimus	20. vīcēsimus

Das Verb — 18 B_2

1. Das unregelmäßige Deponens orīri *sich erheben*

bildet den Indikativ Präsens nach der kurzvokalischen i-Konjugation: orior, orĕris, orĭtur, orĭmur, orimĭnī, oriuntur, den Konjunktiv Imperfekt nach der langvokalischen oder kurzvokalischen: orīrer oder orĕrer usw.

2. Das Gerundivum

wird bei transitiven Verben persönlich konstruiert, d. h. es verbindet sich mit allen Personen der Einzahl und Mehrzahl; bei intransitiven Verben wird es nur unpersönlich konstruiert, d. h. es steht im Neutrum Singular mit der 3. Person Singular von esse:

Philippe, praetereundus nōn erās! *Philipp, du durftest nicht übergangen werden!*

Philippe et Marcelle, praetereundī nōn erātis! *Philipp und Marcellus, ihr durftet nicht übergangen werden!*

Ōrandum est, ut sit mēns sāna in corpore sānō. *Man muß darum bitten, daß in einem gesunden Körper ein gesunder Geist wohne.*

Stilistik **18 B_3**

Die **Präposition „in“** bezeichnet mit dem Akkusativ nicht nur das Ziel, sondern auch die Richtung: in urbem *in die Stadt;* Belgae ... spectant in septemtriōnēs et orientem sōlem *die Belgier breiten sich gegen Norden und Osten aus.*

Geschichtliches und Kulturgeschichtliches **18 C**

1. Zu **Gallien** gehörten die Poebene und das heutige Frankreich einschließlich der sog. Provence („Prōvincia“, östlich der unteren Rhone und nördlich des Mittelmeeres). – Cäsar kam ein Jahr nach seinem Konsulat (59 v. Chr.) im Jahre 58 nach Gallien.

2. Die **Himmelsrichtungen** wurden z. T. nach dem Stand der Sonne bezeichnet: Osten „sōl oriēns“ oder „ortus sōlis“, Westen „occidēns“ oder „occāsus sōlis“. Süden (auch Mittag) heißt „merīdiēs“ (aus mediī diē *mitten am Tage*). Norden heißt „septemtriō“ (meist im Plural), eigentlich *die sieben Dreschochsen = Siebengestirn = Großer* oder *Kleiner Bär;* der Polarstern ist der hellste Stern im Sternbild des Kleinen Bären.

Übungen **18 D**

1. *Übersetzen Sie:* Scelus scelerī addendum nōn est. – Cūr hī librī reddendī nōn sunt? – Festīnandō tamen eōs cōnsequī nōn poteris, quī praecurrērunt. – Legendō litterārum studiōsī semper aliquid addiscere possunt. – Hiems appropinquat; propterea tempus proficīscendī differendum nōn est.

2. *Übertragen Sie (mit deutscher Übersetzung!) die folgende Verbform in alle möglichen Zeiten und Modi (gleiche Person und Zahl!):* oritur.

3. *Übertragen Sie jeweils sinngemäß aus dem Aktiv ins Passiv oder aus dem Passiv ins Aktiv (mit deutscher Übersetzung!):* Helvētiī Germānōs fīnibus suīs prohibēbant. – Helvētiī in fīnibus Germānōrum bella gerunt. – Quam partem terrae Gallī incolunt? – Quae regiō magnā ex parte Garunnā flūmine continētur?

4. *Erklären Sie die folgenden aus dem Lateinischen stammenden Fremdwörter – notfalls mit Hilfe eines Wörterbuches oder eines Fremdwörterverzeichnisses! – und geben Sie an, ob das Partizip des Präsens oder des Perfekts oder das Gerundivum zugrunde liegt:* absolut, Advokat, Amanda, arrogant, Assistent, Attentat, Delikt, Delinquent, Denunziant, Dirigent, Dividende, Dozent, Emigrant, horrend, Ignorant, Kollekte, Komponente, Konfirmand, konfus, korrekt, Kredit, Laborant, Legat, parat, penetrant, probat, Propaganda (*entstanden aus* dē prŏpagandā fidē), Remittenden, renitent *und* vakant.

5. *Übertragen Sie das Lesestück und die Beispielsätze schriftlich in gutes Deutsch!*

19. Lektion

Dē figūrā, sitū circuitūque Britanniae **19 A**

Īnsula nātūrā triquetra est, cūius ūnum latus est contrā Galliam. Huius lateris alter angulus, quī est ad Cantium, quō ferē omnēs ex Galliā nāvēs appelluntur, ad orientem sōlem, īnferior ad merīdiem spectat. Hōc pertinet circiter mīlia passuum D.
Alterum vergit ad Hispāniam atque occidentem sōlem; quā ex parte est Hibernia īnsula, dīmidiō minor, ut exīstimātur, quam Britannia, sed pārī spatiō trānsmissūs, atque ex Galliā est in Britanniam. In hōc mediō cursū est īnsula, quae appellātur Mona; complūrēs praetereā minōrēs obiectae īnsulae exīstimantur; dē quibus īnsulīs nōnnūllī scrīpsērunt diēs continuōs XXX sub brūmam esse noctem. Nōs nihil dē eō percontātiōnibus reperiēbāmus, nisĭ certīs ex aquā mēnsūrīs breviōrēs esse quam in continentī noctēs vidēbāmus. Huius est longitūdō lateris, ut fert illōrum opīniō, DCC mīlium.
Tertium est contrā septemtriōnēs; cuī partī nūlla est obiecta terra, sed ēius angulus alter maximē ad Germāniam spectat. Hōc mīlia passuum DCCC in longitūdinem esse exīstimātur. Ita omnis īnsula est in circuitū vīciēns centēnum mīlium passuum.
(*Aus Cäsars „Denkwürdigkeiten des gallischen Krieges“*)

Weitere Beispielsätze:

Nāvēs saepe in eum locum appelluntur, quī Itius appellātur. – Utinam fugientēs in tūtum portum appellantur! – Germānī in silvās sē abdidērunt. – Senātōrēs in cūriam convēnērunt. – Athēniēnsēs ab hostibus petītī omnia sua in arcem contulērunt. – Quandō in urbem Rōmam adveniētis?

figūra *f die Bildung; die Gestalt*
situs, ūs *m die Lage*
circuitus, ūs *m die Umseglung; der Umfang*
Britannia *f England m. Schottland i. der Antike*
nātūra *f die Geburt; die natürliche Beschaffenheit; die Naturkraft*
tri-quetrus, a, um *dreieckig*
lătus, ĕris *n die Seite*
contrā (*b. Akk.*) *gegenüber; gegen*
angulus *m der Winkel*
Cantium *n Landsch. i. südöstl. Britannien, j. Kent*
ap-pellere, ō, pulī, pulsus *herantreiben; ans Land treiben; anlegen; abs. u. pass.: landen*
circiter *ungefähr*
mīlle *tausend*
passus, ūs *m der Doppelschritt*
quingentī, ae, a *fünfhundert*
pār, păris *gepaart; ähnlich; gleich*
trānsmissus, ūs *m die Überfahrt*
cursus, ūs *m der Lauf; die Fahrt; die Reise*
Mona *f Insel zw. England u. Irland; j. Anglesey*
ob-icere, iō, iēcī, iĕctus *entgegenwerfen; P.P.P.: vorgelagert*
continuus, a, um *zusammenhängend, ununterbrochen*
trīgintā *dreißig*
sub (*b. Akk.*) *unmittelbar vor*
brūma *f der kürzeste Tag, die Wintersonnenwende*
vergere, ō, –, – *sich erstrekken, liegen*
percontātiō, ōnis *f die Befragung, die Erkundigung*
re-perīre, iō, repperī, repertus *wieder zum Vorschein bringen; ermitteln*
mēnsūra *f die Messung*

longitūdō, ĭnis *f die Länge*
opīniō, ōnis *f die Meinung*
septingentī, ae, a *siebenhundert*
octingentī, ae, a *achthundert*
vīciē(n)s *zwanzigmal*
centēnī, ae, a *je hundert*
Itius *m Hafen am Ärmelkanal gegenüber Britannien*
uti-nam (*b. Konjunktiv*) *o daß doch! wenn doch!*
senātor, ōris *m der Senator* (*Mitglied des röm. Senats*)
cūria *f die Senatsversammlung; das Rathaus*
petere, ō, tīvī, tītus *aufsuchen; angreifen*
arx, cis *f die Burg*
ad-venīre, iō, vēnī, ventum *ankommen*
ingenium *n die natürliche Anlage, die natürliche Fähigkeit, das Genie*
con-currere, ō, (cu)currī, cursum *zusammenlaufen*
cōgere, gō, coēgī, coāctus *zusammentreiben, versammeln*
dē-vertī, or, vertī *einkehren*
nūntiāre *verkündigen, melden*
M. *Abkürzung v. Marcus*
L. *Abkürzung v. Lūcius*
vigilia *f die Nachtwache, der Wachtposten*
cōpiae *f* (*Pluraletantum*) *die Truppen*
collis, is *m der Hügel*
mūrus *m die Mauer*
pāx, ācis *f der Friede*
latēre, ĕō, uī, – *verborgen sein*
custōdia *f die Bewachung, das Gefängnis*
ē-dūcere, ō, dūxī, dūctus *herausführen*
iŭgum *n das Joch* (*der Zugtiere*)
sub iugum mittere *in die Sklaverei verkaufen*
venēnum *n das Gift*
magnifĭcus, a, um *prächtig*
dēlēre, ĕō, ēvī, ētus *zerstören*

Grammatik

Die Zahlwörter

19 B₁

1. Die Grundzahlen (cardinālia) und **Ordnungszahlen** (ōrdinālia) ab einundzwanzig

Grundzahlen „*wie viele?*“ arabisch	römisch		Ordnungszahlen „*der wievielte?*“
21	XXI	vīgintī ūnus	vīcēsimus, a, um prīmus, a, um
22	XXII	vīgintī duo	vīcēsimus alter
23	XXIII	vīgintī trēs	vīcēsimus tertius
	usw.		usw.
30	XXX	trīgintā	trīcēsimus
40	XL	quadrāgintā	quadrāgēsimus
50	L	quīnquāgintā	quīnquāgēsimus
60	LX	sexāgintā	sexāgēsimus
70	LXX	septuāgintā	septuāgēsimus
80	LXXX	octōgintā	octōgēsimus
90	XC	nōnāgintā	nōnāgēsimus
100	C	centum	centēsimus
200	CC	ducentī, ae, a	ducentēsimus
300	CCC	trecentī	trecentēsimus
400	CCCC	quadringentī	quadringentēsimus
500	D	quīngentī	quīngentēsimus
600	DC	sescentī	sescentēsimus
700	DCC	septingentī	septingentēsimus
800	DCCC	octingentī	octingentēsimus
900	CM	nōngentī	nōngentēsimus
1000	M	mīlle	mīllēsimus
2000	MM	duo mīlia	bis mīllēsimus

Distributivzahlen: „*Wie viele jedesmal?*“ singulī, ae, a *je einer*, bīnī, ae, a *je zwei*, ternī *je drei*, quaternī, quīnī, sēnī, septēnī, octōnī, novēnī, dēnī.

Zahladverbien: „*Wie oft?*“ semel *einmal*, bis *zweimal*, ter *dreimal*, quater, quīnquiēs, sexiēs, septiēs, octiēs, noviēs, deciēs.

2. Deklination und Gebrauch der Zahlwörter

a) Von den Grundzahlen ab 21 werden die Hunderter ab 200 und der Plural von „mīlle“ mīlia dekliniert, während centum und mīlle undeklinierbar sind: ducentī, ae, a, ōrum, ārum, ōrum usw.; mīlia, mīlium, mīlibus, mīlia, mīlibus.

b) Wie 18 und 19 werden auch 28, 29 usw. gewöhnlich durch Subtraktion ausgedrückt: duodētrīgintā, ūndētrīgintā, duodētrīcēsimus, ūndētrīcēsimus.

c) Die größere Zahl steht unverbunden vor der kleineren, doch bei Zahlen bis 100 die kleinere auch mit et vor der größeren: vīgintī trēs oder trēs et vīgintī, aber: tria mīlia trecentī trīgintā trēs.

d) mīlle ist ein undeklinierbares Zahladjektiv, aber mīlia wird, wenn kein kleineres Zahlwort folgt, mit dem genetīvus partītīvus substantivisch gebraucht: mīlle hominēs, duo mīlia hominum, aber: duo mīlia quīngentī hominēs.

e) Bei Jahreszahlen und Angabe der Tagesstunde werden die Ordnungszahlen verwendet:

annō ante Chrīstum nātum (a. Chr. n.) ducentēsimō sextō decimō *im Jahre 216 vor Christi Geburt*

annō post Chrīstum nātum (p. Chr. n.) mīllēsimō sescentēsimō duodēquīnquāgēsimō *im Jahre 1648 nach Christi Geburt*

hōrā nōnā *um die neunte Stunde* (von Sonnenaufgang an) = *um drei Uhr nachmittags*

f) Bei Multiplikationen gebraucht man die Distributivzahlen: ter ternī sunt novem (3 x 3 = 9).

Satzlehre $\quad$ 19 B$_2$

1. Der Genetiv bezeichnet – attributiv und prädikativ – in Verbindung mit einem Attribut die Eigenschaft, besonders bei Wert- und Zahlangaben (genetīvus quālitātis).

Vĭr magnī ingeniī hunc lĭbrum scrīpsit. *Ein Mann von großem Geist hat dieses Buch geschrieben.*

Longitūdō huius lateris septingentōrum mīlium passuum est. *Die Länge dieser Seite ist* (eine von) *700000 Doppelschritten* = *... beträgt ...*

2. Der Ablativ bezeichnet auf die Frage „*in welcher Hinsicht?*" eine nähere Bestimmung oder Einschränkung (ablātīvus līmitātiōnis).

Britannia nātūrā īnsula triquetra est. *Britannien ist hinsichtlich seiner Gestalt dreieckig.*

3. Der Akkusativ steht als adverbiale Bestimmung zur Bezeichnung des Zieles auf die Frage „*wohin?*" (im Deutschen meist „*wo?*") bei Verben der Bewegung: appellō, abdō, cōnferō – concurrō, cōgō, contrahō – adveniō und conveniō – dēvertor sowie nūntiō.

Germānī in silvās sē abdidērunt. *Die Germanen verbargen sich in den Wäldern.*

Übersetzungshilfen **19 C**

1. hōc pertinet ...; ergänze nach hōc: latus.

2. ... pārī spatiō (= ablātīvus quālitātis zu Hibernia: ... *ist von* ... = *hat die* ...) ... atque ... (Vergleich ohne Komparativ!)

3. In hōc mediō cursū ...: medius ist ein adjektivisches Prädikativum der Reihenfolge!

4. complūrēs ... īnsulae exīstimantur; exīstimāre *halten für* ... gehört zu den Verben, die im Aktiv den doppelten Akkusativ, im Passiv den doppelten Nominativ haben: *man glaubt, daß sie* ... = *sie sollen* = *vermutlich sind* ...

5. ...nihil ..., nisĭ ... *nichts ..., wenn nicht* ... = *nichts außer* ... = ... *nur* ...

6. ... ut fert (= est) illōrum opīniō *wie es die Ansicht jener Leute verlangt* = *nach ihrer* = *deren Ansicht.*

Kulturgeschichtliches **19 D**

1. Entfernungen wurden nach Doppelschritten gemessen; ein Doppelschritt gleicht etwa 1,5 m; duo mīlia passuum gleicht etwa 3 km. Das lateinische Wort mīlia lebt im deutschen Lehnwort „Meile" weiter.

Ein kleineres Längenmaß ist pēs *Fuß;* es entspricht etwa 30 cm.

2. Die Jahre zählten die Römer in der Königszeit von der Gründung Roms an (post urbem conditam *nach der Gründung der Stadt Rom*), die sie ins Jahr 753 (oder 754) verlegten. Diese Zeitrechnung wurde von der Nennung der beiden Konsuln (ohne et!) abgelöst, die in dem betreffenden Jahr an der Spitze der Republik standen. M. Porciō Catōne L. Valeriō Flaccō cōnsulibus bezeichnet beispielsweise das Jahr 195 v. Chr. G. – Die christliche Zeitrechnung wurde erst seit dem 6. Jahrhundert immer mehr angewendet.

3. Die Tagesstunden – je 12, aber im Sommer und im Winter von unterschiedlicher Länge – werden von Sonnenaufgang bis Sonnenuntergang gezählt. Die Nacht zerfällt in vier vigiliae *Nachtwachen* von etwa je drei Stunden.

Neben den Sonnenuhren gab es Wasseruhren, bei denen durch ein Röhrchen in ein Gefäß Wasser floß, dessen Menge gemessen wurde; daher: mēnsūrae ex aquā.

4. Da die **ältesten Handschriften** von Cäsars Gallischem Krieg erst aus dem 9. Jahrhundert stammen, haben sich, wie die wissenschaftliche Textkritik ergeben hat, im Laufe der Zeit davor viele Abweichungen, Schreibfehler, Auslassungen und Einschübe eingeschlichen, ja es hat sich herausgestellt, daß ganze Kapitel nicht von Cäsar selbst stammen können. Als Beispiel eines solchen von älteren Abschreibern eingefügten unechten Abschnitts ist aus dem vierten Buch von Cäsars Bellum Gallicum in der vorliegenden Lektion ausnahmsweise das Lesestück über Gestalt, Lage und Umfang Britanniens aufgenommen, während das Lesestück über Cäsars Aufbruch nach Britannien in Lektion 20 wiederum echtes Latein Cäsars enthält, wobei nur ein einziger unechter Satz weggelassen werden mußte. Übrigens enthalten auch die in den Gymnasien benutzten Schulausgaben in der Regel den ganzen Text von Cäsars Gallischem Krieg einschließlich der unechten Stellen.

Übungen 19 E

1. *Übersetzen Sie folgende Zahlen bzw. Wendungen:* Mīlle ducentī trīgintā quattuor incolae. – Bis mīllēsimus trecentēsimus quadrāgēsimus quīntus incola oppidī nostrī. – Cum tribus mīlibus quadringentīs quīnquāgintā sex incolīs.

2. *Übersetzen und gebrauchen Sie dabei die Bezeichnungen „Doppelschritte, Meilen und km“:* Cōpiae iter centum trīgintā duōrum mīlium passuum cōnfēcērunt. – Collis ferē duo mīlia passuum aberat. – Spatiō octō mīlium passuum ā fluviō oppidum erat.

3. *Übersetzen Sie die folgenden Angaben ins Lateinische:* MCCXXXIV Soldaten. – MMMMCCCXXI Gefangene. – Im Jahre CCCXXXIII v. Chr. G. – Im Jahre MDCCCCLXXII n. Chr. G.

4. *Ersetzen Sie die folgenden Formen von* dīvidere *durch gleichbedeutende Formen von* partīrī (*mit deutscher Übersetzung!*): dīvidunt; dīvident; dīvisisse *und* dīvide!

5. *Übersetzen Sie:* Incolae oppidī dē mūrō lapidēs in hostēs dēiēcērunt. – Līberī nostrī parentibus semper libenter pārēbant eō tempore, cum necesse erat. – Sub nōmine pācis saepe bellum latet. – Sōcratēs, cum ē custōdiā facile ēdūcī posset, sē līberārī nōn sīvit. – Ab ineunte vēre multī flōres

in prātō vidērī possunt. – Mīlitēs victī sub iugum missī sunt. – Cicerō sermōnem dē amicitiā scrīpsit. – Hannibal venēnum semper sēcum habuisse dīcitur. – Arx magnifica in monte sita erat. – Quandō urbs ab hostibus dēlēta sit, īgnōrō.

6. *Übertragen Sie das Lesestück und die weiteren Beispielsätze schriftlich in gutes Deutsch!*

20. Lektion

Caesar exiguā parte aestātis reliquā annō a. Chr. n. LV in Britanniam proficīscī contendit. 20 A

Exiguā parte aestātis reliquā Caesar, etsī in hīs locīs ... mātūrae sunt hiemēs, tamen in Britanniam proficīscī contendit, quod omnibus ferē Gallicīs bellīs hostibus nostrīs inde subministrāta auxilia intellegēbat et, sī tempus ad bellum gerendum dēficeret, tamen magnō sibĭ ūsuī fore arbitrābātur, sī modo īnsulam adīsset, genus hominum perspexisset, loca, portūs, aditūs cognōvisset; quae omnia ferē Gallīs erant incognita. Neque enim temere praeter mercātōrēs illō adit quisquam, neque iīs ipsīs quicquam praeter ōram maritimam atque eās regiōnes, quae sunt contrā Galliam, nōtum est. Itaque ēvocātīs ad sē undique mercātōribus, neque quanta esset īnsulae magnitūdō, neque quae aut quantae ... nātiōnēs incolerent, neque quem ūsum bellī habērent aut quibus īnstitūtīs ūterentur, neque quī essent ad māiōrem nāvium multitūdinem idōnēī portūs, reperīre poterat.
Ad haec cognōscenda, priusquam perīculum faceret, idōneum esse arbitrātus C. Volusēnum cum nāvī longā praemittit. Huic mandat, ut explorātīs omnibus rēbus ad sē quam prīmum revertātur. Ipse cum omnibus cōpiīs in Morinōs proficīscitur, quod inde erat brevissimus in Britanniam trāiectus.

Weitere Beispiele des „ablātīvus absolūtus“:

Cōnsule occīsō; – ponte rescissō; – amīcō auctōre; – Caesare Bibulō cōnsulibus; – Hannibale mortuō; – patre invītō; – nōbīs īnsciīs; – hōc opere perfectō; – Dumnorīge Haeduō dēprecātōre; – locīs superiōribus occupātīs; – Ceutronibus complūribus proeliīs pulsīs; – omnibus fortūnīs sociōrum cōnsūmptīs; – hōc respōnsō datō; – convocātīs Haeduōrum prīncipibus.

exiguus, a, um *beschränkt; gering*
con-tendere, ō, ī, tentus *zusammenspannen; sich beeilen* (*m. Inf.*)
et-sī *obgleich*
mātūrus, a, um *reif; frühzeitig*
Gallicus, a, um *gallisch*
inde *von da, von dort*
sub-ministrāre *zuführen, zukommen lassen*
auxilia, ōrum *n die Hilfsmittel, die Hilfstruppen*
dē-ficere, iō, fēcī, fectum *fehlen, mangeln*
ūsus, ūs *m der Gebrauch; der praktische Nutzen*
modo *nur*
ad-īre, ĕō, ĭī, ĭtum *herangehen; landen*
genus, eris *n das Geschlecht, die Art, die Rasse*
per-spicere, iō, spexī, spectus *genau besichtigen, betrachten*
aditus, ūs *m der Zutritt; der Landeplatz*
in-cognitus, a, um *unbekannt*
neque enim *denn nicht*
temere *zufällig*
illō *dorthin*
ōra *f der Rand, die Küste*
maritĭmus, a, um *am Meer befindlich, Meeres...*
ē-vocāre *ausrufen; vorladen, aufbieten*
undique *woher nur immer, von allen Seiten*
magnitūdō, inis *f die Größe*
quantus, a, um *wie groß*
nātiō, ōnis *f die Geburt; der Volksstamm*
multitūdō, inis *f die Menge*
idōnĕus, a, um *geeignet*
prius-quam *bevor; lieber als daß*
perīculum *n der Versuch, das Wagnis; die Gefahr*
nāvis longa, nāvis longae *f das Kriegsschiff*
prae-mittere, ō, mīsī, missus *vorausschicken*
ex-plōrāre *ausforschen, auskundschaften*
quamprīmum *möglichst bald*
re-vertī, or, vertī *zurückkehren*
Morinī, ōrum *m belg. Volk an der Schelde*
trāiectus, ūs *m die Überfahrt*
auctor, ōris *m der Urheber, der Veranlasser*
Bibulus *m Konsul, Amtskollege Cäsars*
invītus, a, um *wider Willen, ungern*
īn-scĭus, a, um *unwissend, unkundig*
per-ficere, iō, fēcī, fectus *vollenden*
dēprecātor, ōris *m der Fürsprecher*
occupāre *besetzen*
Ceutronēs um *m kelt. Volk i. den Westalpen*
pellere, ō, pepulī, pulsus *stoßen;* (*i. Kampf*) *schlagen*
fortūnae, ārum *f die Glücksgüter, die Habe*
respōnsum *n die Antwort*
cōnārī, or, ātus sum *versuchen, wagen*
fore (*Infinitiv Futur v.* esse) *sein werden, sein wollen*
spērāre *hoffen*
dux, ducis *m der Führer*
vīcus *m das Dorf, das Gehöft*
in-cendere, ō, dī, cēnsus *anzünden*
in tempore *zur rechten Zeit*
pollicērī, ĕor, licĭtus sum *versprechen*
dōnō dare, dō, dedī, datus *zum Geschenk machen*
prō-mittere, ō, mīsī, missus *versprechen*
cōnsilium capere, ĭō, cēpī, captum *einen Beschluß fassen*
trāns-gredī, gredior, gressus sum *übersetzen* (*setze über*)
per-ferre, fĕrō, tulī, lātus *überbringen*
cōn-stituere, uō, uī, ūtus *aufstellen, errichten, gesetzlich feststellen, regeln*
sīgnum *n das* (*Feld-*)*Zeichen*
apertus, a, um *ungeschützt, offen*
plānus, a, um *eben, flach*
statim *auf der Stelle, sogleich*
mihĭ opus est (*m. Abl.*) *ich benötige*
convalēscere, ō, valuī, – *erstarken, sich erholen, genesen*

Grammatik

Das Substantiv — 20 B_1

Die Substantive der gemischten Deklination īgnis, is *m das Feuer* und nāvis, is *f das Schiff* haben im Abl. Sing. neben der Endung -e auch -ī: neben īgne auch īgnī und neben nāve auch nāvī.

Das Verb — 20 B_2

1. Das Partizip Futur Aktiv

ist gekennzeichnet durch den Supinstamm und das Suffix -ūrus, a, um:

laudāt-ūrus, a, um *einer, der loben wird*	monit-ūrus, a, um *einer, der mahnen wird*	rēct-ūrus, a, um *einer, der lenken wird*	audīt-ūrus a, um *einer, der hören wird*	capt-ūrus, a, um *einer, der nehmen wird*

Merke:

Die Deponentien bilden das Partizip Futur in gleicher Weise:

cōnāt-ūrus, a, um *einer, der versuchen wird*	verit-ūrus, a, um *einer, der fürchten wird*	locūt-ūrus, a, um *einer, der sprechen wird*	partīt-ūrus, a, um *einer, der teilen wird*	pass-ūrus, a, um *einer, der leiden wird*

Merke:

Das Hilfsverb esse bildet das Partizip Futur

fut-ūrus, a, um *einer, der sein wird.*

2. Der Infinitiv Futur Aktiv

ist gekennzeichnet durch das Partizip Futur Aktiv und esse:

laudātūrus, a, um esse	*loben*	
monitūrus, a, um esse	*mahnen*	*wollen*
rēctūrus, a, um esse	*lenken*	oder
audītūrus, a, um esse	*hören*	*werden*
captūrus, a, um esse	*nehmen*	

futūrus, a, um esse: Dafür steht häufig die unveränderliche Form fŏrĕ *sein werden.*

Merke:

Die Deponentien bilden den Infinitiv Futur Aktiv in gleicher Weise:

cōnātūrus, a, um esse; veritūrus, a, um esse; locūtūrus, a, um esse; partītūrus, a, um esse und passūrus, a, um esse.

Beachte:

Der Infinitiv Futur Aktiv kommt am häufigsten im a. c. i. vor. Beispiel: Tē contentum (bzw. contentam) futūrum (bzw. -am) esse spērō oder ... contentum (bzw. -am) fore ... *Ich hoffe, du wirst zufrieden sein.*

3. Semideponentien

haben aktive Formen im Präsensstamm, aber passive im Perfektstamm (außer revertī *zurückkehren* und dēvertī *einkehren*, die umgekehrt passive

Formen im Präsensstamm und aktive im Perfektstamm haben). Nur wenige Verben sind Semideponentien.

Zwei Beispiele:

gaudēre (gaude-) *sich freuen*, gaudeō *ich freue mich*
gāvīsus sum *ich habe mich gefreut*

revertī (revert-) *zurückkehren*, revertor *ich kehre zurück*
revertī, istī *ich bin zurückgekehrt*

4. Das Futur II im Aktiv

setzt sich aus dem Perfektaktivstamm und dem Futur I von esse zusammen, doch erscheint in der 3. P. Pl. -erint statt -erunt:

laudāv-erō *ich werde gelobt haben*, monu-eris, rēx-erit, audīv-erimus, cēp-eritis, cēp-erint.

5. Konjunktiv Perfekt und Plusquamperfekt Aktiv

Konjunktiv Perfekt Aktiv: Perfektaktivstamm, Moduszeichen -eri- und Personalendung.

ambulāv-eri-m *ich sei spazierengegangen*, monu-eri-s *du habest ermahnt*, rēx-eri-t, audīv-eri-mus, cēp-eri-tis, i-eri-nt.

Beachte:

Konjunktiv Perfekt Aktiv und Futur II Aktiv unterscheiden sich nur in der ersten Pers. Sing.: laudāv-erim – laudāv-erō.

Konjunktiv Plusquamperfekt Aktiv: Perfektaktivstamm und Konjunktiv Imperfekt von esse, dessen Stammvokal -e- zu -i- abgeschwächt wird (-isse-).

ambulāv-issem *ich wäre spazierengegangen*, monu-issēs *du hättest ermahnt*, rēx-isset, audīv-issēmus, cēp-issētis, īssent (statt i-issent) *sie wären gegangen*.

Faustregel: Infinitiv Perfekt Aktiv + Personalendung: laudāvisse-m.

Satzlehre — 20 B_3

1. Der sogenannte „ablātīvus absolūtus"

Begriff: Als ablātīvus absolūtus bezeichnet man einen Ablativ mit einem prädikativen Partizip, der grammatisch nicht von einem Glied des übrigen Satzes abhängig ist. Er scheint losgelöst von der Konstruktion des Satzes und bezeichnet in der Regel einen näheren Umstand der Haupthandlung (adverbiale Bestimmung).

Caesar Volusēnō mandat, ut explōrātīs omnibus rēbus ad sē revertātur. *Cäsar trägt Volusenus auf, nach Erkundung aller Einzelheiten zu ihm zurückzukehren.*

Urbs cīvibus fortiter resistentibus capta est. *Obwohl die Bürger tapfer Widerstand leisteten, wurde die Stadt eingenommen.*

Merke: Beim ablātīvus absolūtus bezeichnet das Partizip das Zeitverhältnis des Begleitumstandes zur Haupthandlung (vgl. das participium coniūnctum).

Sōle oriente profectī sumus. *Bei Sonnenaufgang brachen wir auf.*
Sōle ortō profectī sumus. *Nach Sonnenaufgang brachen wir auf.*

Nominaler ablātīvus absolūtus
Beim ablātīvus absolūtus kann statt eines Partizips auch ein prädikatives Substantiv oder Adjektiv stehen:

Caesare duce	*unter der Führung Cäsars* (*unter Cäsar als Führer*)
mē duce	*unter meiner Führung* (*unter mir als Führer*)
nōbīs invītīs	*gegen unseren Willen*
exiguā parte aestāte reliquā	*als nur mehr ein kleiner Teil des Sommers übrig war*

Übersetzung des ablātīvus absolūtus

a) Wenn keine grammatische Beziehung eines Ablativs mit Partizip (Substantiv oder Adjektiv) zum übrigen Satz festzustellen ist, fasse ihn als ablātīvus absolūtus auf.

b) Übersetze den ablātīvus absolūtus als nōminātīvus absolūtus als Einschub! Mache den Ablativ zum Subjekt und das Partizip zum Prädikat!

c) Stelle den logischen Zusammenhang des ablātīvus absolūtus zum übrigen Satz fest!

d) Übersetze den ablātīvus absolūtus durch einen Nebensatz, beigeordneten Hauptsatz oder präpositionalen Ausdruck (wie beim participium coniūnctum)!

e) Beziehe nie ein Wort, das innerhalb des ablātīvus absolūtus steht, grammatisch auf den übrigen Satz!

Beispiele:

Caesar vīcīs Germānōrum incēnsīs in Galliam sē recēpit. *Cäsar – die Dörfer der Germanen sind in Brand gesteckt – zog sich nach Gallien zurück. Als Cäsar die Dörfer der Germanen in Brand gesteckt hatte, zog er sich nach Gallien zurück.*

Nūllō resistente hostēs urbem cēpērunt. *Niemand leistete Widerstand – die Feinde nahmen die Stadt ein. Ohne jeden Widerstand nahmen die Feinde die Stadt ein.*

2. Besonderheiten im Gebrauch des Reflexivpronomens im a. c. i.

a) Im Lateinischen wird im a. c. i. mit Bezug auf das in der 3. Person stehende Subjekt als Objekt oder als Präpositionalkasus das Reflexivpronomen verwendet, während im Deutschen das Personalpronomen steht: Caesar magnō sibĭ ūsuī fore arbitrābātur, sī modo īnsulam adīsset. *Cäsar glaubte, es werde für ihn von großem Nutzen sein, wenn er wenigstens auf der Insel landete* (sibĭ als Dativobjekt). – Caesar ēvocātīs ad sē mercātōribus reperīre nōn poterat, quanta esset īnsulae magnitūdō. *Cäsar beorderte die Kaufleute zu sich, konnte aber die Größe der Insel nicht in Erfahrung bringen.* Der ablātīvus absolūtus ... ēvocātīs ... mercātōribus ... ist nur eine adverbiale Bestimmung zu Caesar ... reperīre nōn poterat, und ad sē bezieht sich auf das Subjekt Caesar.

b) Das Reflexivpronomen steht in innerlich abhängigen Nebensätzen. Innerlich abhängige Nebensätze sind die meisten im Konjunktiv stehenden Konjunktionalsätze (mit Ausnahme der Folgesätze), die indirekten Fragesätze und die konjunktivischen Relativsätze; hier als Beispiel ein Finalsatz:

Caesar Volusēnō mandat, ut quam prīmum ad sē revertātur. *Cäsar trägt Volusenus auf, möglichst schnell zu ihm zurückzukehren.*

3. Das konditionale Satzgefüge im Futur

Der Hauptsatz steht im Futur I (die zeitlich entfernter gelegene Handlung), der Nebensatz im Futur II (die zeitlich näher gelegene Handlung):

Caesarī magnō ūsuī erit, sī modo īnsulam adierit. *Für Cäsar wird es von großem Nutzen sein, wenn er auf der Insel wenigstens landet* („*gelandet sein wird*").

Wird ein solches Satzgefüge von einem verbum dīcendī oder sentiendī abhängig gemacht, erscheint der Hauptsatz im a. c. i., der Nebensatz – mit Rücksicht auf das übergeordnete Verb nach der cōnsecūtiō temporum – (ersatzweise, da es ja keinen Konjunktiv Futur II gibt!) – im Konjunktiv Perfekt oder im Konjunktiv Plusquamperfekt:

Mihĭ magnō ūsuī fore (= futūrum esse) arbitror, sī modo īnsulam adierim (Konjunktiv Perfekt). *Ich glaube, es wird für mich sehr nützlich sein, wenn ich auf der Insel wenigstens lande.* Oder: Caesar sibĭ magnō ūsuī fore (= futūrum esse) arbitrābātur, sī modo īnsulam adīsset. *Cäsar glaubte, es werde für ihn sehr nützlich sein, wenn er auf der Insel wenigstens landete.*

Übersetzungshilfen **20 C**

1. proficīscī contendit *er beeilte sich aufzubrechen* od. *er brach eilends auf.*

2. inde subministrāta auxilia intellegēbat; est, sunt sowie esse – dieses bei zusammengesetzten Infinitiven – fehlt häufig; daher vollständig: subministrāta esse.

3. ūsuī esse alicuī *für j-n von Nutzen sein* (datīvus fīnālis).

4. quae omnia ferē *fast alle diese Dinge* od. *fast alles dies* (relativischer Anschluß).

5. quisquam, quicquam *irgend jemand, irgend etwas* (in verneinten Sätzen).

6. quanta esset īnsulae magnitūdō ... incolerent ... habērent ... ūterentur ... essent: Konjunktiv in der indirekten Frage: *wie groß die Ausdehnung der Insel sei* usw.

7. arbitrātus (statt arbitrāns zu arbitrārī) *im Glauben;* vgl. veritus *aus Furcht.*

8. in Morinōs = in fīnēs Morinōrum.

9. ad haec cognōscenda *um diese Dinge kennenzulernen* od. *um dies kennenzulernen.* Im Lateinischen steht das Neutrum eines Pronomens oder eines substantivisch gebrauchten Adjektivs häufig im Plural: omnia praeclāra rāra *alles Hervorragende ist selten.*

10. Caesar idōneum esse arbitrātus Volusēnum praemittit: Der a.c.i. ist kein gekürzter Nebensatz, sondern ein Satzteil – ein ausgeschmücktes Objekt –; daher genügt einmal gesetztes „Volusēnum": *Cäsar hielt Volusenus für geeignet und schickte ihn voraus.*

Übungen 20 D

1. *Setzen Sie die richtige Form des Infinitivs Futur Aktiv ein (mit Übersetzung!):* Amīcōs nostrōs crās (venīre) spērō. – Frātrem hoc nōn iterum (cōnārī) arbitror. – Sē in tempore apud nōs (esse) pollicitus est. – Puellae sē mātrī lībrum pulchrum dōnō (dare) prōmīsērunt.

2. *Übertragen Sie in den* ablātīvus absolūtus (*mit Übersetzung: als Einschub zwischen Gedankenstrichen, durch einen Haupt- oder Nebensatz, wenn möglich auch durch einen präpositionalen Ausdruck*): Hostēs victī sunt: Caesar cōnsilium in Britanniam trānsgredī cēpit. – Cōnsilia Caesaris per mercātōrēs ad Britannōs perlāta sunt: Rōmānī trāiectum in īnsulam differre nōn iam potuērunt. – Caesar omnēs rēs cōnstituit: Tertiā ferē vigiliā equitēs nāvēs cōnscendere iussit. – Caesar sīgnum dedit et ancorās sustulit: Nāvēs apertō ac plānō lītore cōnstituit.

3. *Übersetzen Sie die folgenden Beispiele eines abhängigen konditionalen Satzgefüges im Futur und machen Sie sie unabhängig!* (Beispiel: Mē tibĭ lībrum statim reddītūrum esse polliceor, sī tibĭ eō opus fuerit; Konjunktiv Perfekt. *Ich verspreche dir, das Buch sofort zurückzugeben, wenn du es benötigst:* Librum tibĭ statim reddam, sī tibĭ eō opus fuerit; Futur II) Caesar magnō ūsuī sibĭ fore arbitrābātur, sī modo genus hominum īnsulam inco-

lentium perspexisset. – Mihĭ magnō ūsuī fore nōn īgnōrō, sī loca, portūs aditūsque īnsulae mihĭ īgnōtae cognōverim. – Mē iterum melius labōrātūrum esse spērō, sī convaluerim.

4. *Übertragen Sie das Lesestück und die weiteren Beispiele schriftlich in gutes Deutsch!*

21. Lektion

Dē Gallōrum rēbus cīvīlibus, mōribus religiōnibusque C. I. Caesar haec ferē in librō VI commentāriōrum dē bellō Gallicō cōnscrīptōrum memoriae prōdit. **21 A**

(Pars prior)

In Galliā nōn sōlum in omnibus cīvitātibus atque in omnibus pāgīs partibusque, sed paene etiam in singulīs domibus factiōnēs sunt, eārumque factiōnum prīncipēs sunt, quī summam auctōritātem eōrum iūdiciō habēre exīstimantur, quōrum ad arbitrium iūdiciumque summa omnium rērum cōnsiliōrumque redeat; idque ēius reī causā antīquitus īnstitūtum vidētur, nē quis ex plēbe contrā potentiōrem auxiliī egēret; suōs enim quisque opprimī et circumvĕnīrī nōn patitur, neque, aliter sī faciat, ūllam inter suōs habet auctōritātem. Haec eadem ratiō est in summā tōtīus Galliae ...

In omnī Galliā eōrum hominum, quī aliquō sunt numerō atque honōre, genera sunt duo: nam plēbēs paene servōrum habētur locō, quae nihil audet per sē, nūllī adhibētur conciliō. Plērīque, cum aut aere aliēnō aut magnitūdine tribūtōrum aut iniūriā potentiōrum premuntur, sēsē in servitūtem dĭcant nōbilibus, quibus in hōs eădem omnia sunt iūra, quae dominīs in servōs. Sed dē hīs duōbus generibus alterum est druĭdum, alterum equitum.

Illī rēbus dīvīnīs intersunt, sacrificia pūblica ac prīvāta prōcūrant, religiōnēs interpretantur ... magnōque hī sunt apud eōs honōre. Nam ferē dē omnibus contrōversiīs pūblicīs prīvātīsque cōnstituunt, et sī quod est admissum facinus, sī caedēs facta, sī dē hērēditāte, dē fīnibus contrōversia est, īdem dēcernunt ... poenāsque cōnstituunt; sī quī aut prīvātus aut pŏpulus eōrum dēcrētō nōn stetit, sacrificiīs interdīcunt. Haec poena apud eōs est gravissima. Quibus ita est interdictum, hī numerō impiōrum ac scelerātōrum habentur, hīs omnēs dēcēdunt, aditum eōrum sermōnemque dēfugiunt, nē quid ex contāgiōne incommodī accipiant, neque iīs petentibus iūs redditur neque honōs ūllus commūnicātur.

cīvīlis, e *bürgerlich*
rēs cīvīlēs, rērum cīvīlium *f die politischen Verhältnisse*
religiō, ōnis *f die Religiosität; im Plur.: die religiösen Bräuche*
commentārius *m die schriftliche Aufzeichnung; im Plur.: die Memoiren*
cōn-scrībere, ō, scrīpsī, scrīptus *zusammen schreiben, verfassen*
prō-dere, ō, didī, ditus *weitergeben; verraten*
memoriae prōdere *berichten, überliefern*
pāgus *m der Gau, der Bezirk*
paene *fast, beinahe*
singulī, ae, a *je einer; einzeln*
prīnceps. cipis *m der Führer, der Herrscher*
auctōritās, ātis *f die Gewähr, das Ansehen*
iūdicium *n das Urteil; die Meinung*
arbitrium *n das Ermessen*
red-īre, ĕō, ĭī, ĭtum *zurückkehren*
redīre ad (*b. Akk.*) *zufallen, übergehen an*
plēbēs ĕī *f die Volksmenge, der Pöbel*
potēns, ĕntis *mächtig*
egēre, ĕō, ŭī, – (*b. Abl.; auch b. Gen.*) *Mangel leiden; nötig haben*
op-prĭmere, ō, pressī, pressus *niederdrücken, überwältigen*
circum-vĕnīre, ĭō, vēnī, vĕntus *umringen; überlisten*
rătiō, ōnis *f die Rechnung; die Theorie; das Verhalten*
summa *f die Gesamtzahl*
in summā *im ganzen; überhaupt*
numerus *m die Zahl; der Rang; die Geltung*
honor (*ältere Form:* honōs), ōris *m die Ehre; das Ansehen*
locō (*m. Gen.*) *wie, als; an Stelle von*
audēre, ĕō, ausus sum (*Semidep.*) *wagen*
ad-hibēre, ĕō, uī, itus *hinhalten, zuziehen*

plērīque, -aeque, āque *die meisten*
aes, aeris *n das Erz; die Bronze*
aes aliēnum, aeris aliēnī *n die Schulden*
tribūtum *n die Steuer, die Abgabe*
iniūria *f das Unrecht*
premere, ō, pressī, pressus *drücken; belästigen, bedrängen*
sēsē = sē (*Akk. u. Abl.*) *sich*
dĭcāre *weihen*
sē in servitūtem dĭcāre *sich in die Knechtschaft begeben*
nōbilis, e *kenntlich; adlig*
iūs, iūris *n das Recht*
dominus *m der Herr*
druĭdēs, um *m die Druiden* (*Priester der alten Kelten*)
rēs dīvīnae, rērum dīvīnārum *f der Gottesdienst*
inter-esse, sum, fuī, – (*m. Dat.*) *teilnehmen an; dazwischen liegen*
sacrificium *n das Opfer*
prō-cūrāre *besorgen*
interpretārī *erklären, entscheiden, deuten*
contrōversia *f die Streitigkeit, der Rechtsstreit*
ad-mittere, ō, mīsī, missus *loslassen, in Gang setzen*
facinus admittere *eine Übeltat begehen*
hērēditās, ātis *f die Erbschaft*
dē-cernere, ō, crēvī, crētus (*als Schiedsrichter*) *entscheiden*
dēcrētum *n der Beschluß, die Entscheidung*
stāre, stō, stĕtī, stātum *stehen*
dēcrētō (*Abl.*) stāre *sich einer Entscheidung fügen*
inter-dīcere, ō, dīxī, dictum (*m. Dat [der Person] u. Abl. [der Sache]*) *untersagen, ausschließen von*
habēre, ĕō, uī, itus *haben; halten für*
(in) numerō scelerātōrum habēre *für verbrecherisch halten, zu den Verbrechern rechnen*
im-pius *gottlos, ruchlos*
dē-cēdere, ō, cessī, cessum (*erg.* dē viā) *aus dem Wege gehen, versterben*

aditus, ūs *m der Zugang, der Zutritt, die Annäherung*
dē-fŭgere, iō, fūgī, – *fliehen, meiden*
contāgiō, ōnis *f die Berührung; der verderbliche Einfluß, das böse Beispiel*
incommodum *n die Unbequemlichkeit, der Nachteil*
red-dere, ō, reddidī, redditus *zurückgeben*
iūs reddere *Recht sprechen*
commūnicāre *gemeinsam machen; geben, gewähren*
iūstus, a, um *gerecht*
Trōia *f* (*das homerische*) *Troja*
obsidēre, ĕō, sēdī, sessus *besetzt halten, belagern*
aberrāre *abirren, irregehen*
lŏcus *m der Ort; die Wohnung, die Unterkunft; die Stellung*
praebēre, ĕō, uī, bitus *hinhalten; gewähren*
Milō, ōnis *m Gegner des Clodius, trotz Ciceros Verteidigungsrede verurteilt*
Clōdius *m Feind Ciceros*
nympha *f Braut; junge Frau; Nymphe*
sentīre, ĭō, sēnsī, sēnsus *fühlen; Schmerz empfinden*
Aprīlis, e *zum April gehörig*
trāns-īre, ĕō, ĭī, ĭtus *überschreiten*
obses, sĭdis *m der Geisel*
pāx, pācis *f der Friede*
pācem facere *Frieden schließen*
Campānus *m der Kampaner, bsd. der Capuaner*
īgnōscere, ō, gnōvī, gnōtum *verzeihen*
Darīus *m Perserkönig*
trā-dūcere, ō, dūxī, ductus *hinüberführen; übersetzen*
in-dīgnus, a, um *unwürdig*
ē-ripere, iō, uī, reptus *entreißen, rauben*
largīrī, ĭor, ītus sum *schenken*
persōna *f die Maske; die Rolle; die Person*
aptus, a, um *passend, geeignet*
senectūs, ūtis *f das Greisenalter*

prae-mittere, ō, mīsī, missus *vorausschicken*

dē-esse, sum, fuī, – *nicht dasein*

dēesse (*m. Dat.*) *den Beistand versagen, im Stich lassen*

Grammatik

Satzlehre

1. Der sogenannte n. c. i. (nōminātīvus cum īnfīnītīvō)

Regel: Treten die Verben, nach denen der a. c. i. als Objekt steht, ins Passiv und werden sie persönlich konstruiert, so steht statt des a. c. i. der n. c. i.

Der n. c. i. steht bei allen Personen von

a) videor *ich scheine;*

b) dīcor *ich werde gesagt* = *von mir wird gesagt* = *ich soll* (ebenso: putor, exīstimor, iūdicor);

c) bei iubeor, vetor, sinor *man befiehlt/verbietet/erlaubt mir;*

d) bei fertur, feruntur *man erzählt, daß* (nur 3. Person möglich),
bei trāditur, trāduntur *es wird überliefert, daß* (nur 3. Person möglich).

Nōn vērum dīcere vidēris. *Du scheinst nicht die Wahrheit zu sagen* od. *anscheinend sagst du nicht die Wahrheit.*

Beātī esse dīciminī. (*Ihr werdet gesagt, glücklich zu sein.*) *Man sagt, ihr wäret glücklich. Ihr sollt glücklich sein. Ihr seid angeblich glücklich.*

Prīncipēs factiōnum sunt, quī summam auctōritātem habēre exīstimantur. *Die Anführer der Parteien sind diejenigen, von denen man glaubt, sie besäßen das höchste Ansehen.*

Mīlitēs pontem facere iussī sunt. *Den Soldaten wurde befohlen, eine Brücke zu bauen.*

Trōia decem annōs ā Graecīs obsessa esse fertur. *Man erzählt, Troja sei zehn Jahre lang von den Griechen belagert worden.*

Unterscheide: Iūdex noster iūstus esse dīcitur. – Iūdex noster iūstus sit!

2. Der Konditionalsatz

Der Konditionalsatz – ein Nebensatz – gibt die Bedingung wieder, unter der die im Hauptsatz ausgedrückte Handlung vor sich geht. Das Bindewort im Deutschen ist *wenn/falls/wofern.*

a) Beim indefiniten Fall – früher realer Fall genannt – ist das Verhältnis zur Wirklichkeit völlig offen: Nātūram sī sequēmur ducem, numquam aberrābimus. *Wenn wir der Natur (als unserer Führerin) folgen, werden wir niemals irregehen.* Es bleibt dabei offen, ob wir es wirklich tun oder nicht. Haupt- und Nebensatz stehen wie im Deutschen im Indikativ.

b) Beim potentialen Fall wird zum Ausdruck gebracht, daß es sich nur um eine Möglichkeit, eine Annahme handelt: Sī aegrōtī sīmus, nōn ambulēmus. *Wenn / Falls / Gesetzt den Fall / Angenommen, daß wir krank wären, gingen wir wohl nicht spazieren* (*würden wir nicht spazierengehen*). Beim potentialen Fall steht im Lateinischen im Haupt- und im Nebensatz der Konjunktiv Präsens oder Perfekt in gleicher Bedeutung.

Sī aegrōtus fueris, nōn ambulāverimus. *Wenn du etwa / Angenommen, daß du / Gesetzt den Fall, daß du* (*etwa*) *krank* (*gewesen*) *wärest, würden wir wohl nicht spazierengehen* (*wären wir wohl nicht spazierengegangen*).

Wenn jedoch nur die Bedingung als möglich, die Schlußfolgerung als absolut sicher dargestellt werden soll, steht im Nebensatz der Konjunktiv, im Hauptsatz der Indikativ: Sī prīnceps factiōnis aliter faciat, nūllam inter suōs habet auctōritātem. *Wenn der Führer einer Partei etwa anders handelte, genießt er unter seinen Leuten kein Ansehen.*

c) Beim irrealen (unwirklichen) Fall steht im Lateinischen wie im Deutschen im Haupt- und Nebensatz der Konjunktiv Imperfekt für die Gegenwart und der Konjunktiv Plusquamperfekt für die Vergangenheit. Dabei ist es klar, daß die Bedingung nicht zutrifft bzw. nicht zutraf: Sī mē servī meī istō modō metuerent, ut tē metuunt omnēs cīvēs tuī, domum meam relinquerem. *Wenn mich meine Sklaven auf diese Weise haßten, wie dich alle deine Mitbürger fürchten, würde ich mein Haus verlassen.* (Diese Worte schleudert der Konsul Cicero dem Staatsfeind Catilina im Senat ins Gesicht, aber Cicero weiß, daß seine Sklaven ihn nicht hassen.) – Sī tacuissēs, philosŏphus mānsissēs. *Wenn du geschwiegen hättest, wärest du ein Philosoph geblieben.* (Lateinisches Sprichwort: Aber es ist nicht wiedergutzumachen, daß du nicht geschwiegen hast!)

Beachte: *wenn nicht* heißt nisĭ.

3. Der Relativsatz im Konjunktiv

Wenn der Relativsatz nicht eine Tatsache, sondern eine Folge ausdrückt, steht er nicht im Indikativ, sondern im Konjunktiv (konsekutiver Nebensinn): Prīncipēs factiōnum summam auctōritātem habent, quōrum ad arbitrium summa omnium rērum cōnsiliōrumque redeat. *Die Anführer der Parteien genießen das höchste Ansehen, so daß ihrem Urteil und Ermessen die Oberleitung aller staatlichen Angelegenheiten und Planungen zufällt.*

Übersetzungshilfen **21 C**

1. ... prīncipēs sunt, quī ...; es fehlt determinierendes iī: *diejenigen, welche.*
2. eōrum, iūdiciō (ablātīvus līmitātiōnis): *nach ihrer* (= Gallōrum) *Ansicht.*

1. ut *wie*

steht als Adverb vergleichend, oft mit korrespondierendem ita *so:*

Fēcī, ut praescrīpsistī. *Ich habe gehandelt, wie du angeordnet hast.*
Ut initium, ita fīnis est. *Wie der Anfang, so ist auch das Ende.*

2. Die Konjunktion cum steht (Zusammenfassung)

a) mit dem Indikativ und drückt aus

a) ein zeitliches Zusammentreffen, deutsch: *zur Zeit, als ..., jetzt, wo ...* (cum temporāle): Cum Caesar in Galliam vēnit, alterīus factiōnis prīncipēs erant Haeduī, alterīus Sēquanī. *Zu der Zeit, als Cäsar nach Gallien kam, waren die Führer der einen Partei die Häduer, die der anderen die Sequaner.*

b) eine Wiederholung, deutsch: *sooft; jedesmal, wenn* (cum iterātīvum): Cum est ūsus, omnēs equitēs in bellō versantur. *Jedesmal, wenn Bedarf besteht, stehen alle Ritter im Kriegseinsatz.*

c) ein zeitliches Hintereinander bei plötzlichen Ereignissen, wobei die Haupthandlung im Nebensatz, die Nebenhandlung im Hauptsatz steht; deutsch: *schon ..., als plötzlich ...* (cum inversīvum): Iam vēr appetēbat, cum Hannibal hiberna mōvit. *Schon nahte der Frühling, als Hannibal aus dem Winterlager aufbrach.*

d) eine Erläuterung oder Begründung, deutsch: *indem, dadurch, daß, wenn* (cum explicātīvum): Ferē cotīdiānīs proeliīs cum Germānīs contendunt, cum suīs fīnibus eōs prohibent. *Fast in täglichen Gefechten kämpfen sie mit den Germanen, indem sie diese von ihrem Gebiet fernhalten.*

b) mit dem Konjunktiv und drückt aus

a) einen historischen Zusammenhang, oft mit kausalem Nebensinn, deutsch: *als, nachdem* (cum histōricum): Cum cīvitās armīs iūs suum exsequī cōnārētur, Orgetorīx mortuus est. *Als die Bürgerschaft mit Gewalt ihr Recht geltend zu machen versuchte, starb Orgetorix plötzlich.*

b) Grund oder Ursache, deutsch: *da, weil* (cum causāle): Nostrī, cum hostium numerus capitum CCCCXXX mīlium fuisset, sē in castra recēpērunt. *Weil die Zahl der feindlichen Krieger 430000 betrug, zogen sich unsere Leute ins Lager zurück.*

c) eine Einschränkung, deutsch: *obgleich* (cum concessīvum): Sōcratēs, cum facile posset ēdūcī ē custōdiā, nōluit. *Obgleich Sokrates leicht aus der Haft befreit werden konnte, willigte er nicht ein.*

d) eine Gegenüberstellung, einen Gegensatz, deutsch: *während, wohingegen* (cum adversātīvum): Druīdēs fās esse nōn exīstimant ěā litterīs mandāre, cum in relīquīs ferē rēbus Graecīs litterīs ūtantur. *Die Druiden halten es nicht für recht, dies der Schrift anzuvertrauen, während sie in der Regel in anderen Angelegenheiten griechische Buchstaben benutzen.*

Merke: cum ... tum ... *wenn schon ..., dann besonders ...; sowohl ... als (auch) besonders ...* (meist mit Indikativ): Tē cum semper valēre cupiō, tum certē, cum hīc sumus. *Wenn ich dir schon immerwährende Gesundheit wünsche, so besonders dann, wenn wir hier sind.*

Beachte: cum ist auch Präposition b. Ablativ, deutsch: *mit.* Die Konjunktion steht meist am Satzanfang, die Präposition im Satzinneren.

Übersetzungshilfen **22 C**

1. hōc mortuō: ablātīvus absolūtus.

2. sī quī: quī nach sī statt aliquī̆(s).

3. succēdit: Für die deutsche Übersetzung kommt succēdit vor das erste aut.

4. habētur: mit doppeltem Nominativ: *wird gehalten, gilt;* media: *für die Mitte.*

5. disciplīna (nämlich druĭdum) ... exīstimātur: mit doppeltem Nominativ: *man glaubt, daß ...*

6. quī dīligentius: Es fehlt das Determinativpronomen.

7. illō: hier Ortsadverb.

8. mihī̆: Seltener Fall, daß sich Cäsar in der Ichform nennt.

9. velint: velle steht bei verschiedenem Subjekt mit dem a. c. i.; der Konjunktiv drückt den subjektiven Grund aus.

10. eōs im a. c. i. wird im Deutschen Subjekt: ... *daß diejenigen, welche ...*

11. hoc volunt persuadēre: adverbialer Akkusativ eines Pronomens: *sie wollen davon überzeugen, daß ...*

12. metū mortis neglēctō: ablātīvus absolūtus.

13. eōrum ut quisque: Wortstellung für das Deutsche: ut quisque eōrum.

Übungen **22 D**

1. *Suchen Sie die im Lesestück vorkommenden Präpositionen heraus und bestimmen Sie den Fall, mit dem sie sich verbinden.*

2. *Bestimmen Sie die Bedeutung der Ablative ohne Präposition, die in diesem Lesestück vorkommen.*

3. *Übersetzen Sie die folgenden Beispielsätze und geben Sie an, um welches* cum *es sich handelt:* Cum apud Germānōs cīvitās bellum aut īnfert aut illātum dēfendit, magistrātūs dēliguntur. – Cum opp[illegible]m ex omnibus partibus altissimās rūpēs dēiectūsque habēret, ūnā ex p[illegible] acclīvis aditus

in lātitūdinem nōn amplius pedum ducentōrum relinquēbātur. – Iam mīlitēs paene moenia cēperant, cum repente cīvēs in eōs ērūpērunt. – Sōlus homō particeps est ratiōnis, cum cētera omnia animālia sint expertia. – Sulla cum ex Ăsiā in Graeciam vēnisset, sēcum habuit Pompōnium Atticum. – Erat nupta soror Atticī Q. Tulliō Cicerōnī, cum quō ā condiscipulātū vīvēbat coniūnctissimē. – Atticus cum habēret annōs circiter sexāgintā, ūsus est aetātis vacātiōne. – Cum Atticus esset pecūniōsus, nēmō minus emāx fuit quam ille.

4. *Übertragen Sie das Lesestück schriftlich in gutes Deutsch!*

23. Lektion

Dē Germānīs **23 A**

(Pars prior)

in quā duo capita librī sextī commentāriōrum dē bellō Gallicō ā C. I. Caesare cōnscrīptōrum dē rēbus dīvīnīs, dē ēducātiōne līberōrum, dē mōribus, dē agrī cultūrā Germānōrum verbum ex verbō redduntur.

Germānī multum ab hāc cōnsuētūdine differunt. Nam neque druidēs habent, quī rēbus dīvīnīs praesint, neque sacrificiīs student. Deōrum numerō eōs sōlōs dūcunt, quōs cernunt et quōrum apertē opibus iuvantur, Sōlem et Vulcānum et Lūnam, reliquōs nē fāmā quidem accēpērunt. Vīta omnis in vēnātiōnibus atque in studiīs reī mīlitāris cōnsistit; ā parvīs labōrī ac dūritiae student. Quī diutissimē impūberēs permānsērunt, māximam inter suōs ferunt laudem: hōc statūram alī, hōc vīrēs nervōsque cōnfirmārī putant. Intrā annum vērō vīcēsimum fēminae nōtitiam habuisse in turpissimīs habent rēbus; cūius reī nūlla est occultātiō, quod et prōmiscuē in flūminibus perluuntur et pellibus aut parvīs rēnōnum tegimentīs ūtuntur māgnā corporis parte nūdā.

Agrī cultūrae nōn student, māiorque pars eōrum vīctūs in lacte, cāseō, carne cōnsistit. Neque quisquam agrī modum certum aut fīnēs habet propriōs; sed magistrātūs ac prīncipēs in annōs singulōs gentibus, cognātiōnibus hominum, quīque ūnā coiērunt, quantum et quō locō vīsum est agrī, attribuunt atque annō post aliō trānsīre cōgunt. Ēius reī multās afferunt causās: nē assiduā cōnsuētūdine captī studium bellī gerendī agrī cultūrā commūtent; nē lātōs fīnēs parāre studeant potentiōrēsque humiliōrēs possessiōnibus expellant; nē accūrātius ad frīgora atque aestūs vītandōs aedificent; ... ut animī aequitāte plēbem contineant, cum suās quisque opēs cum potentissimīs aequārī videat.

caput, itis *n der Kopf; das Kapitel*
cultūra *f die Bearbeitung; die Ausbildung*
agrī cultūra *die Landwirtschaft*
verbum *n das Wort*
verbum ex verbō *Wort für Wort*
multum (*Adv.*) *viel(mals), sehr*
cōnsuētūdō, inis *f die Gewohnheit*
dif-ferre, fĕrō, –, – *sich unterscheiden*
prae-esse, sum, fuī, – (*b. Dat.*) *an der Spitze stehen, leiten*
(in) numerō (*m. Gen. part.*) dūcere *rechnen unter*
cernere, ō, crēvī, crētus *scheiden; wahrnehmen*
iŭvāre, ō, iūvī, iūtus (*m. Akk.*) *erfreuen; unterstützen, helfen*
Vulcānus *m Gott des Feuers u. der Schmiedekunst*
ac-cipere, iō, cēpī, ceptus *annehmen; hören von*
vēnātiō, ōnis *f die Jagd*
mīlitāris, e *militärisch*
rēs mīlitāris *f das Kriegswesen*
cōn-sistere, ō, stĭtī, – *sich gemeinsam aufstellen; bestehen in, sich niederlassen*
parvus, a, um *klein*
ā parvīs *von Jugend auf*
dūritia *f die Härte*
diutissimē (*Superl. v.* diū) *am längsten*
im-pūbēs, ĕris *unerwachsen, keusch*
laus, dis *f das Lob*
laudem ferre *Lob ernten*
statūra *f der Wuchs*
intrā (*Prp. b. Akk.*) *innerhalb*
vērō (*Konjunktion*) *aber*
vīcēsimus, a, um *der Zwanzigste*
habēre, ĕō, uī, ĭtus in (*m. Abl.*) *halten für, ansehen als*
occultātiō, ōnis *f das Verbergen, das Geheimhalten*
prōmiscŭus, a, um *gemeinschaftlich, gemischt*
per-luere, ō, uī, ūtus *abwaschen*
perluī *baden*
pellis, is *f die Haut; das Fell*
rēnō, ōnis *m der Pelz*
tegimentum *n die Bedekkung; die Bekleidung*
nūdus, a, um *nackt*
vīctus, ūs *m der Unterhalt, die Nahrung*
cāseus *m der Käse*
carō, carnis *f das Fleisch (-stück)*
modus *m das Maß, die Menge*
singulī, ae, a *je einer; einzeln*
cognātiō, ōnis *f die Blutsverwandtschaft, die Sippe*
co-īre, ĕō, ĭī, ĭtum *zusammenkommen*
vidētur, vīsum est *es scheint richtig*
aliō (*Adv.*) *anderswohin*
af-ferre, ferō, attulī, allātus *herbeitragen; anführen*
com-mūtāre *verändern; eintauschen*
humilis, e *niedrig*
possessiō, ōnis *f die Besitznahme; der Besitz*
ex-pellere, ō, pulī, pulsus *vertreiben*
frīgus, oris *n die Kälte, der Frost*
vītāre *vermeiden*
aequitās, ātis *f die Gleichheit*
aequitās animī *der Gleichmut*
con-tinēre, ĕō, uī, tentus *zusammenhalten, in Schranken halten*
aequāre *gleichen; i. Pass.: gleichkommen, gleichstehen*
opera *f die Mühe; i. Pl.: die Arbeiter*
operam dare *sich Mühe geben*
propius (*Adv.; Komp. v.* prope) *näher*
timēre, ĕō, ŭī, – *fürchten, Angst haben*
sīc *so*
voluntāte *freiwillig*
voluntās, ātis *f der Wille*
dē-dūcere, ō, dūxī, ductus *herabführen, geleiten*
ef-fŭgere, iō, fūgī, fŭgitūrus (*m. Akk.*) *entfliehen; entgehen*
ārdēre, ĕō, ārsī, ārsum *brennen, in Flammen aufgehen*
Volusēnus *m röm. Offizier, Anhänger Cäsars*
prīmum (*Adv.*) *zuerst; zum erstenmal*
quam prīmum *möglichst bald*
dē-cēdere, ō, cessī, cessum *weggehen, sich entfernen*
Athēniēnsis, is *m der Athener*
Athēniēnsis, e *athenisch*
merĭtō (*Adv.*) *verdientermaßen*
cārus, a, um *lieb, teuer*
Antōnius *m Marcus Antonius, Anhänger Cäsars, nach dessen Ermordung sein Rächer; Feind Ciceros, schonte jedoch dessen Freund Atticus*
mendācium *n die Lüge*
brevī (*Adv.*) *in kurzer Zeit*
utrum ... an *Fragepartikeln, die eine Doppelfrage einleiten: (ob) ... oder*
sacer, cra, crum *heilig; verflucht*
vēnārī, or, ātus sum *jagen; Jagd machen*
vae! (*Interjektion*) *wehe!*

Grammatik

Satzlehre

23 B

Die **Konjunktionen ut** (= **uti**), **nē** und **ut nōn**

1. ut leitet einen Finalsatz im Konjunktiv ein (ut fīnāle; deutsch: *damit* bzw. *um ... zu* m. Infinitiv): Edimus, ut vīvāmus. *Wir essen, um zu leben.*

Im verneinten Finalsatz steht nē mit dem Konjunktiv: Germānī agrī cultūrae nōn student, nē studium bellī agrī cultūrā commūtent. *Die Germanen legen keinen Wert auf Ackerbau, um nicht die Vorliebe für den Krieg mit der Feldbestellung zu vertauschen.*

Bei den Verben des Fürchtens steht im positiven Nebensatz nē, im negativen Nebensatz ut oder nē nōn (im Lateinischen ein abhängiger Wunschsatz!): Timeō, nē pater aegrōtus sit. *Ich fürchte, daß der Vater krank ist.* (*Ich habe Angst: Möchte doch der Vater nicht krank sein!*) – Timeō, ut (= nē nōn) veniat. *Ich fürchte, daß er nicht kommt.*

Finalsätze werden nach den Regeln der Zeitenfolge (cōnsecūtiō temporum) als gleichzeitig behandelt.

2. ut, verneint ut nōn, leitet einen Folgesatz ein (ut cōnsecūtīvum; es steht der Konjunktiv; deutsch: *so daß*): Atticus sīc Graecē loquebātur, ut in Graeciā nātus (esse) vidērētur. *Atticus sprach so (gut) Griechisch, daß es schien, er sei in Griechenland geboren.* – Barbara tam aegrōta erat, ut lūdum litterārium frequentāre nōn posset. *Barbara war so krank, daß sie die Schule nicht besuchen konnte.*

Auch nach unpersönlichen Verben des Geschehens steht, falls sie nicht mit einem Werturteil verbunden sind, ut cōnsecūtīvum: Accidit, ut mīlitēs sīgnīs discēdant. *Es kommt vor, daß Soldaten fahnenflüchtig werden.*

Der Konjunktiv des Folgesatzes richtet sich nicht nach der cōnsecūtiō temporum, wenn der Sprecher die Folge für seine Gegenwart feststellt.

3. ut leitet einen Einräumungssatz ein (ut concessīvum; im Nebensatz steht der Konjunktiv, im Hauptsatz oft tamen; deutsch: *gesetzt, daß; selbst wenn; wenn auch*): Ut dēsint vīrēs, tamen est laudanda voluntās. *Wenn auch die Kräfte fehlen, ist doch der Wille lobenswert.*

4. ut (prīmum) leitet einen Zeitsatz ein (mit dem Indikativ Perfekt; deutsch: *sobald*): Lēgātī ut (prīmum) in castra vēnērunt, statim ad cōnsulem dēductī sunt. *Sobald die Gesandten ins Lager kamen, wurden sie dem Konsul vorgeführt.*

Merke:

a) ut ist auch Adverb bei Vergleichen und Fragen; deutsch: *wie:* Quis ut deus? *Wer ist wie Gott?* – Interrogāvī amīcum, ut valēret. *Ich fragte meinen Freund, wie es ihm gehe.*

b) nē ... quidem, deutsch: *nicht einmal:* Mortem nē dīvitissimī quidem effugere possunt. *Dem Tode kann nicht einmal der Reichste entfliehen.*

Unterscheide:

nē, deutsch: *daß nicht* und -nĕ, angehängte Fragepartikel: Tōtanĕ urbs ārsit? *Hat denn die ganze Stadt gebrannt?*

Wortschatz 23 C

Unterscheide die folgenden Vokabeln und Wortformen:

1. lĭbrī = Gen. Sing. u. Nom. Plur. v. lĭber *das Buch*
   līberī = Nom. Plur. Mask. *die Kinder*
   līberī = Gen. Sing. Mask. u. Neutr. sowie Nom. Plur. Mask. v. līber, a, um *frei*

2. opibus = Dat. u. Abl. Plur. v. opēs (Plur.) *die Macht, das Vermögen*
   operibus = Dat. u. Abl. Plur. v. opus, eris *das Werk*
   operīs = Dat. u. Abl. Plur. v. opera, ae *die Mühe;* i. Plur. *die Arbeiter*
   operĭs = Gen. Sing. v. opus, eris *das Werk*

3. fāmā = Abl. Sing. v. fāmă *f das Gerücht*
   fămēs, is f *der Hunger*

4. hōc = Abl. Sing, Mask. u. Neutr. v. hĭc *dieser*
   hŏc = Nom. u. Akk. Neutr. v. hic

5. alī = Inf. Präs. Pass. v. alere = *nähren*
   aliī = Dat. Sing. Mask., Fem. u. Neutr. u. Nom. Plur. Mask. v. alius *ein anderer*

6. vīrēs = Nom. u. Akk. Plur. v. vīs *die Kraft*
   vĭrīs = Dat. u. Abl. Plur. v. vĭr *der Mann*

7. vīctūs = Gen. Sing. v. vīctus *der Unterhalt, die Nahrung*
   victus = Nom. Sing. Mask. *besiegt*
   vīcus m *das Dorf; das Gehöft*
   vīcīnus, a, um *benachbart*

8. propriōs = Akk. Plur. Mask. v. proprius, a, um *eigen*
   propius = Komp. des Adverbs prope: *näher*

9. ūnā = Adv. *zusammen, zugleich*
   ūnā = Abl. Fem. zu ūnus *einer*

10. aliō = Adv. *anderswohin*
    aliō = Abl. Sing. Mask. u. Neutr. v. alius *ein anderer*

11. vītandōs = Akk. Plur. Mask. des Gerundivums v. vītāre *meiden;* vītā! *meide!*
    vīta f *das Leben;* vītā *durch das Leben* (Abl. Sing.)

Übersetzungshilfen 23 D

1. ..., quī rēbus dīvīnīs praesint: Relativsatz mit konsekutivem Nebensinn.
2. quī diutissimē ...: Es fehlt das Determinativpronomen ĭī, quī ...
3. cūius reī: relativischer Anschluß = ēius reī.

4. magnā corporis parte nūdā: ablātīvus absolūtus.

5. neque quisquam *und nicht irgendeiner = und niemand.*

6. in annōs singulōs *für ein einzelnes Jahr = für jedes Jahr = jährlich.*

7. quīque ūnā coiērunt = et iī, quī *und zugleich die, die sich zusammengeschlossen haben* (außer den früher genannten Stämmen und Sippen).

8. quantum ... agrī: agrī = genetīvus partītīvus, abhängig vom substantivischen quantum: *wieviel an Ackerland.*

9. annō post: annō = ablātīvus mēnsūrae, post = Adv. der Zeit *ein Jahr nachher, später.*

10. (Germānī) ... assiduā cōnsuētūdine captī: participium coniūnctum: (*Die Germanen*) ..., *von seßhafter Lebensweise erfaßt;* besser: *infolge ihrer seßhaften Lebensweise.*

11. studium bellī gerendī = attributive Gerundivkonstruktion: *den Eifer eines zu führenden Krieges = den Eifer, Krieg zu führen; die Kriegslust.*

12. potentiōrēs = Subjekt, humiliōrēs = Akkusativobjekt, possessiōnibus = ablātīvus sēparātīvus.

13. ad aestūs vītandōs = Gerundivum als adverbiale Bestimmung: *zu den zu vermeidenden Hitzen = zur Vermeidung von Hitzen.*

Übungen 23 E

1. *Übersetzen Sie und geben Sie an, in welcher Bedeutung* ut *oder* nē *verwendet wird:* Alcibiadēs postulābat, ut potius dē praesente quaestiō habērētur, quam absēns accūsārētur. – Caesar Volusēnō mandat, ut quam prīmum revertātur. – Ut quisque eōrum amplissimus est, ita plūrimōs clientēs habet. – Impiīs omnēs dēcēdunt, nē quid ex contāgiōne incommodī accipiant. – Quotannīs accidere solēbat, ut Helvētiī aut ipsī iniūriās īnferrent aut illātās prōpulsārent. – Longitūdō huius lateris īnsulae, ut fert opīniō incolārum Britanniae, DCC mīlium passuum est. – Atticus ita vīxit, ut Athēniēnsibus meritō esset cārissimus. – Factum est, ut Athēniēnsēs Atticum cīvem facere studērent. – Ut Antōnius rediit in Italiam, nēmō nōn magnō in perīculō Atticum putārat. – Antōnius Atticō suā manū scrīpsit, nē timēret. – Urbs ita dēlēta est, ut restituī nōn possit.

2. *Übertragen Sie die folgenden Wendungen ins Deutsche:* Lībrī līberōrum nostrōrum. – Vītā mendācium! – Vīta nostra brevis est, brevī fīniētur. – Utrum in Graeciam an aliō proficīscēminī? – Erātisne aestāte ūnā cum parentibus in Italiā? – Utrum tū hās litterās scrīpsistī an soror tua? – Fāma crēscit eundō. – Aurī sacra famēs. – Fīnis operis. – Cūr operam

nōn dedistī? – Omnibus opibus. – Vīribus ūnītīs. – Vīctum sibī vēnandō quaerere. – Vae victīs!

3. *Übertragen Sie* videō *und* expellunt *in die gleiche Person und Zahl aller Zeiten und Modi des Aktivs und des Passivs!*

4. *Übertragen Sie das Lesestück schriftlich in gutes Deutsch!*

24. Lektion

Dē Germānīs **24 A**

(Pars altera)

Dē fīnibus tuendīs, dē magistrātibus dēligendīs, dē veteribus mōribus Germānōrum servandīs Caesar haec ferē memoriae prōdit.

Cīvitātibus maxima laus est quam lātissimē circum sē vāstātīs fīnibus sōlitūdinēs habēre. Hōc proprium virtūtis exīstimant, expulsōs agrīs fīnitimōs cēdere neque quemquam prope sē audēre cōnsistere; simul hōc sē fore tūtiōrēs arbitrantur repentīnae incursiōnis timōre sublātō. Cum bellum cīvitās aut illātum dēfendit aut īnfert, magistrātūs, quī eī bellō praesint, ut vītae necisque habeant potestātem, dēliguntur. In pāce nūllus est commūnis magistrātus, sed prīncipēs regiōnum atque pāgōrum inter suōs iūs dīcunt contrōversiāsque minuunt. Latrōcinia nūllam habent īnfāmiam, quae extrā fīnēs cūiusque cīvitātis fīunt, atque eā iuventūtis exercendae ac dēsidiae minuendae causā fierī praedīcant. Atque ubī quis ex prīncipibus in conciliō dīxit sē ducem fore, quī sequī velint, profiteantur, cōnsurgunt iī, quī et causam et hominem probant, suumque auxilium pollicentur atque ā multitūdine collaudantur; quī ex hīs secūtī nōn sunt, in dēsertōrum ac prōditōrum numerō dūcuntur, omniumque hīs rērum posteā fidēs dērogātur. Hospitem violāre fās nōn putant; quī quācumque dē causā ad eōs vēnērunt, ab iniūriā prohibent, sānctōs habent, hīsque omnium domūs patent vīctusque commūnicātur.
Ac fuit anteā tempus, cum Germānōs Gallī virtūte superārent, ultrō bella īnferrent, propter hominum multitūdinem agrīque inopiam trāns Rhēnum colōniās mitterent.

Redewendung: Ultrā posse nēmō tenētur. Deutsch etwa: *Niemand ist gehalten, mehr zu tun, als er kann.*

tuērī, tuĕor, tuitus *u.* tutātus sum *betrachten; beschützen*
servāre *beobachten; bewahren*
servīre, ĭō, īvī, ītum *Sklave sein, dienen*
prōd-esse, prōsum, prōfuī, – *nützen, nützlich sein*
vāstāre *verwüsten*
sōlitūdō, ĭnis *f die Einsamkeit; die Einöde*
fīnitimus, ī *m der Nachbar*
cēdere, ō, cessī, cessum *vonstatten gehen; weggehen, weichen*
repentīnus, a, um *unvermutet, plötzlich*
incursiō, ōnis *f der Anlauf; der Angriff*
timor, ōris *m die Furcht*
nex, necis *f der Mord, der Tod*
negotium *n die Tätigkeit*
vādere, ō, –, – *gehen*
culpa *f die Schuld*
minuere, ō, uī, ūtus *zerkleinern, vermindern*
latrōcinium *n die Räuberei, der Raubzug*
īnfāmia *f der üble Ruf; die Schande*
extrā *Adv.: außen; Prp. b. Akk.: außerhalb*
quis-que, quae-que, quid-que (*subst.*) *u.* quod-que (*adj.*) *jeder einzelne*
ex-ercēre, ĕō, uī, – *in rastlose Bewegung versetzen; ausbilden*
dē-sidia *f der Müßiggang, die Untätigkeit*
praedicāre *öffentlich bekanntgeben; preisen*
ubĭ *Adv.: wo; Konjunktion* = ubĭ prīmum*: als; sobald als*
quis, quid (*für* aliquis, aliquid *nach* sī, nisĭ, nē, num *u. a.*) *irgendwer, irgend etwas*
pro-fitērī, ĕor, fessus sum *offen bekennen; angeben*
cōn-surgere, ō, surrēxī, surrēctum *sich* (*gemeinsam*) *erheben*
col-laudāre *sehr loben*
dēsertor, ōris *m der Deserteur; der Verräter*
prōditor, ōris *m der Verräter*
dē-rogāre *wegnehmen; absprechen*
violāre *mißhandeln; beleidigen*
quī-cumque, quae-cumque, quod-cumque *wer auch immer*
sanctus, a, um *heilig*
ultrō *nach der andern Seite; aus freien Stücken*
propter (*Prp. b. Akk.*) *wegen*
colonia *f die Kolonie*
mihĭ cūrae est *es ist für mich ein Gegenstand der Sorge*
ops, opis *f die Kraft*
nītī, or, nīxus *u.* nīsus sum *sich stützen; sich anstrengen*
perpetuus, a, um *zusammenhängend; dauernd*
vehemēns, ĕntis *heftig*
incūsāre *beschuldigen*
cōnsilium *n der Rat; der Beschluß; der Plan; die Absicht*
exercitus, ūs *m die Übung; das Heer*
con-clāmāre *zusammenrufen; ausrufen*
proximus, a, um *der nächste; der nächstliegende; der letzte*
superior, ius *weiter oben befindlich; früher; vorig*
Catilīna, ae *m L. Sergius C., Anstifter der sog. Katilinarischen Verschwörung*
con-vocāre *zusammenrufen*
quamquam (*Konjunktion*) *obgleich*
re-pĕtere, ō, īvī, ītus *wieder angreifen; zurückverlangen*
poenam repetere *eine Strafe vollziehen*
ex, ē (*Prp. b. Abl.*) *von; aus; in Hinsicht auf*
ex ūsū *von Vorteil, vorteilhaft*
ac-cidere, ō, ī, – *hinfallen; vorfallen; ausfallen*
voluntās, ātis *f der Wille; die Bereitwilligkeit*
in-dīcere, ō, dīxī, dictus *ansagen, öffentlich bekanntmachen*
Dīviciācus *m Fürst der Häduer*
Arvernī, ōrum *m Keltenstamm; i. der heutigen Auvergne*
arcessere, ō, īvī, ītus *herbeirufen*
cōn-ferre, ferō, tulī, collātus *zusammentragen*
in longiōrem diem cōnferre *auf einen späteren Termin verschieben*
re-praesentāre *vergegenwärtigen; auf der Stelle ausführen; beschleunigen*
mŏvēre, ĕō, mōvī, mōtus *bewegen*
castra movēre *das Lager abbrechen*
clādēs, is *f die Niederlage*
saltus, ūs *m der Sprung; das Waldtal; das Gebirge*
Teutoburgiēnsis saltus *m der Teutoburger Wald*
dē-mittere, ō, mīsī, missus *hinabschicken; senken*
trīstitia *f die Traurigkeit*
per-manēre, ĕō, mānsī, (mānsūrus) *verbleiben; beharren*

Grammatik

Das Verb

24 B$_1$

Der **Konjunktiv Futur I** wird im Aktiv durch das Partizip Futur + Konjunktiv Präsens oder Imperfekt von esse – entsprechend der cōnsecūtiō temporum – umschrieben.

Beispiel: Indikativ	Konjunktiv
laudābō	laudātūrus, a sim bzw. essem
laudābis	laudātūrus, a, sīs bzw. essēs
laudābit	laudātūrus, a sit bzw. esset
laudābimus	laudātūrī, ae sīmus bzw. essēmus
usw.	

Beachte: Für das Futur II Aktiv sowie für das Futur I und II Passiv gibt es keine besondere Umschreibung; vertretungsweise wird – entsprechend der cōnsecūtiō temporum – der Konjunktiv Präsens oder Imperfekt bzw. der Konjunktiv Perfekt oder Plusquamperfekt verwendet.

Satzlehre

24 B₂

1. Die indirekte Rede (ōrātiō oblīqua)

Begriff: Die indirekte Rede gibt eine sprachliche Äußerung nicht wörtlich, sondern indirekt – als Bericht einer dritten Person – wieder. Sie wird als Meinung des übergeordneten Subjekts hingestellt und dadurch innerlich abhängig.

Konstruktion: Da in der indirekten Rede alle Sätze von einem vorhandenen oder zu ergänzenden verbum dīcendī abhängig sind, gelten folgende Regeln für ihre Konstruktion:

a) Hauptsätze (der direkten Rede):

Behauptungssätze stehen im a. c. i., auch die sogenannten rhetorischen Fragen (= Scheinfragen als Stilmittel, deren Antwort selbstverständlich ist):

Ariovistus "Gallia", inquit, "mea prōvincia est." – Ariovistus Galliam suam prōvinciam esse dīxit. *Ariovist sagte, Gallien sei seine Provinz.*

Ōrātor ad cīvēs dīxit: "Quis vōbīs aderit, nisĭ ipsī summā ope nītēminī?" – Ōrātor ad cīvēs dīxit, quem illīs adfutūrum esse, nisĭ ipsī summā ope nīterentur. *Der Redner sagte zu den Bürgern, wer würde ihnen helfen, wenn sie nicht selbst die größten Anstrengungen machten?* (Antwort: Niemand!)

Fragesätze und Begehrssätze stehen im Konjunktiv:

"Quandō frāter redībit?" – Pater ex mē quaesīvit, quandō frāter reditūrus esset. *Vater hat mich gefragt, wann mein Bruder zurückkäme.*

"Semper dīligentēs, probī, vērī este!" – Magister saepe discipulōs monet, ut semper dīligentēs, probī, vērī sint. *Der Lehrer ermahnt seine Schüler oft, immer fleißig, rechtschaffen und wahrheitsliebend zu sein.*

b) Nebensätze stehen im Konjunktiv:

"Quid in meā Galliā, quam bellō vīcī, tibĭ negōtiī est?" – Ariovistus interrogāvit, quid in suā Galliā, quam bellō vīcisset, Caesarī negōtiī esset.

Ariovist fragte Cäsar, was er in seinem Gallien, das er im Kriege besiegt habe, zu schaffen habe.

Beachte: Das Personal- und das Possessivpronomen der 3. Person wird beim a. c. i. und bei innerlich abhängigen Nebensätzen durch das Reflexivpronomen wiedergegeben, wenn es sich auf das der gesamten Rede übergeordnete Subjekt bezieht.

2. Unabhängige Fragesätze

Unabhängige Fragesätze werden durch ein Fragepronomen, ein Frageadverb oder eine Fragepartikel eingeleitet: Quis hŏc dīxit? *Wer hat das gesagt?* Quō vādis? *Wohin gehst du?*

Wenn ein Fragepronomen fehlt, wird eine Fragepartikel verwendet, und zwar angehängtes -nĕ, wenn die Antwort ungewiß ist, nōnnĕ, wenn ein Ja erwartet wird, und num, wenn ein Nein erwartet wird:

Fuistīnĕ apud patrem? *Bist du schon beim Vater gewesen* (oder noch nicht)?

Nōnnĕ apud patrem fuistī? *Du bist doch hoffentlich beim Vater gewesen?*

Num apud patrem fuistī? *Du bist doch wohl nicht* (od. *doch nicht etwa gar*) *beim Vater gewesen?*

Bei Doppelfragen (Wahlfragen) wird das zweite Glied durch an (= *oder*) eingeleitet, das erste kann durch utrum (*welches von beiden?*) oder durch -nĕ eingeleitet werden: Utrum haec (oder: Haecne oder nur: Haec) nostra culpa est an amīcōrum? *Ist dies unsere Schuld oder die unserer Freunde?* Der zweite Teil kann auch verneint sein: Utrum haec / Haecnĕ / Haec nostra culpa est an nōn? *Ist das unsere Schuld oder nicht?*

3. Abhängige Fragesätze

Abhängige Fragesätze stehen im Konjunktiv (entsprechend der cōnsecūtiō temporum) und hängen von einem Verb des Fragens, Sagens oder Wissens ab. Die Fragewörter und -partikeln sind die gleichen, nur steht statt an nōn (= oder nicht) necnĕ.

Beispiele: Īgnōrāvī, quis hŏc dīxisset. *Ich wußte nicht, wer mir das gesagt hat.* – Mihĭ dīc, ubĭ sim. *Sag mir, wo ich bin.* – Ex tē quaesīvī, utrum fuissēs apud patrem necne. *Ich habe dich gefragt, ob du beim Vater warst oder nicht.*

Beachte: Wenn sich im indirekten Fragesatz Formen des Possessiv- oder des Personalpronomens auf das Subjekt des Hauptsatzes beziehen, steht das Reflexivpronomen: Caesar ē mīlitibus quaesīvit, cūr sibĭ nōn cōnfīderent. *Cäsar fragte seine Soldaten, warum sie ihm nicht vertrauten.*

Wortschatz **24 C**

Unterscheide die folgenden Vokabeln und Wortformen:

1. servāre *beobachten; bewahren, retten*
   servīre, ĭō, īvī, ītum *Sklave sein, dienen*
2. audēre (Semidep.), ĕō, ausus sum *wagen*
   augēre, ĕō, auxī, auctus *vermehren*
   audīre, īō, īvī, ītus *hören*
3. ferē (Adv.) *fast, ungefähr*
   ferre (Verb; Inf. Präs. Akt.) *tragen*
4. prōdere, ō, dĭdī, dĭtus *weitergeben*
   prŏdīre, ĕō, ĭī, ītum *hervortreten*
   prōdesse, prōsum, prōfuī, – *nützen*
5. fore = Inf. Fut. v. esse *sein werden* = futūrus, a, um usw. esse
6. causā = Abl. Sing. des Subst. causă *der Grund; der Streitfall*
   = Prp. b. Gen. *wegen*
7. praedĭcāre *öffentlich bekanntmachen; rühmen* (so hier!)
   prae-dīcere, ō, dīxī, dictus *vorher sagen; vorher festsetzen; vorschreiben*
8. concilium n *die Versammlung*
   cōnsilium n *die Beratung; der Beschluß; die Absicht; der Plan*
9. prōditōrum = Gen. Plur. v. prōditor m *der Verräter* (so hier!)
   = Gen. Plur. v. prōditus, um = P.P.P. v. prōdere *verraten*
10. post = Prp. b. Akk. *nach*
    = posteā (Adv.) *später, nachher*
11. patēre, eō, uī, – *sich erstrecken; offen stehen; offenbar sein*
    patī, ior, passus sum *leiden;* Imperativ Sing. patĕre! *dulde!*
12. ultrō (Adv.) *nach der andern Seite; aus freien Stücken*
    ultrā = Adv. *weiter hinaus*
    = Prp. b. Akk. *über ... hinaus*

Übersetzungshilfen **24 D**

1. dē fīnibus tuendīs, dē magistrātibus dēligendīs, dē veteribus mōribus servandīs: Gerundivum als adverbiale Bestimmung: *über die Verteidigung der Grenzen, über die Wahl der Beamten, über die Bewahrung alter Sitten.*

2. cīvitātibus: Dativ des Vorteils bzw. des Nachteils (datīvus commodī bzw. incommodī): *für die Staaten ist es das größte Lob.*

3. vāstātīs fīnibus: ablātīvus absolūtus: *nach Verwüstung des Gebietes = das Gebiet zu verwüsten und ...*

4. proprium: hauptwörtlich gebrauchtes Neutrum von proprius, a, um: *die Eigentümlichkeit.*

5. expulsōs ... fīnitimōs: Subjekt des a. c. i.: *daß die vertriebenen Nachbarn ...*

6. agrīs: ablātīvus sēparātīvus: *von ihren Äckern.*

7. neque quemquam: Subjekt des folgenden a. c. i.: *und daß niemand ...*

8. prope sē: sē ist indirekt reflexiv und bezieht sich auf das Subjekt im Hauptsatz „sie" (dieses steckt in „exīstimant"!): *neben sie = in ihrer Nähe.*

9. timōre sublātō: ablātīvus absolūtus zu timōrem tollere *die Furcht beseitigen: nach Beseitigung der Furcht vor ...*

10. quī praesint: konjunktivischer Relativsatz mit finalem Nebensinn: *die vorstehen sollen;* ebenso: habeant potestātem *die Gewalt haben sollen.*

11. inter suōs: zu suī, *die eigenen Leute.*

12. fīunt: zu fierī = Passiv von facere: *gemacht werden; werden; entstehen; geschehen.*

13. iuventūtis exercendae ac dēsidiae minuendae causā: Gerundivum als adverbiale Bestimmung: *um die Jugend auszubilden und dem Müßiggang zu steuern.*

14. ubĭ quis = ubĭ prīmum aliquis = ut prīmum aliquis.

15. quī sequī velint: Es fehlt das Determinativpronomen: īī, quī ...

16. velint: Konjunktiv im Relativsatz der indirekten Rede; profiteantur: Konjunktiv als Entsprechung des Imperativs der direkten Rede.

17. quī ex hīs: Es fehlt das Determinativpronomen: īī, quī ...

18. omnium hīs rērum fidēs: hīs = Dativ: *diesen Leuten wird das Vertrauen aller Dinge = in allen Dingen.*

19. quī quācumque ...: Es fehlt wiederum das Determinativpronomen: īī, quī ...

Übungen 24 E

1. *Bilden Sie den Konjunktiv Futur I (3. Pers. Sing. Mask. bzw. Neutrum) von folgenden Verben; übersetzen Sie zuerst den Infinitiv:* iuvāre, accipere, habēre, īre, afferre, expellere, frequentāre, effugere, ardēre, dēcēdere, vēnārī *und* venīre.

2. *Übersetzen und übertragen Sie sodann in die indirekte Rede: Cäsar antwortete: „Jetzt ist Gallien meine Provinz; Gallien wird immer eine Provinz des römischen Staates sein."* – Caesar Gallōrum animōs verbīs cōnfirmāvit pollicitusque est: "Sors vestra mihĭ cūrae erit. – Sī id fēceritis, mihĭ populōque Rōmānō perpetua amicitia vōbīscum erit." – Ariovistus respondit: "Haeduīs obsidēs nōn reddam (*Fut. I*) neque hīs neque eōrum sociīs iniūriā bellum īnferam (*Fut. I*)."

3. *Übersetzen und übertragen Sie sodann in einen lateinischen indirekten Fragesatz:* Caesar mīlitēs vehementer incūsat atque interrogat: "Quam in

partem dūcī vultis?" – Ariovistus exercitū praesente conclāmāvit: "Cūr lēgātī Rōmānī ad mē in castra vēnērunt?" – Magister ē Barbarā quaesīvit: "Quandō carmen Graecum memoriae mandāvistī?" – Iamne patrem interrogāvistī: "Quandō in urbem redībis?" – "Quid proximā, quid superiōre nocte ēgistī, Catilīna? Ubĭ fuistī? Quōs convocāvistī? Quid cōnsiliī cēpistī?" (*Nehmen Sie als Einleitung zu den verlangten indirekten Fragesätzen:* Quem nostrum īgnōrāre arbitrāris?)

4. *Übersetzen und übertragen Sie sodann in lateinischer Sprache in die direkte Rede:* Lēgātī tōtīus ferē Galliae ad Caesarem convēnērunt et dīxērunt, sēsē intellegere, quamquam populus Rōmānūs prō veteribus iniūriīs bellō poenās repetīsset, tamen eam rem nōn minus ex ūsū Galliae quam populī Rōmānī accidisse. – Lēgātī petiērunt, utī sibĭ concilium tōtīus Galliae in diem certam indīcere Caesaris voluntāte licēret. – Prō prīncipibus Gallōrum Dīviciācus Haeduus locūtus est Galliae tōtīus duās factiōnēs esse; hārum alterīus prīncipātum tenēre Haeduōs, alterīus Arvernōs; factum esse, utĭ ab Arvernīs Sēquanīsque Germānī arcesserentur. – Caesar dīxit sē, quod in longiōrem diem cōnferre voluisset, repraesentātūrum et proximā nocte dē quārtā vigiliā castra mōtūrum esse. – Clāde in saltū Teutoburgiēnsī acceptā Augustus conclāmāvisse dīcitur, ut Vārus sibĭ legiōnēs redderet.

5. *Übertragen und verwandeln Sie sodann in einen lateinischen direkten Fragesatz:* Caesar ē Sēquanīs quaesīvit, cūr ūnī ex omnibus nihil eārum rērum atque cēterī facerent, sed trīstēs capite dēmissō terram intuērentur; quae causa ēius reī esset; cūr nihil respondērent, sed in trīstitiā permanērent.

6. *Übertragen Sie das Lesestück schriftlich in gutes Deutsch!*

25. Lektion

Ex librō Cornēliī Nepōtis Dē historicīs Latīnīs — 25 A
Dē Titī Pompōniī Atticī vītā
(Pars prīma)

T. Pompōnius Atticus perpetuō ā māiōribus acceptam equestrem obtinuit dīgnitātem.

Pater mātūrē dēcessit. Idōneum tempus ratus studiīs obsequendī suīs Athēnās sē contulit. Hīc ita vīxit, ut ūniversīs Athēniēnsibus meritō esset cārissimus. Nam praeter grātiam, quae iam in adulēscentulō magna erat, saepe suīs opibus inopiam eōrum pūblicam levāvit. Hīc sīc sē gerēbat, ut commūnis īnfimīs, pār prīncipibus vidērētur. Quō factum est, ut huic omnēs honōrēs, quōs possent, pūblicē habērent cīvemque facere studērent; quō beneficiō ille ūtī nōluit.

Hūc ex Asiā Sulla dēcēdēns cum vēnisset, quamdiū ibĭ fuit, sēcum habuit Pompōnium, captus adulēscentis et hūmānitāte et doctrīnā. Sīc enim Graecē loquēbātur, ut Athēnīs nātus vidērētur; tanta autem suāvitās erat sermōnis Latīnī, ut appārēret in eō nātīvum quendam lepōrem esse, nōn ascītum.
Hīc complūrēs annōs morātus nihilō minus amīcīs urbāna officia praestitit. Sīcut Cicerōnī in omnibus ēius perīculīs singulārem fidem praebuit; cuī ex patriā fugientī HS ducenta et quīnquāgintā mīlia dōnāvit. Tranquillātīs autem rēbus Rōmānīs remigrāvit Rōmam, ut opīnor, L. Cottā et L. Torquātō cōnsulibus. Quem discēdentem sīc ūniversa cīvitās Athēniēnsium prōsecūta est, ut lacrimīs dēsīderiī futūrī dolōrem indicāret.
Erat nupta soror Atticī Q. Tulliō Cicerōnī, eāsque nuptiās M. Cicerō conciliārat, cum quō ā condiscipulātū vīvēbat coniūnctissimē.
Incidit Caesariānum cīvīle bellum. Cum habēret annōs circiter sexāgintā, ūsus est aetātis vacātiōne neque sē quōquam mōvit ex urbe.
Secūtum est illud tempus occīsō Caesare, cum rēs pūblica penes Brūtōs vidērētur esse et Cassium, ac tōta cīvitās sē ad eōs convertisse [vidērētur]. Sīc M. Brūtō ūsus est, ut nūllō ille adulēscēns aequālī familiārius quam hōc sene.

(Für die Lektionen 25 – 28 wurde benutzt: „*Cornelius Nepos*“, für Schüler herausgegeben von Dr. J. Siebelis und Dr. O. Stange, Teubner, Leipzig.)

Cornēlius *m Angehöriger einer röm. Sippe*
Nepōs, ōtis *m röm. Familienname*
Cornēlius Nepōs *röm. Geschichtsschreiber (ca. 100 bis 25), Freund des Cicero und des Atticus*
historicus *m der Geschichtsschreiber*
Titus *m, abgekürzt* T. *röm. Vorname*
perpetuō (*Adv.*) *beständig*
māiōrēs, um *m die älteren Leute; die Vorfahren*
equester, tris, tre *Reiter...*
ob-tinēre, eō, uī, tentum *festhalten; beibehalten*
dē-cēdere, ō, cessī, cessum *weggehen, sich entfernen; aus dem Leben scheiden, sterben*
ob-sequī, or, cūtus sum *gehorchen; sich hingeben, sich widmen*
Athēnae, ārum *f (Pluraletantum) Athen*
ūniversus, a, um *sämtlich, alle*
adulēscentulus *m der Junge*
levāre *leichter machen; verkleinern*
sē gerere, ō, gessī, gestum *sich betragen*
commūnis, e *gemeinsam; leutselig*
īnfimus, a, um (*Superl. v.* īnferus, a, um) *der unterste, der niedrigste*
habēre, eō, uī, ĭtus *halten; haben*
honōrēs habēre *Ehrungen erweisen*
beneficium *n die Wohltat; die Auszeichnung*
nōlle, nōlō, nōluī, – *nicht wollen*
mālle, mālō, māluī, – *lieber wollen*
ibĭ (*Adv.*) *da; dort*
doctrīna *f der Unterricht; die Gelehrsamkeit*
suāvitās, ātis *f die Annehmlichkeit; die Lieblichkeit*
nātīvus, a, um *geboren; angeboren*
lepōs, ōris *m die Feinheit; die Anmut*
ascītus, a, um *angelernt*
morārī (*Dep.*) *verweilen; aufhalten*
nihilōminus (*Adv.*) *nichtsdestoweniger, trotzdem*
urbānus, a, um *großstädtisch; die Stadt (Rom) betreffend*
prae-stāre, stō, stitī, stātūrus (stitum) *gewähren; erweisen*
officium praestāre *seine Pflicht erfüllen*
singulāris, e *einzeln; außerordentlich*

praebēre, ĕō, uī, bitus *darreichen*
fidem praebēre *die Treue halten*
sēstertius *m* (*Abk.* HS) *der Sesterz* (= 2½ *As*)
tranquillāre *beruhigen*
re-migrāre *zurückkehren*
opinārī (*Dep.*) *meinen, vermuten*
Cotta, ae *m Nachname einer röm. Sippe*
Torquātus *m Nachname einer röm. Sippe*
prō-sequī, or, secūtus sum (*Dep.*) *begleiten*
lacrima *f die Träne*
dēsīderium *n die Sehnsucht*
futūrus, a, um *zukünftig*
Tullius *m Nachname einer röm. Sippe*
conciliāre *zusammenbringen; vermitteln*
Caesariānus, a, um *cäsarianisch; des Cäsar; den Diktator Cäsar betreffend*
quōquam (*Adv.*) *irgendwohin*
sē movēre, eō, mōvī, mōtum *sich entfernen*
penes (*Prp. b. Akk.*) *im Besitz von; in der Gewalt von*
Cassius *m C. Cassius Longinus, Cäsarmörder*
sē con-vertere, ō, tī, versum *sich wohin wenden; sich zuwenden*
tangere, ō, tetigī, tāctus *berühren*
Dēlus, ī, *f verhältnismäßig kleine Insel i. Ägäischen Meer*
artificium *n das Kunstwerk*
rūs, rūris *n das Land, das Landgut*
adaequāre *gleichmachen; gleichkommen*
ulcīscī, or, ultus sum *sich rächen an; Rache nehmen für*
dolēre, ĕō, ŭī, dolitūrus *Schmerz empfinden, traurig sein*
maerēre, ĕō, ŭī, – *traurig sein; betrauern*
lūgēre, ĕō, xī, ctum *traurig sein; betrauern*
mīrārī, ŏr, ātus sum *sich wundern; bewundern*
quĕrī, or, quĕstus sum *sich beklagen*
cēlāre *verheimlichen*
poscere, ō, poposcī, – *fordern, verlangen*
flāgitāre *dringend verlangen*
abdere, ō, dĭdī, dĭtus *entfernen; verstecken*
as, assis *m der As*
dēnārius *m der Denar* (*das Zehnasstück*)
hinc (*Adv.*) *von hier*
lepus, ŏris *m der Hase*
Casticus *m Name eines Sequaners*
aliquem certiōrem facere dē (*m. Abl.*) *jemanden verständigen*
Mediōlānum *n Mailand*
Neāpolis, is *f Neapel*
Ithaca *f kleine Insel im Ionischen Meer, Heimat des Odysseus*
Thēbae, ārum *f* (*Pluraletantum*) *Theben*
Vesontiō, ōnis *f Hauptstadt der Sequaner, j. Besançon*
Vindobŏna *f Wien*
Berolīnum *n Berlin*
Genava *f Genf*
umquam (*Adv.*) *jemals*
Syrācūsae, ārum *f* (*Pluraletantum*) *Syrakus*
Archimēdēs, is *m Mathematiker i. Syrakus*
līnĕa *f die Linie, die Skizze*
pulvis, eris *m der Staub, der Sand*
dēscrībere, ō, scrīpsī, scrīptus (*ab*)*zeichnen,* (*ab*)*schreiben*
intentus, a, um (*m. Dat.*) *eifrig beschäftigt mit*
quīdam, quaedam, quoddam *ein gewisser, ein*
invehere, ō, vēxī, vectus *hineinbringen; verursachen*
invehī, or, vectus sum *losgehen auf; losfahren* (*mit Worten*)
turbāre *Verwirrung anrichten; in Verwirrung bringen, stören*
circulus *m der Kreis*

Grammatik

Das Verb

25 B₁

Die unregelmäßigen Verben

velle, volō, voluī *wollen*
nōlle, nōlō, nōluī *nicht wollen*
mālle, mālō, māluī *lieber wollen*

Ind. Präs.	1. vol-ō 2. vī-s 3. vul-t 1. vol-u-mus 2. vul-tis 3. vol-u-nt	nōl-ō nōn vīs nōn vult nōl-u-mus nōn vultis nōl-u-nt	māl-ō māvīs māvult māl-u-mus māvultis māl-u-nt

Ind. Impf.	vol-ē-ba-m vol-ē-bā-s	nōl-ē-ba-m nōl-ē-bā-s	māl-ē-ba-m māl-ē-bā-s
Fut. I	vol-a-m vol-ē-s	nōl-a-m nōl-ē-s	māl-a-m māl-ē-s
Konj. Präs.	vel-i-m vel-ī-s	nōl-i-m nōl-ī-s	māl-i-m māl-ī-s
Konj. Impf.	vel-le-m vel-lē-s	nōl-le-m nōl-lē-s	māl-le-m māl-lē-s
Imperativ 2. Sg. 2. Pl.	– –	nōl-ī nōl-ī-te	– –

Merke: nōlī, nōlīte mit dem Infinitiv Präsens dienen zum Ausdruck des verneinten Imperativs, doch kann dafür auch nē mit dem Konjunktiv Perfekt stehen: Nōlī mē tangere! = Nē mē tetigeris! *Rühr mich nicht an!*

Satzlehre

25 B_2

1. Ortsangaben bei Namen von Städten und kleineren Inseln

a) Der Akkusativ ohne Präposition steht auf die Frage „*wohin?*": Rōmam *nach Rom*, Athēnās *nach Athen*, Rhodum *nach Rhodus.*

b) Der Ablativ ohne Präposition steht auf die Frage „*woher?*": Hannibal Carthāgine discessit. *Hannibal verließ Karthogo.* Nāvis Dēlō nōndum revertit. *Das Schiff ist noch nicht von Delos zurückgekehrt.*

c) Der Ablativ ohne Präposition steht auch auf die Frage „*wo?*": Atticus Athēnīs nātus esse vidēbātur. *Atticus schien in Athen geboren zu sein.*

Beachte: Bei den Singularia der a- und o-Deklination steht auf die Frage „*wo?*" der scheinbare Genetiv: Rōmae multa artificia vīdī. *Ich habe in Rom viele Kunstwerke gesehen.*

Beachte: Ob es sich beim Ablativ um die Richtung „*woher?*" oder die Ortsangabe „*wo?*" handelt, ergibt sich aus dem Prädikat.

Merke: Ähnlich wie die Ortsnamen und die Namen kleiner Inseln werden die Substantive domus *das Haus* und rūs *das Land* behandelt:

domum = *nach Hause,* rūs = *aufs Land*
domō = *vom Hause,* rūre = *vom Land*
domī = *zu Hause,* rūrī = *auf dem Lande*

2. Der Gebrauch des Akkusativs

Der Akkusativ bezeichnet das Ziel oder Objekt bei allen transitiven Verben.

Der Akkusativ steht als Objekt

a) bei adaequāre *gleichkommen*, iuvāre *helfen*, cavēre *sich hüten vor*, effŭgere *entfliehen*, dēficere *mangeln*, ulcīscī *sich rächen an*, sequī *folgen:*

Fortēs fortūna adiŭvat. *Dem Mutigen hilft das Glück.*

Merke: Vīrēs mē dēficiunt. *Die Kräfte verlassen mich.*
Cūr animō dēficis? *Warum läßt du den Mut sinken?*
Multī sŏciī ā Rōmānīs dēfēcērunt. *Viele Verbündete fielen von den Römern ab.*

b) bei den Verben des Affekts dolēre, maerēre, lūgēre *traurig sein über*, rīdēre *lachen über*, mīrārī *sich wundern über*, quērī *sich beklagen über:*

Dolēmus mortem mātris. *Wir sind traurig über den Tod der Mutter.*

c) als doppeltes Objekt bei docēre *lehren, unterrichten*, cēlāre *verheimlichen*, poscere, flāgitāre *fordern:*

Magister discipulōs linguam Latīnam docet. *Der Lehrer unterrichtet die Schüler in der lateinischen Sprache.*

d) als Objekt und Prädikatsnomen bei

haben, halten und erkennen,
machen, wählen und ernennen,
ferner nennen und erklären,
auch sich zeigen, sich bewähren.

(habēre *haben;* putāre, dūcere, existimāre *halten;* cognōscere *erkennen;* facere, reddere *machen;* nōmināre *nennen;* iūdicāre *erklären;* sē praebēre *sich zeigen;* sē praestāre *sich bewähren;* creāre *wählen;* dīcere *ernennen*)

Rōmānī Cicerōnem cōnsulem creāvērunt. *Die Römer wählten Cicero zum Konsul.*

Merke: Treten diese Verben ins Passiv, so steht statt dessen der doppelte Nominativ:

Ā Rōmānīs Cicerō cōnsul creātus est. *Von den Römern wurde Cicero zum Konsul gewählt.*

Der Akkusativ steht als adverbiale Bestimmung

a) zur Bezeichnung des Zieles auf die Frage „*wohin?*“:

Carthāginem proficīscēmur. *Wir werden nach Karthago reisen.*

b) zur Bezeichnung des Zieles auf die Frage „*wohin?*“ (im Deutschen meist „*wo?*“) bei Verben der Bewegung:

appellō (nāvēs), abdō, cōnferō,
concurrō, cōgō, contrahō,
advĕniō, convĕniō,
dēvertor sowie nūntiō.

Germānī in silvās sē abdidērunt. *Die Germanen verbargen sich in den Wäldern.*

c) zur Bezeichnung der Ausdehnung in Raum und Zeit auf die Fragen *„wie hoch?, wie tief?, wie lang?, wie breit?, wie weit?, wie alt?, wie lange Zeit?“:*

Graecī Trōiam decem annōs obsēdērunt. *Die Griechen belagerten Troja zehn Jahre lang.*

Senex annōs octōgintā nātus est. *Der Greis ist 80 Jahre alt.*

Geschichtliches und Kulturgeschichtliches 25 C

1. Die wichtigsten **römischen Münzen:** Die älteste und später auch niedrigste Münze war der as (aus Kupfer); $2^1/_2$ (später 4) as bildeten einen Sesterz (sēstertius < sēmis tertius as = halb der dritte as, abgekürzt IIS > HS, aus Silber, später aus Messing); 10 (später 16) as bildeten einen dēnārius (aus Silber).

2. Atticus (109–32) entstammte dem Ritterstande (dem Geldadel) und konnte sich – wie damals bei jungen Leuten aus adligen Familien üblich – einen mehrjährigen Studienaufenthalt in Griechenland leisten.

Das Leben des Atticus fällt in die Zeit auswärtiger Kriege und innenpolitischer Wirren. Im Osten wurde König Mithridates von Sulla bekriegt, der nach seiner Rückkehr zum jungen Atticus in herzliche Beziehung trat.

In den späteren Auseinandersetzungen zwischen Pompejus und Cäsar suchte dieser den einflußreichen Politiker und Redner Marcus Tullius Cicero für sich zu gewinnen, doch schloß sich dieser dem Pompejus an, der – wie es schien – sich mehr für die römische Verfassung und die Rechte des Senats einsetzte. Nach dem Tode des Pompejus erlangte Cicero Cäsars Verzeihung, billigte zunächst zwar dessen Ermordung, machte sich aber durch seine gegen Cäsars Testamentsvollstrecker Marcus Antonius gerichteten „Philippischen Reden“ diesen zum Feinde. In allen Wirren fand Cicero bei Atticus, mit dem er seit seiner Schulzeit befreundet war, Hilfe und Unterstützung. Atticus selbst stand auf Seiten der Cäsarmörder.

Marcus Tullius Cicero soll die Heirat seines Bruders Quintus mit der Schwester des Atticus vermittelt haben.

Wortschatz 25 D

Unterscheide die folgenden Vokabeln und Wortformen:

1. hĭc *dieser*; – hīc *hier;* – hinc *von hier;* – hūc *hierher;* – huic = Dat. Sing. *diesem, dieser*
2. utī = ut = Konjunktion: *daß, damit;* Adverbium: *wie*
   ūtī = Inf. Präs. (des Deponens ūtor) b. Ablativ: *gebrauchen* (P. P. ūsus)

3. lepōs, ōris m *die Feinheit, die Anmut*
lepŭs, ŏris m *der Hase*

4. morātus, a, um = Part. Perf. v. morārī = transitiv: *j-n aufhalten;* intransitiv: *sich aufhalten*
mortuus, a, um *tot;* Part. Perf. des Deponens morī *sterben*, morior, morĕris

Übersetzungshilfen 25 E

1. ratus, zu rērī *glauben*, participium coniūnctum mit präsentischer Bedeutung: *er hielt ... für geeignet ...*

2. tempus ... obsequendī (Gerundium) studiīs suīs: *sich seinen Studien zu widmen.*

3. ...; quō beneficiō: relativischer Anschluß.

4. ... Cicerōnī ...; cuī ...: relativischer Anschluß.

5. tranquillātīs ... rēbus Rōmānīs: ablātīvus absolūtus.

6. ...; quem discēdentem: relativischer Anschluß.

7. ... nupta erat Cicerōnī: nūbere verbindet sich mit dem Dativ: *sie war verheiratet mit Cicero.*

8. conciliārat = conciliāverat.

9. occīsō Caesare: ablātīvus absolūtus.

10. ..., ut nūllō ille adulēscēns aequālī familiārius quam hōc sene: Ergänze entsprechend dem Satz davor: ūterētur (m. Ablativ); ..., ut nūllō aequālī familiārius uterētur quam hōc sene ... *so daß jener Jüngling mit keinem Altersgenossen einen freundschaftlicheren Umgang hatte als mit diesem Greis.*

Übungen 25 F

1. *Übersetzen Sie, bestimmen Sie die Art des Akkusativs und übertragen Sie – mit Ausnahme des zweiten und des letzten Beispiels – ins Passiv:* Orgetorīgem ducem dēligunt. – Pater Casticī multōs annōs in Sēquanīs rēgnum obtinuerat. – Senātus populī Rōmānī patrem Casticī amīcum appellāverat. – Fīnitimī Helvētiōs dē adventū Caesaris certiōrēs fēcērunt. – Helvētiī Caesarem certiōrem fēcērunt sēsē nōn facile vim hostium prohibēre. – Caesar Haeduōs frūmentum flāgitāvit.

2. *Fügen Sie die folgenden Namen von Städten und kleinen Inseln in die folgenden Sätze ein:* Amīci nostrī antēa ... habitābant. – Amīcī nostrī herī ... profectī sunt. (*wohin?*) – Amīcī nostrī nūper ... revertērunt. (*von wo?*):

Mediōlānum, Neāpolis, Ithaca, Thēbae, Vesontiō, Vindobŏna, Berolīnum, Genăva *und* Rhodus.

3. *Fügen Sie passende Formen von* velle, nōlle *und* mālle *ein und übersetzen Sie sodann:* Poētae lĕgī quam laudārī ... – ... nĕ amīcī tuī parentēs meōs crās vīsitāre? – Tē herī vīsitāre ..., neque vērō potuī. – Quis certa prō incertīs crēdere ...? – Semper pācem quam bellum ... (*1. Pers. Plur. Fut.*) – Cūr mēcum loquī ...?

4. *Ersetzen Sie in den folgenden Verboten* nōlī / nōlīte *b. Infinitiv durch* nē *b. Konjunktiv Perfekt und umgekehrt* (*mit Übersetzung!*)*:* Nōlīte ōdisse inimīcōs! – Nē putāveris tē numquam errāre neque umquam errāvisse! – Nōlīte maledīcere iīs, quibus alia religiō est atque vōbīs! – Syrācūsīs captīs Archimēdēs līneīs, quās in pulvere dēscrīpserat, intentus in quendam mīlitem Rōmānum invectus esse dīcitur verbīs: Nōlī turbāre circulōs meōs!

5. *Übertragen Sie das Lesestück schriftlich in gutes Deutsch!*

26. Lektion

Ex librō Cornēliī Nepōtis Dē historicīs Latīnīs 26 A
Dē Titī Pompōniī Atticī vītā
(Pars secunda)

Neque multō post superior esse coepit Antōnius, ita ut Brūtus et Cassius dēspērātīs rēbus in exilium proficīscerentur. Atticus abiectō Brūtō Italiāque cēdentī HS centum mīlia mūnerī mīsit. Eīdem in Ēpīrō absēns trecenta iussit darī; neque eō magis potentī adūlātus est Antōniō neque dēspērātōs relīquit.
Secūtum est bellum gestum apud Mutinam. Hostis Antōnius iūdicātus Italiā cesserat; spēs restituendī nūlla erat. Antōniī familiārēs īnsequēbantur.
Conversa subitō fortūna est. Ut Antōnius rediit in Italiam, nēmō nōn magnō in perīculō Atticum putārat propter intimam familiāritātem Cicerōnis et Brūtī. Antōnius autem, etsī tantō odiō ferēbātur in Cicerōnem, ut nōn sōlum eī, sed etiam omnibus ēius amīcīs esset inimīcus, tamen Atticī memor fuit officiī et eī, cum requīsīsset, ubinam esset, suā manū scrīpsit, nē timēret statimque ad sē venīret. Ac, nē quod perīculum incideret, quod noctū fīēbat, praesidium eī mīsit.
Quibus ex malīs ut sē ēmersit, nihil aliud ēgit, quam ut plūrimīs, quibus rēbus posset, esset auxiliō. Cum prōscrīptōs praemiīs imperā-

tōrum vulgus conquīreret, nēmō in Ēpīrum vēnit, cuī rēs ūlla dēfuerit, nēminī nōn ibĭ perpetuō manendī potestās facta est. Adflīctīs semper succurrit; līberālitāte ūtēns nūllās inimīcitiās gessit, quod neque laedēbat quemquam neque, sī quam iniūriam accēperat, nōn mālēbat oblīvīscī quam ulcīscī. Īdem immortālī memoriā percepta retinēbat beneficia; quae autem ipse tribuerat, tam diū meminerat, quod ille grātus erat, quī accēperat. Itaque hic fēcit, ut vērē dictum videātur:

"Suī cuīque mōrēs fingunt fortūnam hominibus."

Tantum āfuit ā cupiditāte pecūniae, ut nūllā in rē ūsus sit eā nisĭ in dēprecandīs amīcōrum aut perīculīs aut incommodīs.
Neque vērō ille minus bonus pater familiās habitus est quam cīvis. Nam cum esset pecūniōsus, nēmō illō minus fuit emāx, minus aedificātor. Neque tamen nōn in prīmīs bene habitāvit omnibusque optimīs rēbus ūsus est.

multō, um *vieles*
exilium *n die Verbannung*
ab-icere, iō, iēcī, iectus *wegwerfen*
mūnus, eris *n das Geschenk; das (Schau-)Spiel*
Ēpīrus, ī *f Landsch. an der Westküste Nordgriechenlands*
adūlārī (*Dep.*) *sich anschmiegen, kniefällig verehren*
Mutina *f Stadt i. Oberitalien, j. Modena*
familiāris, is *m der Sklave; der Freund*
īn-sequī, or, secūtus sum *auf dem Fuße (nach)folgen*
con-vertere, ō, vertī, versus *umwenden; verwandeln*
subitō (*Adv.*) *plötzlich*
intĭmus, a, um *im Inneren befindlich; vertraut*
familiāritās, ātis *f der vertraute Umgang, die Freundschaft*
tantus, a, um *so groß*
ferrī (*Pass.*) *sich hinreißen lassen*
officium *n die Dienstleistung, die Gefälligkeit*
re-quīrere. ō, quīsīvī, sītus *wieder (auf)suchen; nachforschen*
ac = atque *und dazu*
ē-mergere, ō, mersī, mersum *auftauchen lassen; auftauchen*
prō-scrībere, ō, scrīpsī, scrīptus *öffentlich bekanntmachen; ächten*
con-quīrere, ō, quīsīvī, sītus *zusammensuchen*
ibĭ *dort*
ad-flīgere, ō, flīxī, flīctus *schlagen; schwer heimsuchen*
suc-currere, ō, currī, cursum *zu Hilfe eilen*
līberālitās, ātis *f die edle Gesinnung; die Freigebigkeit*
inimīcitia *f* (*meist i. Plur.*) *die feindliche Gesinnung, die Feindschaft*
laedere, ō, sī, sus *schlagen; beschädigen; beleidigen*
per-cipere, iō, cēpī, ceptus *erfassen; in sich aufnehmen*
grātus, a, um *dankbar; willkommen*
tantum (*Adv.*) *so weit; so sehr*
cupiditās ātis *f die Begierde, das Verlangen*
dē-precārī, or, ātus sum (*Dep.*) *durch Bitten abzuwenden suchen*
pater familiās *m der Hausherr, der Hausvater*
aedificātor, ōris *m der Baumeister; der Baulustige*
parcere, ō, pepercī, temperātum (*m. Dat.*) *schonen*
in-vĭdēre, ĕō, vīdī, vīsum (*m. Dat.*) *beneiden*
medērī, ĕor, – (*m. Dat.*) *heilen; abhelfen*
favēre, ĕō, fāvī, fautum (*m. Dat.*) *begünstigen*
Dumnorīx, īgis *m vornehmer Häduer, Römerfeind*
affīnitās, ātis *f die Verwandtschaft*
cōnsulere, ō, uī, tum *um Rat fragen;* (*b. Dat.*) *sorgen für*
prō-spicere, iō, spexī, spectum *vorhersehen;* (*b. Dat.*) *sorgen für*
prō-vĭdēre, ĕō, vīdī, vīsum *vorhersehen;* (*b. Dat.*) *sorgen für*
equitātus, ūs *m die Reiterei*
auctor, ōris *m der Urheber, der Verfasser*
mātūrāre *sich beeilen*
dī-ripere, iō, ripuī, reptus *plündern*
fīnālis, e *auf das Ende, auf den Zweck sich beziehend*
indicium *n das Kennzeichen; der Beweis*
volūmen, inis *n die Windung; die Bücherrolle, der Band*

dare, dō, dedī, datus *geben; (b. doppeltem Dat.) anrechnen, auslegen als*
tribuere, uō, uī, ūtus *erteilen; (b. Dat.) anrechnen als, auslegen als*
īgnāvia *f die Trägheit; die Feigheit*
comparātiō, ōnis *f der Vergleich: die Beschaffung*
af-flīgere, ō, flīxī, flīctus *niederschlagen, ins Verderben stürzen*
incīdere, ō, cīdī, cīsus *einschneiden*
habitus, ūs *m die Haltung, die äußere Erscheinung*
argentum *n das Silber*
vīlis, e *wohlfeil, billig*
historia *f die Geschichtsforschung, die Geschichte*
Attuatucī, ōrum *m germ. Volk i. Belgien*
duplex, duplicis *doppelt*
tālis, e *so beschaffen, solch*
novae rēs, novārum rērum *f die Neuigkeiten; der Umsturz*
error, ōris *m die Irrfahrt; der Irrtum*
vitium *n der Fehler;* vitiō dare *als Fehler anrechnen*
Ambiorīx, īgis *m Fürst der Eburonen*
salūs, ūtis *f das Heil, die Rettung*
color, ōris *m die Farbe*
documentum *n das Beispiel; der Beweis*
agmen, inis *n der Marsch; die Marschkolonne*
agmen extrēmum *die Nachhut*
cōn-sistere, ō, stitī, – *zusammentreten; stillstehen, haltmachen*
fuga *f die Flucht*
Bellovacī, ōrum *m belg. Volk zw. Seine, Somme u. Oise*
im-pellere, ō, pulī, pulsus *fortstoßen; antreiben*
īn-ferre, ferō, intulī, illātus *hineintragen*
bellum īnferre *(m. Dat.) Krieg anfangen mit*
clēmentia *f die Milde, die Nachsicht*
amplificāre *erweitern, vergrößern*
cōn-servāre *aufbewahren; erhalten*

Grammatik

Satzlehre

26 B

1. Der Gebrauch des Dativs

Der Dativ bezeichnet das Objekt – vor allem bei intransitiven Verben – sowie auch den Zweck.

Der Dativ steht als Objekt

a) bei persuādeō, parcō, studeō,
invideō, nūbō, medeor,
maledīcō und faveō.

(persuādēre *überreden, überzeugen;* parcere *schonen;* studēre *sich bemühen um;* invidēre *beneiden;* nūbere *heiraten;* medērī *heilen;* maledīcere *lästern;* favēre *begünstigen*)

Soror Atticī Q. Tulliō Cicerōnī nupta erat. *Die Schwester des Atticus war mit Q. Tullius Cicero verheiratet.*

Dumnorīx Helvētiīs propter affīnitātem favēbat. *Dumnorix begünstigte die Helvetier wegen seiner Verwandtschaft.*

b) bei Verben mit Bedeutungswechsel:

cōnsulere, prōvidēre, prōspicere b. Dativ: *sorgen für;* sonst b. Akkusativ: cōnsulere *um Rat fragen;* prōspicere, prōvidēre *vorhersehen.*

Parentēs līberīs cōnsulunt. *Die Eltern sorgen für ihre Kinder.*

c) bei esse *haben, besitzen* und den Komposita von esse (außer abesse *entfernt sein*).

Dumnorīx equitātuī praeerat. *Dumnorix befehligte die Reiterei.*
Atticus ā cupiditāte pecūniae āfuit. *Atticus war von Geldgier frei.*

d) zur Bezeichnung des Vorteils oder Nachteils auf die Frage „*wofür?*“ (datīvus commodī oder incommodī).

Nōn scholae, sed vītae discimus. *Nicht für die Schule, sondern fürs Leben lernen wir.*

e) zur Bezeichnung der handelnden Person, namentlich beim Gerundivum, auf die Frage „*für wen?*“ (datīvus auctōris): *müssen* bzw. *nicht dürfen.*

Caesar sibĭ mātūrandum esse exīstimāvit. *Cäsar glaubte, er müsse eilen.*

Urbs mīlitibus dīripienda nōn erat. *Die Soldaten durften die Stadt nicht plündern.*

Der Dativ steht als adverbiale Bestimmung des Zwecks auf die Frage „*wozu?*“ (datīvus fīnālis)

a) bei venīre *kommen*, arcessere *herbeiholen*, mittere *schicken*, relinquere *zurücklassen*, dēligere *auswählen.*

Auxiliō venīte! *Kommt zu Hilfe!*

b) bei esse mit doppeltem Dativ: *dienen zu.*

Eī reī sunt indiciō sēdecim volūmina epistulārum ad Atticum missārum. *Dafür dienen als Beweis sechzehn Bücher Briefe (Ciceros) an Atticus.*

c) bei dare, tribuere mit doppeltem Dativ: *anrechnen als, auslegen als.*

Verba tua tibĭ īgnāviae tribuentur. *Deine Worte werden dir als Feigheit ausgelegt werden.*

2. Der ablātivus comparātiōnis

bezeichnet den Ausgangspunkt des Vergleichs bei Komparativen statt quam mit Nominativ oder Akkusativ:

Nēmō illō minus fuit emāx. *Niemand war weniger kauflustig als er.*

Geschichte — 26 C

Erst als die Cäsarmörder Italien verlassen hatten, unterstützte Atticus sie. Antonius, der Anhänger Cäsars, hatte zunächst die Oberhand, wurde aber zum Staatsfeind erklärt und bei Mutina besiegt. Er schloß mit Octavius, dem Adoptivsohn Cäsars, und Lepidus einen Bund, verschonte aber Atticus, den Freund Ciceros und Gegner Cäsars, so daß Atticus vielen politisch Verfolgten, die nach Epirus geflohen waren, in selbstloser Weise helfen konnte.

Sprache — 26 D

Viele Wörter sind aus einer Vorsilbe (eigentlich einer Präposition) und einem Hauptbegriff zusammengesetzt. Dabei wird häufig der erste Konsonant dem zweiten ähnlich oder gleich (Assimilation): ad-ferre > afferre, ad-tulī < attulī, ad-lātus > allātus.

Durch Analogie unterbleibt die Assimilation jedoch des öfteren: Aus adflīgere wird durch Assimilation afflīgere, aber es kann durch Analogie zu ad-īre, ad-iungere die Form adflīgere erhalten bleiben.

Dichtung **26 E**

Für die Sprache der Versdichtung ist der gesetzmäßige Wechsel von langen und kurzen Silben (s. S. 14) charakteristisch; der Reim spielt keine Rolle.

Der Vers der epischen Dichtung ist **der Hexameter.** Er besteht aus sechs Versfüßen, jeder Versfuß aus einer langen und zwei kurzen Silben, die aber durch eine lange ersetzt sein können. Beispiel (der im Vers zu betonende Vokal ist durch einen daruntergesetzten Punkt gekennzeichnet; die Betonung im Vers weicht des öfteren von der Prosabetonung ab):

Ụt dēsịnt vīrẹ̄s, tamen ẹst laudạnda volụntās.
Obgleich die Kräfte fehlen, muß man doch den (guten) Willen loben.

Der letzte Versfuß des Hexameters besteht nur aus zwei Silben. Der Hexameter beginnt stets mit einer langen (betonten) Silbe.

Der Vers der dramatischen Dichtung ist **der Senar.** Er besteht aus sechs Iamben, ein Iambus aus einer kurzen und einer langen Silbe. Die zweite – lange – Silbe kann durch zwei kurze, die erste – kurze – Silbe durch eine lange und diese wieder durch zwei kurze Silben ersetzt sein. – Der Senar beginnt mit einer oder zwei unbetonten Silben.

Beim Lesen lateinischer Verse jeder Art ist darauf zu achten, daß Vokal oder Vokal + m am Ende eines Wortes vor Vokal oder h + Vokal am Anfang des folgenden Wortes nicht gesprochen werden (hier in Klammern gesetzt). Beispiel (der im Vers zu betonende Vokal ist wiederum durch einen daruntergesetzten Punkt gekennzeichnet):

Suī cuịque mọ̄rēs fịngunt fọrtūn(am) họminibụs.
Der eigene Charakter bestimmt dem Menschen – einem jeden! – sein Schicksal.

Wortschatz **26 F**

Unterscheide die folgenden Vokabeln und Wortformen:

1. coepit = 3. Pers. Sing. Ind. Perf. Akt. v. incipere, iō *anfangen;* P. P. P. inceptus = coeptus
   cēpit = 3. Pers. Sing. Ind. Perf. Akt. v. capere, iō *fassen;* P. P. P. captus
2. incĭdere, ō, cĭdī, – *hineinfallen; sich ereignen* (zu cadere *fallen*)
   incīdere, ō, cīdī, cīsus *einschneiden* (zu caedere *fällen*)
3. mălīs = Dat. Abl. Plur. v. mălum n *das Übel* (zu mălus, a, um *schlecht*)
   mālīs = 2. Pers. Sing. Konj. Präs. v. mālle *lieber wollen*

4. ēgit = 3. Pers. Sing. Ind. Perf. Akt. v. agere, ō *in Bewegung setzen;* P. P. P. āctus
ĕget = 3. Pers. Ind. Präs. v. ĕgēre, ĕō, uī, – *Mangel leiden*

5. vērē *der Wahrheit gemäß, mit Recht;* Adv. zu vērus, a, um *wahr*
vērĕ *im Frühling;* Abl. Sing. v. vēr, is n *der Frühling*
vērō *in der Tat* (Adv.); *aber, jedoch* (Konjunktion)

6. habēre, ĕō, uī, itus *haben; halten für* (b. doppelten Akkusativ); Passiv: *gehalten werden für, gelten als* (b. doppelten Nominativ)
habitus, ūs m *die Haltung, die äußere Erscheinung*
habitāre *wohnen*

Übersetzungshilfen — 26 G

1. multō post = multō posteā.
2. dēspērātīs rēbus: ablātīvus absolūtus.
3. abiectō Brūtō: Dativ!
4. hostis Antōnius iūdicātus: doppelter Nominativ b. Passiv v. iūdicāre.
5. putārat < putāverat; requīsīsset < requīsīvisset.
6. quod perīculum = aliquod perīculum.
7. ut sē ēmersit = ut prīmum sē ēmersit.
8. manendī potestās: Genetiv des Gerundiums.
9. quam iniūriam = aliquam iniūriam.
10. cuīque: erläuternder Beisatz zu hominibus: *den Menschen – nämlich jedem (einzelnen) ...*
11. in dēprecandīs ... perīculīs: Gerundivum als Attribut b. präpositionalen Ausdrücken: *beim Versuch, durch Bitten Gefahren abzuwenden.*
12. cum esset pecūniōsus: cum concessīvum (mit dem Konjunktiv: *obgleich ...*).

Übungen — 26 H

1. *Gebrauchen Sie statt* quam *m. Nominativ od. Akkusativ den* ablātīvus comparātiōnis *und übersetzen Sie sodann ins Deutsche:* Argentum vīlius est quam aurum, aurum vīlius est quam virtūtēs. – Quis īgnōrat argentum vīlius quam aurum, aurum vīlius quam virtūtēs esse? – Pāx certa melior est quam victōria, quam spērāmus. – Rōmānī fortiōrēs erant quam cēterae gentēs Italiae. – Historia Rōmānōs fortiōrēs quam cēterās gentēs Italiae fuisse docet.

2. *Übersetzen Sie zunächst den Satz, bestimmen Sie die Art des Dativs oder Ablativs und fügen Sie dann die richtige Endung an:* Attuatucī locum duplicī mūr... mūnīvērunt atque s... (*pers. Reflexivpronomen*) domicili... dēlēgērunt. – Caesar diem concili... cōnstituit. – Caesar sē tālī modō inopi... frūmentī medērī posse exīstimābat. – Caesar cum intellegeret omnēs ferē Gallōs nov... rēb... studēre exercitum Rōmān... lātius distribuendum esse putābat. – Ubiī petīvērunt et ōrāvērunt, ut Caesar s... (*pers. Reflexivpronomen*) parceret. – Errōrem tuum t... (*Personalpronomen, 2. Pers. Sing.*) viti... nōn dabimus (= tribu...). – Ambiorīx lēgātum Caesaris ōrāvit et monuit, ut su... ac mīlitum Rōmānōrum salūt... cōnsuleret. – Flōr... (*Plur.*) nōn semper iīdem colōres sunt. – Hōc nō... (*Personalpronomen, 1. Pers. Plur.*) document... erit. – Cum hostēs ab extrēmō agmin... cōnsisterent, priōrēs, quod abesse ā perīcul... vidērentur, in fugā s... (*reflexives Personalpronomen*) praesidium pōnēbant.

3. *Übersetzen und übertragen Sie in die direkte Rede:* Dīviciācus haec verba facit: Bellovacōs omnī tempore in fidē atque amīcitiā cīvitātis Haeduōrum fuisse; sē ā suīs prīncipibus impulsōs pŏpulō Rōmānō bellum intulisse. Eōs, quī ēius cōnsiliī auctōrēs fuissent, in Britanniam profūgisse. Nōn sōlum Bellovacōs, sed etiam Haeduōs petere, ut Caesar suā clēmentiā ūtātur. Quod sī fēcerit, sē Haeduōrum auctōritātem apud omnēs Belgās amplificātūrum esse. – Caesar honōris Dīviciācī atque Haeduōrum causā sēsē eōs in fidem receptūrum et cōnservātūrum esse dīxit.

4. *Übersetzen Sie das Lesestück schriftlich in gutes Deutsch!*

27. Lektion

Ex librō Cornēliī Nepōtis Dē historicīs Latīnīs — 27 A
Dē Titī Pompōniī Atticī vītā
(Pars tertia)

Ūsus est familiā, sī ūtilitāte iūdicandum est, optimā, sī fōrmā, vix mediocrī. Namque in eā erant puerī litterātissimī, anagnōstae optimī et plūrimī librāriī.

Nec praeterībō, quamquam nōnnūllīs leve vīsum īrī putem, cum in prīmīs lautus esset eques Rōmānus et nōn parum līberāliter domum suam omnium ōrdinum hominēs invītāret, nōn amplius quam terna mīlia peraequē in singulōs mēnsēs ex ephēmeride eum expēnsum sūmptuī ferre solitum.

Nūllōs habuit hortōs, nūllam suburbānam aut maritimam sūmptuō-

sam vīllam, neque in Italiā praeter Arrētīnum et Nōmentānum rūsticum praedium.
Mendācium neque dīcēbat neque patī poterat. Itaque ēius cōmitās nōn sine sevēritāte erat neque gravitās sine facilitāte, ut difficile esset intellēctū, utrum eum amīcī magis verērentur an amārent.
Quamquam eum praecipuē dīlēxit Cicerō, ut nē frāter quidem ēius Quīntus cārior fuerit aut familiārior. Eī reī sunt indiciō praeter eōs librōs, in quibus dē eō facit mentiōnem, quī in vulgus sunt ēditī, sēdecim volūmina epistolārum ab cōnsulātū ēius ūsque ad extrēmum tempus ad Atticum missārum; quae quī legat, nōn multum dēsīderābit historiam contextam eōrum temporum.
Mōris etiam māiōrum summus imitātor fuit antīquitātisque amātor: quam adeō dīligenter habuit cognitam, ut eam tōtam in eō volūmine exposuerit, quō māgistrātūs ōrdināvit. Nūlla enim lēx neque pāx neque bellum neque rēs illūstris est populī Rōmānī, quae nōn in eō suō tempore sit notāta.

familia *f die Dienerschaft; die Familie*
ūtilitās, ātis *f die Brauchbarkeit*
vix (*Adv.*) *kaum, mit Mühe*
mediōcris, e *mittelmäßig*
namque (*Adv.*) = nam *denn*
puer, ī *m der Knabe; der Sklave, der Diener*
litterātus, a, um *mit Buchstaben bezeichnet; gebildet*
anagnōstēs, ae *m der Vorleser*
lĭbrārius *m der Schreiber, der Abschreiber*
levis, e *leicht; unbedeutend*
in prīmīs (*Adv.*) *vorzüglich; besonders*
lautus, a, um *sauber; vornehm*
nōn parum *genügend*
līberālis, e *eines freien Mannes würdig; freigebig*
ternī, ae, a *je drei*
per-aequē (*Adv.*) *völlig gleich*
ephēmeris, idis *f das Tagebuch; das Wirtschaftsbuch*
ex-pendere, ō, ī, pēnsus *wiegen; auszahlen*
expēnsum ferre *eine Ausgabe verbuchen*
sūmptus, ūs *m der Aufwand*
sūmptuī ferre *als Aufwand (od. Kosten) verbuchen*
sub-urbānus, a, um *nahe b. der Stadt gelegen*
sūmptuōsus, a, um *kostspielig*
Arrētium *n Stadt i. Etrurien; j. Arezzo*
Arrētīnum *n Landgut b. Arezzo*
Nōmentum *n Stadt nördl. v. Rom; j. Mentana*
Nōmentānum *n Landgut b. Nōmentum*
rūsticus, a, um *ländlich*
cōmitās, ātis *f die Leutseligkeit, die Heiterkeit*
sevēritās, ātis *f die Strenge*
gravitās, ātis *f die Schwere; die Würde*
facilitās, ātis *f die Leichtigkeit; die Umgänglichkeit*
quamquam (*Konjunktion*) *obgleich; i. Hauptsatz: indessen*
praecipuē (*Adv.*) *vorzugsweise, besonders*
mentiō, ōnis *f die Erwähnung*
ē-dere, ō, didī, ditus *herausgeben*
epistola *f der Brief*
dē-sīderāre *sich sehnen nach; vermissen*
con-textus, a, um *verflochten; fortlaufend*
imitātor, ōris *m der Nachahmer*
antīquitās, ātis *f das Altertum*
amātor, ōris *m der Liebhaber*
ad-eō (*Adv.*) *bis dahin; in dem Grade; sogar*
ex-pōnere, ō, pŏsuī, pŏsitus *offen aussetzen; darlegen*
magistrātus, ūs *m die obrigkeitliche Würde; der höhere Beamte*
ōrdināre *in Reihen anpflanzen; der Reihe nach anführen*
illūstris, e *erleuchtet; berühmt*
suus, a, um (*poss. Reflexivpron.*) *sein, ihr; eigen; angemessen, entsprechend*
suō tempore *zur rechten Zeit*
notāre *kenntlich machen; aufzeichnen*
grātulārī *Glück wünschen*
su-spicārī (*Dep.*) *(be)argwöhnen*
tēlum *n die (Angriffs-) Waffe*
sēdecim *sechzehn*
frūstrā (*Adv.*) *irrtümlich*
avus *m der Großvater*
vertere, ō, tī, rsus *wenden*
damnāre *verurteilen*

Sī hŏc dīcās, errēs. *Wenn du das sagen solltest, dürftest du wohl irren* (es ist möglich, daß du das sagst).

Sī hŏc dīxissēs, errāvissēs. *Wenn du das gesagt hättest, hättest du geirrt* (aber es ist unmöglich, daß du das gesagt hast).

g) in der indirekten Rede, soweit es sich um Sätze handelt, die in der direkten Rede Fragesätze, Begehrssätze oder Nebensätze wären:

Ōrātor ad cīvēs dīxit, memorēsne essent fortūnae uxōrum līberōrumque nēve māiōrēs oblīvīscerentur, quōrum opēs saepe minōrēs fuissent. *Der Redner sagte zu seinen Mitbürgern, ob sie denn des Schicksals ihrer Gattinnen und Kinder gedächten und ihre Vorfahren nicht vergäßen, deren Machtmittel oft kleiner gewesen seien.*

h) in Relativsätzen, die den Nebensinn eines Zweckes, einer Folge, eines Grundes oder einer Einräumung haben (Nebensatz mit finalem, konsekutivem, kausalem oder konzessivem Nebensinn):

Quis māiōrum suōrum, quōs numquam vīderit, nōn cum cāritāte aliquā meminit? *Wer denkt nicht an seine Vorfahren mit einer gewissen Verehrung, die er doch (= obwohl er sie) niemals gesehen hat?* (konzessiver Nebensinn)

Beachte:

a) Für den Gebrauch des Konjunktivs in Nebensätzen ist weniger die Konjunktion, als die Bedeutung des Nebensatzes ausschlaggebend: Sērō Athēniēnsēs paenitēbat, quod Sōcratem capitis damnāvērunt. *Zu spät reute es die Athener, daß (weil) sie Sokrates zum Tode verurteilt hatten* (objektiver Grund!).

Während klassische Schriftsteller (z. B. Cicero und Cäsar) die bis dahin geltenden Regeln für den Gebrauch des Indikativs und Konjunktivs streng beachteten, verwischt sich bei den nachklassischen Schriftstellern (z. B. Cornelius Nepos) der Sprachgebrauch: Quamquam nōnnūllīs leve vīsum īrī putem, cum eques Rōmānus domum suam hominēs omnium ōrdinum invītāret, Atticus nōn amplius quam terna mīlia sēstertiōrum in singulōs mēnsēs expēnsum sūmptuī ferre solitus est. *Obgleich es anscheinend manchen Leuten bedeutungslos erscheinen wird, wenn ein römischer Ritter Menschen aller Stände zu sich ins Haus einlud, war Atticus doch gewohnt, nicht mehr als 300000 Sesterzen monatlich als Aufwandsausgabe zu verbuchen.* Im klassischen Latein steht die Konjunktion quamquam stets mit dem Indikativ!

b) Temporalsätze, die nur eine Zeitangabe enthalten, Relativsätze, die keinen Nebensinn haben, und Kausalsätze, die einen tatsächlichen (objektiven) Grund angeben, stehen im Indikativ: Cum Caesar in Galliam vēnit, duae factiōnēs ibĭ erant. *Als Cäsar nach Gallien kam, gab es dort zwei Parteien.* – Gallia omnis dīvīsa est in partēs trēs, quārum ūnam incolunt Belgae.

Gallien in seiner Gesamtheit gliedert sich in drei Teile, von denen den einen die Belgier bewohnen. – Belgae fortissimī omnium Gallōrum sunt, quod ā cultū atque hūmānitāte prōvinciae longissimē absunt. *Die Belgier sind von allen Galliern am tapfersten, weil sie von Zivilisation und Kultur der* (römischen) *Provinz am weitesten entfernt sind.*

c) Abhängige Aussagesätze und rhetorische (= Schein-) Fragen stehen im a.c.i.; dieser wird im Lateinischen nicht als Nebensatz, sondern als ausgestalteter Infinitiv empfunden: Ōrātor ad cīvēs dīxit sē iam diū haec perīcula prōvīdisse; quem eīs in rēbus adversīs adfutūrum esse? *Der Redner sagte zu seinen Mitbürgern, er habe schon längst diese Gefahren vorausgesehen; wer werde ihnen im Unglück beistehen?* (Niemand!)

d) Nach den Verben des Wollens, Könnens, Müssens, Anfangens, Fortfahrens, Pflegens, Aufhörens und Beschließens sowie nach unpersönlichen Verben und Ausdrücken steht (bei Subjektsgleichheit) wie im Deutschen der Infinitiv: Cīvēs urbem dēfendere cōnstituērunt. *Die Bürger beschlossen, ihre Stadt zu verteidigen.* Errāre hūmānum est. *Es ist menschlich, zu irren = Irren ist menschlich.*

Kulturgeschichtliches — 27 C

familia ist die gesamte römische Hausgenossenschaft. Sie ist der vollen Gewalt des Hausherrn – pater familiās (= familiae) – unterstellt. Zu ihr gehören die Hausfrau sowie Söhne und Töchter, soweit sie nicht volljährig sind. – Die Sklaven waren teils Kriegsgefangene, teils Kinder von Sklaven. Sklaven konnten sich in späteren Jahren von ihren Ersparnissen freikaufen. Häufig brachten die Sklaven aus ihrem Elternhaus viel Bildung mit.

Wohlhabende Römer liebten den Luxus eines oder mehrerer Landhäuser in günstiger Lage unweit der Hauptstadt oder an der See oder eines Gartens. Bekannt sind Ciceros Landhaus Tusculum (j. *Frascati*) sowie die Gärten Sallusts (j. ein Teil des Parks auf dem Monte Pincio i. Rom).

Wortschatz — 27 D

Unterscheide die folgenden Vokabeln und Wortformen:

1. ūsus, a, um = Part. Perf. v. ūtor, ūtī (b. Abl.) *gebrauchen*
   ūsus, ūs m *der Gebrauch*
2. parum (Adv.) *zu wenig*
   parvus, a, um *klein*
3. summus, a, um (Superl. zu superus) *oberster, höchster*
   sumus = 1. Pers. Sing. Präs. Ind. v. esse *wir sind*
4. adeō (Adv.) *bis dahin; in dem Grade; gar sehr*
   adeō, īre, iī, itum *herangehen; übernehmen*

Übersetzungshilfen **27 E**

1. ūtilitāte, ebenso fōrmā: ablātīvus līmitātiōnis.

2. cum in prīmīs ...: cum concessīvum.

3. domum suam: domum *nach Hause;* domum suam *zu sich nach Hause* = *in sein Haus.*

4. ex ephēmeride: ex gibt auch den Maßstab bzw. den Standpunkt an: zufolge, gemäß.

5. solitum = solitum esse.

6. nē frāter quidem *nicht einmal sein Bruder.*

7. in vulgus sunt ēditī: ... *herausgegeben sind.*

8. quae quī legat ...: relativischer Anschluß; quae = Akk. Plur. Neutr.; legat: Konjunktiv zum Ausdruck der Möglichkeit.

9. quae nōn in eō ...: Relativsatz mit konsekutivem Nebensinn.

Übungen **27 F**

1. *Übungssätze für Supinum I und II:* Haeduī lēgātōs ad Caesarem mittunt auxilium rogātum. – Dumnorīx propinquās suās in aliās cīvitātēs nuptum collocāvit. – Orgetorīx perfacile factū esse Haeduīs probat, quod cōnātī sint. – Lēgātī ab Haeduīs veniēbant questum, quod Harūdēs fīnēs populārentur. – Eāmus in silvam vēnātum! – Biturīgēs ad Haeduōs lēgātōs mīsērunt subsidium rogātum. – Difficile intellēctū, quod dīxistī.

2. *Übungssätze für Infinitiv Futur Aktiv und Passiv:* Caesar Bellovacōs in fidem receptum et cōnservātum īrī dīxit. – Vercingetorīx tempus victōriae vēnisse Rōmānōsque in prōvinciam suam fugere dēmōnstrat; sī Rōmānī relictīs impedīmentīs salūtī suae cōnsulant, eōs et ūsū rērum necessāriārum et dīgnitāte spoliātum īrī. – Belgae exercitum Rōmānūm sē nōn oppressūrum esse spērābant. – Dīviciācō persuāsum erat nēminem exīstimātūrum esse id nōn voluntāte Gallōrum factum esse. – Nesciēbam tē crās profectūrum esse. – Caesar legiōnēs in itinere proeliō dīmicātūrās esse intellegēbat. – Carnutēs, cum oppūgnātiōnem Vellaunodūnī longius ductum īrī exīstimārent, praesidium Cēnabī comparābant.

3. *Übersetzen und ergänzen Sie (beachten Sie die* cōnsecūtiō temporum!): Belgae nōluēr... Germān... diutius in Galliā versārī. – Caesar in ulteriōrem Galliam Q. Pedium lēgātum mīs..., quī novīs legiōn... praees... (*finaler Nebensinn!*). – Caesar sibĭ dubitandum esse nōn exīstimāvit, quīn ad Senonēs proficīsc... – Rēmī nē Suessiōnēs quidem, cōnsanguineōs suōs, dēterrēre potuērunt, quīn cum hosti... cōnsentī... – Libenter domum tuam vēni...,

sed nōn potuī. – Videant cōnsulēs, nē rēs pūblic... quid dētrīment... capiat. – Utinam nē frūstrā locūt... sim! – Utrum dīcam aut tac...? – Pater scrīps... ut domum redīrem. – Pater scrīps... frātrem meum aegrōt... es... – Germānī retinē... nōn potuērunt, quīn in host... tēla conicer...

4. *Übertragen Sie das Lesestück schriftlich in gutes Deutsch!*

28. Lektion

Ex librō Cornēliī Nepōtis Dē historicīs Latīnīs Dē Titī Pompōniī Atticī vītā **28 A**

(Pars quārta)

Attigit poēticēn quŏque; nam dē virīs, quī honōre rērumque gestārum amplitūdine cēterōs Rōmānī populī superāvērunt, exposuit ita, ut sub singulōrum imāginibus facta magistrātūsque eōrum nōn amplius quaternīs quīnīsve versibus dēscrīpserit: quod vix crēdendum est, tantās rēs tam breviter potuisse dēclārārī. Est etiam ūnus lĭber Graecē cōnfectus, dē cōnsulātū Cicerōnis.

Haec hāctenus Atticō vīvō ēdita ā nōbīs sunt. Nunc, quoniam fortūna nōs superstitēs eī esse voluit, reliqua persequēmur. Namque hĭc – contentus ōrdine equestrī, quō erat ortus – in adfīnitātem pervēnit imperātōris, Dīvī fīliī, cum iam ante familiāritātem ēius esset cōnsecūtus: nāta est Atticō neptis ex Agrippā, cuī virginem fīliam collocārat. Hanc Caesar vix anniculam Ti. Claudiō Nerōnī, prīvīgnō suō, dēspondit.

Quamquam ante haec spōnsālia nōn sōlum, cum ab urbe abesset, nunquam ad suōrum quemquam litterās mīsit, quīn Atticō mitteret, quid ageret, in prīmīs quid legeret quibusque in locīs et quamdiū esset morātūrus.

Tālī modō cum VII et LXX annōs complēsset tantāque prosperitāte ūsus esset valētūdinis, ut annīs XXX medicīnā nōn indiguisset, nactus est morbum, quem initiō et ipse et medicī contempsērunt. In hōc cum trēs mēnsēs sine ūllīs dolōribus cōnsūmpsisset, subitō vīs morbī prōrūpit. Agrippam generum ad sē arcessī iussit et cum eō L. Cornēlium Balbum Sextumque Peducaeum. Hōs ut vēnisse vīdit, in cubitum innīxus "Quantam", inquit, "cūram dīligentiamque in valētūdine meā tuendā adhibuerim, nihil necesse est plūribus verbīs commemorāre. Namque hīs diēbus quidquid cibī sūmpsī, ita prōdūxī vītam, ut auxerim dolōrēs sine spē salūtis."

Sīc cum bīduum cibō sē abstinuisset, subitō febris dēcessit leviorque morbus esse coepit. Tamen prōpositum nihilō sētius perēgit. Itaque diē quīntō, postquam id cōnsilium inierat, prīdiē Kalendās Aprīlīs Cn. Domitiō C. Sosiō cōnsulibus dēcessit. Ēlātus est in lectīculā, ut ipse praescrīpserat, sine ūllā pompā fūneris, comitantibus omnibus bonīs, maximā vulgī frequentiā. Sepultus est iuxtā viam Appiam ad quīntum lapidem in monumentō Q. Caeciliī, avunculī suī.

at-tingere, ō, tigī, tāctus *berühren; sich beschäftigen mit*
poeticē, ēs *f die Dichtkunst*
rēs gestae, rērum gestārum *f die Taten*
amplitūdō, inis *f die Geräumigkeit; die Erhabenheit*
imāgō, inis *f das Bildnis*
factum *n die Tat, das Werk*
quaternī, ae, a *je vier*
quīnī, ae, a *je fünf*
dē-scrībere, ō, scrīpsī, scrīptus *abzeichnen; beschreiben*
dē-clārāre *deutlich bezeichnen*
hāc-tenus (*Adv.*) *bis hierher; bis jetzt*
super-stes, stĭtis (*b. Dat.*) *überlegen; überlebend*
per-sequī, or, secūtus sum *nachfolgen; darstellen*
per-venīre, iō, vēnī, vĕntum *ankommen; in einen Zustand geraten*
dīvus, a, um; Dīvus *m göttlich; vergöttert; Beiname der röm. Kaiser nach ihrem Tode*
neptis, is *f die Enkelin*
virgō, inis *f Subst. f: die Jungfrau; Adj.: unverheiratet*
Agrippa: M. Vipsānius Agrippa *Feldherr des Augustus*
anniculus, a, um *einjährig, ein Jahr alt*
Nerō, ōnis *m Nachname des Geschlechts der Claudier*
Ti. Claudius Nerō *Vater des späteren Kaisers Tiberius*
prīvīgnus *m der Stiefsohn; das Stiefkind*

dē-spondēre, ĕō, dī, spōnsus *förmlich versprechen; die Tochter einem Mann als Gattin versprechen*
spōnsālia, ōrum *n die Verlobung; das Verlobungsmahl*
modus *m die Art und Weise*
prosperitās, ātis *f die günstige Beschaffenheit*
valētūdō, ĭnis *f der Gesundheitszustand; die Gesundheit*
medicīna *f die Heilkunst; das Heilmittel*
ind-igēre, ĕō, uī, – (*m. Abl. od. Gen.*) *Mangel haben; bedürfen; vermissen*
con-temnere, ō, tempsī, temptus *verachten, geringschätzen*
dolor, ōris *m der Schmerz*
prō-rumpere, ō, rūpī, rŭptum *hervorbrechen*
Balbus: L. Cornēlius Balbus *einflußreicher Parteigänger Cäsars u. Oktavians; v. plebejischer Abstammung*
Peducaeus: Sextus Peducaeus (*anscheinend nicht näher bekannt*)
cubitum *n* (*auch:* cubitus *m*) *der Ellbogen*
in-nītī, or, nīxus *u.* nīsus sum *sich stützen auf*
com-memorāre (*m. Akk.*) *sich erinnern; j-n erinnern an*
quisquis, quidquid *wer od. was nur immer*
sūmere, ō, sūmpsī, sūmptus (*in Empfang*) *nehmen; genießen; vollziehen*
prō-dūcere, ō, dūxī, dūctus *vorführen; hinziehen, verlängern*
bīduum *n die Zeit von zwei Tagen*

(sē) abs-tinēre, ĕō, uī, tentus (*b. Abl.*) *abhalten; sich enthalten*
febris, is *f das Fieber*
prōpositum *n der Vorsatz; das Thema*
sētius (*Adv.*) *weniger*
per-agere, ō, ēgī, āctum *sich ständig bewegen; vollenden*
prīdiē (*Adv.; b. Akk.*) *tags zuvor, am Tage vor*
Kalendae, ārum *f* (*Pluraletantum*) *der Monatserste*
aprīlis, e *April-*
lectīcula *f die kleine Sänfte; die Totenbahre*
pompa *f der Umzug; die Pracht*
fūnus, eris *n das Leichenbegängnis*
comitārī (*Dep.*) *begleiten; zu Grabe geleiten*
frequentia *f die Häufigkeit; der große Zulauf*
sepelīre, ĭō, īvī, pultus *bestatten*
iuxtā *Adv.: daneben; Prp. b. Akk.: neben*
Appia (via) *f Hauptausfallstraße v. Rom nach Brundisium, erbaut v. Appius Claudius Caecus, Zensor i. J. 312*
lapis, idis *m der (Grab) Stein*
monumentum *n das Denkmal; das Grabmal*
Caecilius, a, um *Name einer plebejischen Familie*
avunculus *m der Onkel (mütterlicherseits)*
Dēlus, ī *f kleine Insel im Ägäischen Meer*
plūs (*Adv.*) *mehr, in höherem Grade*
Corinthus, ī *f griech. Hafenstadt*
locāre *setzen, stellen, legen*

statuere, ō, uī, ūtus *hinstellen, festsetzen*
celeritās, ātis *f die Schnelligkeit*
quālitās, ātis *f die Beschaffenheit*
pūrgāre *reinigen, säubern*
superbus, a, um *stolz*
vēnīre, ĕō, ĭī, – *verkauft werden*
stāre, stō, stĕtī, statūrus, stătum *stehen; kosten*
cōn-stāre, ō, stĭtī, statūrus *feststehen; kosten*
cōn-stat *es steht fest*
modestus, a, um *bescheiden*
frētus, a, um *fest vertrauend*
assuētus, a, um *gewöhnt, gewohnt*
dīgnus, a, um (*b. Abl.*) *würdig*
fungī, or, fūnctus sum (*b. Abl.*) *verrichten*
vēscī, or, –, – (*b. Abl.*) *sich ernähren; genießen*
pācāre *zum Frieden bringen; unterjochen*
paene (*Adv.*) *fast, beinahe*
nātus, ūs *m die Geburt; das Alter*
in-crēdibilis, e *unglaublich*
dē-currere, ō, (cu)currī, cursum *herablaufen*
Bibrax, actis *f Stadt der Remer*
Iccius *m vornehmer Remer, Verteidiger v. Bibrax*
nōbilitās, ātis *f die Berühmtheit*
aedificium *n das Gebäude*
commeātus, ūs *m der Verkehr; der Warentransport*
expedītus, a, um *ungehindert; kampfbereit*
strepitus, ūs *m der Lärm, das Getöse*
tumultus, ūs *m die Unruhe, der Kriegslärm*
ē-gredī, ior, gressus sum *herausgehen, ausrücken*
explōrātor, ōris *m der Kundschafter*
con-dūcere, ō, dūxī, dŭctus *zusammenziehen; mieten*
co-hors, rtis *f die Kohorte* (*10. Teil einer Legion*)
altitūdō, inis *f die Tiefe; die Höhe*
vallum *n der Wall*
trānsversus, a, um *querliegend, schräg*
ob-dūcere, ō, dūxī, dŭctus *aufstellen gegen; davorlegen*
vallis, is *f das Tal*
Galba, ae *m Feldherr i. Heere Cäsars*
dēditiō, ōnis *f die Übergabe, die Unterwerfung*
dē-venīre, ĭō, vēnī, vĕntum *hinabkommen; kommen*
Atrebatēs, um *m belg. Völkerschaft i. Artois*
com-pellere, ō, pulī, pulsus *zusammentreiben; jagen*
proeliārī (*Dep.*) *kämpfen*
dexter, t(e)ra, t(e)rum *rechts*
intervallum *n der Zwischenraum*
armāre *bewaffnen*
cōn-ficere, iō, fēcī, fectus *fertigmachen; erschöpfen; auf die Beine bringen*
cohortātiō, ōnis *f die Aufmunterung, die Ermahnung*
totidem (*indekl.*) *ebenso viele*
Nerviī, ōrum *m belg. Volksstamm zw. Schelde u. Sambre*
Ambiānī, ōrum *m belg. Küstenvolk*
Morinī, ōrum *m belg. Volk an der Schelde*
Menapiī, ōrum *m belg. Volk zw. Maas u. Schelde*
Caletī, ōrum *m Volk i. der Normandie*
Atuatucī, ōrum *m germ. Volk in Belgien*

Grammatik

Satzlehre

28 B

Der Gebrauch des Ablativs

Der Ablativ ist der Kasus der adverbialen Bestimmungen, d. h. er dient zum Ausdruck der näheren Umstände, unter denen sich eine Handlung vollzieht. Im Deutschen muß er in der Regel mit Hilfe einer Präposition wiedergegeben werden.

Der Ablativ ist aus verschiedenen Bedeutungen zusammengewachsen und steht als Sēparātīvus, Locātīvus, Sociātīvus und Īnstrūmentālis.

1. Der ablātīvus sēparātīvus bezeichnet auf die Fragen „*woher?, wovon?*“

a) die Trennung bei Verben und Adjektiven.

..., ut medicīnā nōn indiguisset. ..., *so daß er keine Medizin vermißte.*
Hominēs numquam cūrā līberī erunt. *Die Menschen werden niemals frei von Sorge sein.*

b) den Ausgangspunkt der Trennung bei Städtenamen und Namen kleinerer Inseln.

Hannibal puer Carthāgine discessit. *Hannibal verließ als Knabe Karthago.* Nāvis Dēlō nōndum revertit. *Das Schiff ist noch nicht von Delos zurückgekehrt.*

c) den Ausgangspunkt des Vergleichs bei Komparativen statt quam + Nominativ oder Akkusativ (ablātīvus comparātiōnis). Terra sōle minor est. *Die Erde ist kleiner als die Sonne.*

Beachte: Nach plūs, minus und amplius wird bei bestimmten Zahlangaben quam gesetzt oder weggelassen oder auch der ablātīvus comparātiōnis gebraucht: amplius (quam) septingentī cīvēs = amplius septingentīs cīvibus *mehr als 700 Bürger.*

d) den Ausgangspunkt der Herkunft bei nātus und ortus (ablātīvus orīginis).

Atticus ōrdine equestrī ortus erat. *Atticus entstammte dem Ritterstand.*

2. Der ablātīvus locātīvus bezeichnet auf die Frage „*wo?*"

a) den Ort ohne Präposition bei Städtenamen und Namen kleinerer Inseln. Complūrēs diēs Athēnīs versātī sumus. *Mehrere Tage hielten wir uns in Athen auf.*

Multa artificia Rōmae (< Rōmā-i) vīdī. *Viele Kunstwerke habe ich in Rom gesehen.*

Beachte:

a) Bei den Singularia der a- und o-Deklination steht auf die Frage „*wo?*" der scheinbare Genetiv: Rōmae, Corinthī.

b) Bei locus und tōtus steht auf die Frage „*wo?*" der Ablativ ohne Präposition: quō locō? *an welcher Stelle?*, tōtā urbe *in der ganzen Stadt.*

b) den Ort bei den Verben: pōnō, locō, collocō, statuō, cōnstituō, cōnsistō und cōnsīdō.

(pōnere, locāre, collocāre *stellen, setzen, legen;* statuere, cōnstituere *hinstellen;* cōnsistere *sich stellen;* cōnsīdere *sich setzen*)

Caesar spem in celeritāte posuit. *Cäsar setzte seine Hoffnung auf die Schnelligkeit.*

c) ohne Präposition den Zeitpunkt auf die Frage „*wann?*" (ablātīvus temporis).

initiō *am Anfang*

3. Der ablātīvus sociātīvus bezeichnet

a) die begleitende Person oder den begleitenden Umstand auf die Frage „*mit wem?*" (ablātīvus sociātīvus).

Magister cum discipulīs castellum Rōmānōrum vīsitāvit. *Der Lehrer besuchte mit seinen Schülern ein römisches Kastell.*

b) die Art und Weise auf die Frage „*wie?, auf welche Weise?*" (ablātīvus modī).

tālī modō *auf solche Art und Weise*

c) mit Attribut die Eigenschaft (ablātīvus quālitātis).

Germānī ingentī magnitūdine corporum erant. *Die Germanen hatten Körper von gewaltiger Größe.*

4. Der ablātīvus īnstrūmentālis bezeichnet

a) das Mittel oder Werkzeug auf die Fragen „*womit?, wodurch?*" (ablātīvus īnstrūmentālis im engeren Sinne).

Puella mēnsam aquā pūrgat. *Das Mädchen säubert den Tisch mit Wasser.*

b) die Ursache bei Verben und Adjektiven des Affekts auf die Fragen „*wodurch?, infolge wovon?*": gaudēre, laetārī *sich freuen;* dolēre *traurig sein über;* glōriārī *sich rühmen*; laetus *froh über;* maestus *traurig über;* superbus *stolz auf* (ablātīvus causae).

Nūntiō tuō valdē laetātus sum. *Über deine Nachricht habe ich mich sehr gefreut.*

c) den Preis bei den Verben des Kaufens, Verkaufens und Kostens: emere *kaufen;* vendere *verkaufen;* vēnīre *verkauft werden;* stāre, cōnstāre *kosten* (ablātīvus pretiī). Vergleichende Preisangaben stehen immer im Genetiv: plūris *teurer;* minōris *billiger.*

Hunc lĭbrum parvō ēmī. *Dieses Buch habe ich billig gekauft.*

d) den Unterschied bei Komparativen und komparativischen Begriffen auf die Frage „*um wieviel?*" (ablātīvus mēnsūrae).

Quō quis sapientior est, eō modestior esse solet. *Je weiser einer ist, desto bescheidener pflegt er zu sein.*

e) eine nähere Bestimmung oder Einschränkung auf die Frage „*in welcher Beziehung?*" (ablātīvus līmitātiōnis oder respectūs).

Atticus facta magistrātūsque eōrum, quī honōre rērumque gestārum amplitūdine cēterōs populī Rōmānī praestitērunt, quaternīs quīnīsve versibus dēscrīpsit. *Atticus beschrieb die Taten und Ämter derjenigen, die an Ehrenstellung und Bedeutung ihrer Taten die übrigen Angehörigen des römischen Volkes übertrafen, in je vier oder fünf Versen.*

Der ablātīvus īnstrūmentālis steht an Stelle eines Objektkasus

f) bei den Adjektiven: cōnfīsus und frētus, contentus, assuētus, dīgnus, indīgnus und praeditus.

(cōnfīsus, frētus *im Vertrauen auf;* contentus *zufrieden mit;* assuētus *gewöhnt an;* dīgnus *würdig;* indīgnus *unwürdig;* praeditus *begabt mit*)

Atticus ōrdine equestrī, quō erat ortus, contentus erat. *Atticus war mit dem Ritterstand, dem er entstammte, zufrieden.*

g) bei den Deponentien: ūtor, fruor, fungor, potior, vēscor, nītor und bei opus est.

(ūtī *gebrauchen;* fruī *genießen;* fungī *verwalten, verrichten;* potīrī *sich bemächtigen;* vēscī *sich ernähren;* nītī *sich stützen auf;* opus esse *etwas nötig haben*)

Atticus cum VII et XXX annōs prosperitāte valētūdinis ūsus esset, morbum nactus est. *Nachdem Atticus 37 Jahre das Glück der Gesundheit genossen hatte, holte er sich eine Krankheit.*

Geschichtliches und Kulturgeschichtliches **28 C**

Pompōnia, die Tochter des Atticus, war mit M. Vipsānius Agrippa, dem Feldherrn des Augustus und Erbauer des Pantheons, verheiratet. Dieser Ehe entsproß Vipsānia (also eine Enkelin des Atticus). Vipsānia war kurze Zeit mit dem späteren Kaiser Tiberius (Claudius Nerō) verheiratet, der ein Sohn der Līvia Drūsilla, der dritten Gattin des Augustus, war. Līvia Drūsilla war vorher mit Tiberius Claudius Nerō dem Älteren, dem Vater des späteren Kaisers Tiberius, verheiratet gewesen.

Augustus adoptierte den jüngeren Tiberius Claudius Nerō, und da Augustus weder von seiner ersten Gattin Clōdia noch von seiner zweiten Gattin Scrībōnia männlichen Nachwuchs erhalten hatte, war sein Adoptivsohn Tiberius Claudius Nerō der Jüngere gewissermaßen sein Erstgeborener.

Cäsar wurde nach seinem Tode dīvus (göttlich) genannt, denn er wurde der Sage nach zu den Göttern erhoben; dīvus war später der Beiname der römischen Kaiser nach ihrem Tode.

Augustus ist der Großneffe des C. Iūlius Caesar; er hieß eigentlich C. Octāvius und wurde von diesem adoptiert. – Bei der Adoption tritt der Adoptierte in die Familie (gēns) des Adoptivvaters über, behält aber seinen ursprünglichen Familiennamen (= nōmen gentīlicium) als Beinamen (cognōmen) mit dem Suffix -iānus; daher: C. Iūlius Caesar Octāviānus.

Die Töchter bekamen bei den Römern keinen Vornamen, sondern führten den Familiennamen (nōmen gentīlicium) des Vaters. Daher heißt die Tochter des T. Pompōnius Atticus „Pompōnia" und die Tochter des M. Vipsānius Agrippa „Vipsānia". Mehrere Töchter unterschied man durch den Zusatz māior (*die Ältere*), minor (*die Jüngere*), tertia (*die Dritte*).

Die via Appia ist die älteste Ausfallstraße Roms. Sie führt durch die trokkengelegten Ponptinischen Sümpfe gegen Süden und ist zum Teil noch in ihrem alten Zustand erhalten.

Tote ruhten auf dem Leichen- oder Paradebett (lectus oder lectīca). Atticus wurde dagegen nach seinem eigenen Willen auf einer (ärmlichen) Totenbahre (lectīcula) zu Grabe getragen und an der via Appia beigesetzt. An der via Appia befindet sich noch heute das Grabmonument der Caecilia Metella.

Bei den Römern wurde das Datum durch Zurückrechnen von drei festen Haupttagen des Monats angegeben. Diese waren die Kalenden (Kalendae) am 1. Tag des Monats, die Nonen (Nōnae) am 5. Tag des Monats und die Iden (Īdūs) am 13. Tag des Monats; in den Monaten März, Mai, Juli und Oktober fallen die Nonen jedoch auf den 7. und die Iden auf den 15. Tag. Die Iden des März sind also der 15. März. Der Tag, der einem dieser Haupttage unmittelbar vorangeht, wird mit prīdiē + Akkusativ bezeichnet. Prīdiē Kalendās Aprīlēs ist also der 31. März. – Beim Zurückrechnen wird sowohl der Haupttag als auch der Tag des anzugebenden Datums mitgezählt.

Diese Form der Zeitrechnung wurde von C. Iulius Caesar eingeführt und heißt Julianischer Kalender.

Das Jahr wurde durch Nennung der beiden Konsuln angegeben: Cn. Domitiō C. Sosiō cōnsulibus bedeutet: *im Jahre 32 v. Chr. Geb.*

Die römischen Meilensteine (lapidēs) waren in einer Entfernung von je einer Meile = 1000 Doppelschritten = 1500 m voneinander aufgestellt. Ausgangspunkt war der von Augustus auf dem Forum Rōmānum aufgestellte vergoldete Meilenstein (mīlliārium aurĕum).

Wortschatz **28 D**

Unterscheide die folgenden Vokabeln und Wortformen:

1. quŏque (nachgestellt) *auch*
   quōque = Abl. Sing. v. quisque *jeder* u. quidque *jedes*

2. pervēnit (Ind. Perf.) *er gelangte*
   pervĕnit (Ind. Präs.) *er gelangt*

3. quamquam = Konjunktion *obgleich*
   = Adv. *indessen*

4. dolor, ōris m *der Schmerz*
   dolus m *der Betrug; die Arglist*

5. generum Akk. Sing. v. gener *der Schwiegersohn*
   = Gen. Plur. v. genus *die Art, das Geschlecht*

6. cūra f *die Fürsorge; die Besorgnis*
   cūria f *die Adelsversammlung; das Kuriengebäude; das Rathaus*

7. fūnus, eris n *das Leichenbegängnis, das Begräbnis*
   fūmus m *der Rauch*
   fungus m *der Pilz*

fundus m *das Grundstück*
fūnis, is m *das Seil*

8. mēnsa f *der Tisch*
mēnsis, is m *der Monat*

9. vĕnīre, ĭō, vēnī, vĕntum *kommen*
vēnīre, ĕō, vēnĭī, – *verkauft werden*
vēnārī, or, ātus sum *jagen*

10. vallum n *der Wall*
vallis (od. vallēs), is f *das Tal*

Übersetzungshilfen **28 E**

1. poēticēn: griech. Akkusativ.

2. quod vix crēdendum sit: Konjunktiv der Möglichkeit.

3. dē cōnsulātū Cicerōnis: In seinem Konsulatsjahr (63 v. Chr.) schlug Cicero die Verschwörung der Katilinarier nieder.

4. Dīvī fīliī: Gemeint ist Augustus, der Adoptivsohn Cäsars.

5. cuī ... collocārat = collocāverat; zu ergänzen ist: in mātrimōniō: *dem er seine jungfräuliche Tochter zur Frau gegeben hatte.*

6. Hanc *diese*, nämlich die Enkelin des Atticus, mit Namen Vipsānia, bestimmte Augustus, als sie kaum ein Jahr alt war, seinem Stiefsohn Tiberius Claudius Nerō, dem späteren Kaiser, als Gattin.

7. quīn Atticō (ergänze: litterās) mitteret: *ohne dem Atticus zu schreiben.*

8. quid ageret, ... quid legeret, ... quamdiū esset morātūrus (umschriebener Konjunktiv Futur): Alles im Konjunktiv wegen der indirekten Frage.

9. complēsset = complēvisset.

10. hōs ut = ut prīmum: *sobald er ..., daß diese ...*

11. quantam ... adhibuerim: Konjunktiv der indirekten Frage.

12. in valētūdine meā tuendā: Gerundivum als Attribut bei einer adverbialen Bestimmung: *bei der Erhaltung meiner Gesundheit.*

13. quidquid cibī: genetīvus partītīvus nach dem substantivischen Pronomen: *was auch immer an Speise ...*

14. ... diē quīntō, postquam ... inierat: postquam + Ind. Plusquamperfekt bei Angabe des Zeitunterschiedes: *seitdem ...*; sonst postquam + Ind. Perfekt = *nachdem.*

15. Aprīlīs: Akk. Plur. Mask. u. Fem. der Adjektive der i-Deklination. Diese Form wurde vielfach von dem Ausgang auf -ēs – der konsonantischen Deklination – verdrängt.

1. *Übersetzen Sie die folgenden Wortgruppen und Sätze und geben Sie die Art des Ablativs an:* Omnī Galliā pācātā. – Paene ūnō tempore hostēs et ad silvās et in flūmine vidēbantur. – Celerius omnibus opīniōne. – Omnēs māiōrēs nātū. – Ineunte aestāte. – Cīvitās magnā inter Belgās auctōritāte atque hominum multitūdine praestābat. – Suessiōnēs iīsdem lēgibus atque cōnsanguineī eōrum ūtēbantur. – Mīlitēs incrēdibilī celeritāte ad flūmen dēcurrērunt. – Oppidum Rēmōrum nōmine Bibrax. – Ūnō tempore. – Sī quō opus erit, sex legiōnēs subsidiō dūcī poterunt. – Iccius Rēmus summā nōbilitāte inter suōs erat. – Locō nātūrā opportūnō atque idōneō Caesar castella cōnstituit. – Omnibus vīcīs aedificiīsque incēnsīs. – Hostēs nostrōs commeātū prohibēre cōnātī sunt. – Castra amplius mīlibus passuum octō in lātitūdinem patēbant. – Cōnsuētūdine suā Caesar sex legiōnēs expedītās dūcēbat. – Secundā vigiliā hostēs cum strepitū ac tumultū castrīs ēgressī sunt. (*3. Ablativarten!*)

2. *Lesen Sie in den folgenden Sätzen die Zahlenangaben in lateinischer Sprache und übersetzen Sie die Sätze sodann:* Caesar II legiōnēs novās cōnscrīpsit. – Omnēs explōrātōrēs nūntiāvērunt exercitum in I locum condūcī. – Caesar diēbus circiter XV ad fīnēs Belgārum pervēnit. – Caesar Q. Titurium Sabīnum lēgātum cum VI cohortibus relīquit. – Caesar castra in altitūdinem pedum XII vallō fossāque XVIII pedum mūnīrī iussit. – Ā castrīs oppidum mīlia passuum VIII aberat. – Caesar trānsversam fossam circiter passuum CCCC obdūxit. – II fīliīs Galbae rēgis trāditīs Caesar Suessiōnēs in dēditiōnem accēpit. – Exercitus Caesaris circiter MM passuum aberat. – Caesar ab Bellovacīs DC obsidēs poposcit. – Caesar ad cohortandōs mīlitēs ad legiōnem X. dēvēnit. – Legiōnis XI. et X. mīlitēs cōnfectōs Atrebatēs in flūmen compulērunt. – Duae legiōnēs, XI. et VIII., in ipsīs flūminis rīpīs proeliābantur. – In dextrō cornū legiō XIII. et nōn magnō ab eā intervallō VII. cōnstitērunt. – In fīnibus hostium oppida numerō ad XII erant. – Ad hominum mīlia IV cecidērunt – Bellovacī mīlia C armāta cōnficere potuērunt. – Caesar ab X. legiōnis cohortātiōne ad dextrum cornū profectus est. – Suessiōnēs mīlia armāta L pollicitī sunt, totidem Nerviī, XV mīlia Atrebatēs, Ambiānī X mīlia, Morinī XXV mīlia, Menapiī VII mīlia, Caletī X mīlia, Atuatucī XIX mīlia, Germānī ad XL mīlia.

3. *Übertragen Sie das Lesestück schriftlich in gutes Deutsch!*

29. Lektion

Ē M. Tullī Cicerōnis ōrātiōne in templō Iovis Statōris habitā, in quā Catilīnā praesente ille cōnsul honōris et glōriae appetēns nōn sōlum impia cōnsilia coniūrātōrum, sed etiam inertiam nēquitiamque senātōrum patefacit ac damnat. **29 A**

Quoūsque tandem abūtēre, Catilīna, patientiā nostrā? Quamdiū etiam furor iste tuus nōs ēlūdet? Quem ad fīnem sēsē effrēnāta iactābit audācia? Nihilne tē nocturnum praesidium Palātī, nihil urbis vigiliae, nihil timor populī, nihil concursus bonōrum omnium, nihil hĭc mūnītissimus habendī senātūs locus, nihil hōrum ōra vultūsque mōvērunt? Patēre tua cōnsilia nōn sentīs, cōnstrictam iam hōrum omnium scientiā tenērī coniūrātiōnem tuam nōn vidēs? Quid proximā, quid superiōre nocte ēgeris, ubĭ fueris, quōs convocāveris, quid cōnsilī cēperis, quem nostrum īgnōrāre arbitrāris?

Ō tempora, ō mōrēs! Senātus haec intellegit, cōnsul videt; hĭc tamen vīvit. Vīvit? Immō vērō etiam in senātum venit, fit pūblicī cōnsilī particeps, notat et dēsīgnat oculīs ad caedem ūnum quemque nostrum. Nōs autem fortēs virī satis facere reī pūblicae vidēmur, sī istīus furōrem ac tēla vītēmus.

Ad mortem tē, Catilīna, dūcī iussū cōnsulis iam prīdem oportēbat, in tē cōnferrī pestem, quam tū in nōs māchināris.

Habēmus senātūs cōnsultum in tē, Catilīna, vehemēns et grave, nōn dēest reī pūblicae cōnsilium neque auctōritās huius ōrdinis; nōs, nōs, dīcō apertē, cōnsulēs dēsumus. Habēmus ... senātūs cōnsultum, vērum inclūsum in tabulīs tamquam in vāgīnā reconditam, quō ex senātūs cōnsultō cōnfestim tē interfectum esse, Catilīna, convēnit.

Vīvis, et vīvis nōn ad dēpōnendam, sed ad cōnfirmandam audāciam. Cupiō, patrēs cōnscrīptī, mē esse clēmentem, cupiō in tantīs reī pūblicae perīculīs mē nōn dissolūtum vidērī, sed iam mē ipse inertiae nēquitiaeque condemnō.

Etenim quid est, Catilīna, quod iam amplius exspectēs, sī neque nox tenebrīs obscūrāre coetūs nefāriōs nec prīvāta domus parietibus continēre vōcēs coniūrātiōnis tuae potest, sī illūstrantur, sī ērumpunt omnia? Mūtā iam istam mentem, mihĭ crēde, oblīvīscere caedis atque incendiōrum! Tenēris undique; lūce sunt clāriōra nōbīs tua cōnsilia omnia.

Ō dī immortālēs! Ubinam gentium sumus? In quā urbe vīvimus? Quam rem pūblicam habēmus? Hīc, hīc sunt in nostrō numerō, patrēs cōnscrīptī, in hōc orbis terrae sānctissimō gravissimōque cōnsiliō, quī dē nostrō omnium interitū, quī dē huius urbis atque adeō dē orbis terrārum exitiō cōgitent! Hōs egŏ videō cōnsul et dē rē pūblicā sententiam rogō et, quōs ferrō trucīdārī oportēbat, eōs nōndum vōce vulnerō!

Geflügeltes Wort:

Tẹmpora mụ̄tantụr, nōs ẹt mūtạ̄mur in ịllīs. (*Ein Hexameter*)

ōrātiō, ōnis *f die Rede*
Stator, ōris *m Beiname Jupiters* („*der Fliehende zum Stehen bringt*")
gloria *f* ***der Ruhm, die Ehre***
appetēns, ĕntis (*Adj.; m. Gen.*) *begierig nach*
coniūrātus, a, um *eidlich verschworen*
coniūrātus *m der Verschworene*
inertia *f die Ungeschicklichkeit, die Trägheit*
nēquitia *f die Nichtsnutzigkeit, der Leichtsinn*
pate-facere, iō, fēcī, factus *öffnen; enthüllen*
damnāre (aliquem capitis) *verurteilen* (*j-n zum Tode*)*; mißbilligen*
quo-ūsque? (*Adv.*) *bis wohin?, wie lange?*
tandem (*Adv.*) *zuletzt; denn eigentlich*
ab-ūtī, or, ūsus sum (*m. Abl.*) *mißbrauchen*
patientia *f die Geduld*
furor, ōris *m die Wut, die Raserei*
ē-lūdere, ō, sī, sus *zu entgehen suchen; verspotten*
effrēnātus, a, um *zügellos*
iactāre *immer wieder werfen*
sē iactāre *sich brüsten*
audācia *f die Verwegenheit; die Frechheit*
nocturnus, a, um *nächtlich*
Palātium *n der Palatinische Hügel in Rom*
concursus, ūs *m das Zusammenlaufen*
cōn-stringere, ō, strīnxī, strictus *zusammenschnüren; fesseln; lähmen*
scientia *f das Wissen; die Wissenschaft*

immŏ vērō (*Adv.*) *ja sogar*
dē-sīgnāre *bezeichnen; bestimmen*
ūnus-quisque, ūnum-quidque *ein jeder/jedes* (*einzelne*)
satis-facere, iō, fēcī, factum (*m. Dat.*) *Genugtuung geben; sich rechtfertigen bei*
iussū (*Abl. Sing. m; Adv.*) *auf Befehl*
prīdem (*Adv.*) *längst*
nefārius, a, um *ruchlos*
prīvātus, a, um *Privat...*
paries, ĕtis *m die Wand*
mūtāre *ändern*
incendium *n der Brand; die Brandstiftung*
orbis, is *m der Kreis; der Reif*
orbis terrārum *der Erdkreis, die Welt*
interitus, ūs *m der Untergang*
exitium *n das Verderben*
cōgitāre dē (*m. Abl.*) *bedacht sein auf*
sententia *f die Meinung*
senātōrem sententiam rogāre *einen Senator um seine Meinung fragen*
trucīdāre *niedermetzeln*
vulnerāre *verwunden, verletzen*
et (*Konjunktion*) *und; auch*
re-minīscī, or, –, – *sich erinnern*
arguere, ō, uī, ūtus *beschuldigen*
co-arguere, ū, uī, ūtus *überführen*
con-vincere, ō, vīcī, victus *überführen*
rēus *m der Angeklagte*
piget, uit, – *es ärgert mich*
pudēre, ĕō, uī, – *sich schämen*
paenitēre, ĕō, uī, – *bereuen*

taedet, uit *u.* taesum est *Ekel empfinden*
miserēre, ĕō, uī, ĭtum *bemitleiden, sich erbarmen*
pigritia *f die Trägheit; die Unlust*
dē-sinere, ō, siī, situm *aufhören, ablassen*
pestis, is *f die Seuche; das Verderben*
māchinārī (*Dep.*) *ersinnen; im Schilde führen*
cōnsultum *n der Beschluß*
vērum (*Adv.*) *jedoch; ganz gewiß*
inclūdere, ō, sī, sus *einschließen; verschließen*
tabula *f die Tafel*
tabulae (pūblicae) (*Plur.*) *die Staatsurkunden; das Staatsarchiv*
tam-quam (*Adv.*) *gleichsam*
vāgīna *f die Scheide* (*des Schwertes*)
cōnfestim (*Adv.*) *eilig; sogleich*
inter-ficere, iō, fēcī, fectus *töten; vernichten*
con-vĕnit, *Perf.* convēnit *es ziemt sich*
dē-pōnere, ō, pŏsuī, pŏsitus *niederlegen, aufgeben*
cupere, iō, īvī, ītus *wünschen*
cōn-scrīptī, ọrum *m die neuen* (*der Überlieferung nach aus dem Ritterstand übernommenen, den alten Senatoren = patrēs beigeordneten*) *Senatoren*
patrēs (et) cōnscrīptī *Stadtväter und Beigeordnete = Senatoren*
clēmēns, entis *mild, sanftmütig*
dissolūtus, a, um *aufgelöst; gleichgültig; leichtsinnig*

con-demnāre *verurteilen*
et-enim (*Konjunktion*) *denn; allerdings*
tenebrae, ārum *f* (*Pluraletantum*) *die Finsternis*
obscūrāre *verdunkeln; verhüllen*
coetus, ūs *m das Zusammentreffen; das Zusammenrotten*
con-donāre aliquid alicuī *j-m zuliebe etw. ungeahndet lassen*
avidus, a, um *begierig*
gnārus, a, um *erfahren*
im-perītus, a, um *unerfahren*
īgnārus, a, um *unerfahren*
im-mĕmor, ŏris *uneingedenk*
ex-sors, rtis *unteilhaftig*
plēnus, a um *voll*
nihilī (*gen. pret.*) *für nichts*
tantī (*gen. pret.*) *so viel wert*
precēs, um *f die Bitte, das Ersuchen*
iacĕre, iō, iēcī, iactus *werfen*
pondus, eris *n das Gewicht; das Pfund*
Allobrogēs, um *m Bergvolk i. Gallia Narbonēnsis*
dē-mōnstrāre *genau bezeichnen; darlegen*
quantopere (*Adv.*) *wie sehr*
dis-tinēre, ĕō, uī, tentus *auseinanderhalten*
ac-cēdere, ō, cessī, cessum *dazukommen*
pedes, peditis *m der Fußgänger; der Fußsoldat*
armātūra *f die Waffengattung*
praeceps, pitis *kopfüber*
sē mandāre (fugae) *sein Heil in der Flucht suchen*
meritō (*Adv.*) *mit Recht; nach Verdienst*
optimātēs, (i)um *m die Konservativen, die Aristokraten*
comitium *n der Versammlungsplatz; die beschließende Versammlung (des röm. Volkes)*

Grammatik

Das Substantiv — 29 B_1

Die Substantive auf -ius bilden – soweit sie Eigennamen sind – im Singular den Genetiv auf -iī oder -ī, den Vokativ auf -ī: Tulliī bzw. Tullī (aber: nūntiī und nūntie!). Ebenso heißt es immer: mī fīlī! *mein Sohn!*

Von deus *Gott* ist der Vokativ gleich dem Nominativ. Der Plural von deus heißt oft: dī, deum, dīs, deōs (so stets!), dīs.

Die Substantive auf -ium bilden den Genetiv Singular auf -iī oder -ī: Palātiī oder Palātī *des Palatins*, ebenso: cōnsiliī oder cōnsilī.

Das Verb — 29 B_2

Im Passiv und bei den Deponentien wird die 2. Pers. Sing. auch auf -re statt auf -ris gebildet: abūtēre – abūtēris *du wirst mißbrauchen.*

Satzlehre — 29 B_3

Der Gebrauch des Genetivs

Der Genetiv wird hauptsächlich als Attribut oder Prädikatsnomen, aber auch als Objekt verwandt.

1. Der Genetiv steht als Objekt

a) bei den Verben des Erinnerns und Vergessens: reminīscī, meminisse *sich erinnern;* oblīvīscī *vergessen.*

Reminīsciminī beneficiōrum parentum! *Gedenkt der Wohltaten, die euch eure Eltern erwiesen haben!*

b) bei den Verben der Gerichtssprache zur Bezeichnung des Vergehens: accūsāre *anklagen;* arguere *beschuldigen;* coarguere, convincere *überführen;* damnāre, condemnāre *verurteilen;* absolvere *freisprechen* (genetīvus crīminis).

Iūdicēs reum caedis coarguērunt (= convīcērunt). *Die Richter überführten den Angeklagten des Mordes.*

c) bei den unpersönlichen Verben: piget, pudet, paenitet, taedet sowie miseret zur Bezeichnung der Ursache der Empfindung.

(mē piget *ich ärgere mich;* mē pudet *ich schäme mich;* mē paenitet *es reut mich;* mē taedet *es ekelt mich, ich habe es satt;* mē miseret *es erbarmt mich, ich habe Mitleid*)

Tē pigritiae tuae paenitēbit. *Du wirst deine Trägheit bereuen.*

2. Der Genetiv bezeichnet als Attribut

a) das Subjekt einer Tätigkeit oder Empfindung (genetīvus subiectīvus).

Amor mātris numquam dēsinet. *Die Liebe der Mutter wird niemals aufhören.*

b) das Objekt einer Tätigkeit oder Empfindung (genetīvus obiectīvus)

a) bei Substantiven:

Caesar et reī pūblicae iniūriam et suum dolōrem Dumnorīgī condōnāvit. *Cäsar ließ das dem Staat zugefügte Unrecht und seine eigene Verärgerung Dumnorix zuliebe ungeahndet;*

b) bei den Adjektiven cupidus, avidus *begierig;* perītus, gnārus *erfahren, kundig;* imperītus, īgnārus *unerfahren;* memor *eingedenk;* particeps *teilhaftig;* exsors *unteilhaftig;* compos, potēns *einer Sache mächtig;* plēnus *voll von:*

Gallī novārum rērum cupidī erant. *Die Gallier waren nach einem Umsturz begierig.*

c) das bestimmte Ganze, von dem ein Teil genommen ist, bei Ausdrücken der Menge und des Maßes, Komparativen, Superlativen, Ordnungszahlen, Pronomina und Adverbien (genetīvus partītīvus).

Omnium Gallōrum fortissimī sunt Belgae. *Die Belgier sind von allen Galliern am tapfersten.*

Cicerō exclāmāvit: "Ubinam gentium sumus?" *Cicero rief aus: „Wo in aller Welt befinden wir uns?"*

3. Der Genetiv bezeichnet

a) attributiv den Eigentümer,

prädikativ den Eigentümer oder die Eigentümlichkeit bei esse *gehören, sich gehören* (genetīvus possessīvus).

Domus poētae clāra est. *Das Haus des Dichters ist berühmt.*
Domus poētae est. *Das Haus gehört dem Dichter.*
Parentum est, līberīs suīs cōnsulere. *Es ist Pflicht der Eltern, für ihre Kinder zu sorgen.*

b) attributiv und prädikativ mit einem Attribut die Eigenschaft, besonders bei Wert- und Zahlangaben (genetīvus quālitātis).

T. Pompōnius Atticus magnae auctōritātis habitus est. *Titus Pomponius Atticus galt für sehr einflußreich.*

c) prädikativ den allgemeinen Wert bei: aestimāre, putāre, facere, dūcere *schätzen, achten;* esse, fierī *wert sein, gelten* (genetīvus pretiī).

Merke die allgemeinen Wertangaben magnī, plūris, plūrimī, parvī, minōris, minimī, tantī, quantī, nihilī.

Caesar prīncipibus Gallōrum tantī grātiam eōrum apud sē esse expōnit, utī suum dolōrem precibus eōrum condōnet. *Cäsar versichert den Führern der Gallier, daß ihr Wohlwollen für ihn so wertvoll sei, daß er seine eigene Verärgerung deren Bitten zuliebe ungeahndet lasse.*

Stilistik **29 B_4**

1. cupere *wünschen*

steht

a) mit dem Akkusativ: **novās** rēs cupere *einen Umsturz herbeiwünschen.*

b) mit dem Dativ in der Bedeutung „*zugetan sein*“: favēre et cupere Helvētiīs, ōdisse Rōmānōs *die Helvetier begünstigen und ihnen zugetan sein, die Römer hassen.*

c) mit dem Infinitiv: Semperne discere cupis? *Willst du immer (nur) lernen?*

d) mit dem a.c.i.: Cupiō mē esse clēmentem. *Ich möchte milde sein.*

2. iste *dieser da*

steht zur Verstärkung von tuus und vester, in Reden oder mit dem Nebensinn des Verächtlichen oder Ironischen:

furor iste tuus *jene deine Raserei*
Sī istīus furōrem … *Wenn wir die Raserei dieses (abscheulichen) Menschen …*

3. Abweichend vom Deutschen steht im Lateinischen der Indikativ bei Ausdrücken des Könnens, Sollens und Müssens:

Tē iam prīdem ad mortem dūcī oportēbat. *Du hättest schon längst ins Jenseits befördert werden müssen.*

4. Der Stil der Reden Ciceros

ist sehr wirkungsvoll. Charakteristisch sind die folgenden rhetorischen Figuren:

a) Die Steigerung („Klimax"): ... abūtēre ... *du wirst mißbrauchen* (ein Verb) ... furor ... ēlūdet ... *deine Raserei wird uns verspotten* (Substantiv + Verb) ... effrēnāta iactābit audācia ... *eine zügellose Frechheit wird sich brüsten* (Adjektiv + Substantiv + Verb).

b) Die Wiederholung („Anapher"): Nihilne tē ..., nihil urbis vigiliae ..., nihil timor populī, nihil concursus ..., nihil hōrum ōra ... *dich etwa gar nicht ..., gar nicht die Wachen der Stadt, ... gar nicht die Angst der Bevölkerung, gar nicht das Zusammenströmen ..., gar nicht die Mienen dieser Leute ...*

c) Die Entgegenstellung („Antithese"): ... vīvis nōn ad dēpōnendam, sed ad cōnfirmandam audāciam ... *du lebst nicht, um deine Frechheit abzulegen, sondern um sie noch zu verstärken ...*

Geschichtliches und Kulturgeschichtliches **29 C**

Cicero war 63 v. Chr. einer der beiden gewählten Konsuln dieses Jahres. Damals erreichte die Verschwörung Catilinas durch einen Aufstand in Norditalien ihren Höhepunkt.

L. Sergius Catilīna war ein verarmter Patrizier, der durch einen Umsturz die Herrschaft der Besitzlosen errichten wollte. Cicero erreichte durch die Rede, die er vor dem Senat im Tempel des Iuppiter Stator hielt, daß Catilina Rom verließ. Catilina fiel im Januar des nächsten Jahres im Kampf gegen das römische Heer.

Der Senat bestand in der republikanischen Zeit aus etwa 600 Bürgern (Patriziern und Plebejern, d. i. Adligen und „*Dazugeschriebenen*"; daher die Anrede „Patrēs et cōnscrīptī") und versammelte sich im Rathaus (der auf dem Forum Rōmānum gelegenen cūria) oder in einem Tempel. – Der römische Staat wurde von Senat und Volk regiert (daher Senātus populusque Rōmānus, abgekürzt SPQR.).

Der Senat wurde von einem hohen Beamten – namentlich einem Konsul – einberufen; dieser rief die Senatoren zur Abstimmung auf (sententiam rogāre).

Durch ein „senātūs cōnsultum ultimum" erklärte der Senat in einer für den Staat gefährlichen Lage den Ausnahmezustand.

Wortschatz **29 D**

Unterscheide die folgenden Vokabeln und Wortformen:

1. tandem *endlich, schließlich*
   tamen *trotzdem*

tamquam = Adv. *gleichsam*
= Konjunktion m. Konjunktiv *wie wenn, als ob*
quamquam = Konjunktion im Nebensatz *obgleich*
= Konjunktion im Hauptsatz *indessen*

2. cōnsultum n *der Beschluß*
cōnsulātum = Akk. Sing. v. cōnsulātus, ūs m *das Konsulat*

3. quō = Adv. *wohin*
quō = Abl. von quī *welcher* u. quod *welches*

4. abūtēre = abūtēris, 2. Pers. Sing. Fut. v. abūtī: *du wirst mißbrauchen*
abūtĕre = abūtĕris, 2. Pers. Sing. Präs. v. abūtī: *du mißbrauchst*
= 2. Pers. Sing. Imperativ v. abūtī: *mißbrauche!*

5. iactāre *schütteln*
iacĕre, iō, iēcī, iactus *werfen*
iacēre, ĕō, uī, – *daliegen*

6. ōra *f die Küste*
ōra = Nom. u. Akk. Plur. v. ōs, ōris n *der Mund*
ōrā = 2. Pers. Sing. Imperativ v. ōrāre *beten*

7. patēre, ĕō, uī, – *sich erstrecken*
patĕre! = 2. Pers. Sing. Imperativ v. patī *dulden*

8. nostrum = Akk. Sing. v. noster (Mask.) *unser*
= Nom. u. Akk. Sing. v. nostrum
= gen. part. v. nōs *wir* (z. B. quis nostrum *wer von uns*)

9. vīvit = 3. Pers. Sing. Ind. Präs. Akt. v. vīvere: *er lebt*
vīvat = 3. Pers. Sing. Konj. Präs. Akt. v. vīvere: *er soll leben!*
vītat = 3. Pers. Sing. Ind. Präs. Akt. v. vītāre: *er vermeidet*
vītet = 3. Pers. Sing. Konj. Präs. Akt. v. vītāre: *er soll meiden!*

10. dūcī = Inf. Präs. Pass. v. dūcere, ō, dūxī, ductus *führen: geführt werden*
dŭcī = Dat. Sing. v. dŭx, dŭcis m *der Führer*

11. prīdem (Adv.) *schon längst*
prīdiē (Adv.) *am Vortage*

12. ferrō = Dat. u. Abl. Sing. v. ferrum n *das Eisen*
ferō = 1. Pers. Sing. Präs. Ind. Akt. v. ferre *tragen*

Übersetzungshilfen **29 E**

1. ē ... ōrātiōne in templō ... habitā: participium coniūnctum: *aus der im Tempel des ... gehaltenen Rede.*

2. Catilīnā praesente: ablātīvus absolūtus: *in Gegenwart Catilinas*

3. nihilnĕ ... (hier Adverb): *hat dich denn überhaupt nicht ...*

4. ... concursus bonōrum omnium ... *das Zusammenströmen aller* (eine Übertreibung!) *gutgesinnten Bürger = aller Patrioten ...*

5. mūnītissimus habendī senātūs lŏcus ...: Gerundivum als Attribut im Genetiv statt des Gerundiums im Genetiv + Akkusativobjekt: ... *der bestgesicherte Ort, eine Senatssitzung abzuhalten, ...*

6. ... hōrum ...: Mit hī sind die hier sitzenden Männer, die Senatoren, gemeint.

7. ōra vultūsque *die Gesichter und Blicke.*

8. nox proxima *die vergangene Nacht;* nox superior *die vorletzte = vorvergangene Nacht.*

9. quid ... ēgeris, ubĭ fueris, quōs convocāveris, quid ... cēperis: durchweg Konjunktiv Perfekt in der indirekten Frage.

10. ..., quem nostrum īgnōrāre arbitrāris? a.c.i. im Fragesatz: *von wem von uns glaubst du, daß er das nicht wüßte?*

11. ... furōrem ac tēla ... *Raserei und Angriffswaffen = bewaffnete Raserei.*

12. in tē ... in nōs *gegen dich ... gegen uns.*

13. huius ōrdinis *dieses* (vor ihm sitzenden) *Standes* (nämlich der Senatoren).

14. convĕnit: Wie bei den Verben des Sollens, Müssens und Könnens steht im Lateinischen der Indikativ, im Deutschen der Konjunktiv: *es würde sich gehören;* convēnit: *es hätte sich gehört.*

15. ... quid est, quod ... exspectēs: Der Konjunktiv steht im Relativsatz nach einem Fragepronomen, um den modalen (konsekutiven) Nebensinn auszudrücken: ... *was gibt es, was du ... erwarten könntest ...*

16. lūce sunt clāriōra nōbīs ...: ablātīvus comparātiōnis und datīvus commodī.

17. Hōs egŏ videō cōnsul ...: cōnsul ist Prädikativum zu egŏ: *ich als Konsul.*

18. mūtantur ... mūtāmur: mediopassiv: *sie ändern sich ... wir ändern uns.*

Übungen 29 F

1. *Übersetzen und charakterisieren Sie den Gebrauch des Genetivs:* Atuatucī saxa magnī ponderis in mūrō collocābant. – Allobrogēs praeter agrum nihil reliquī sibĭ esse dēmōnstrant. – Caesar nōn sōlum iniūriās populī Rōmānī, sed etiam prīvātās iniūriās ulcīscī voluit. – Dīviciācus nēminem ē Dumnorīge plūs dolōris cēpisse quam sē affirmāvit. – Caesar sē Haeduō-

rum iniūriās (... *den Häduern zugefügte Ungerechtigkeiten* ...) nōn neglēctūrum esse pollicitus est. – Ex percontātiōne nostrōrum subitō timor omnem exercitum occupāvit. – Caesar Dīviciācum Haeduum docuit, quantopere reī pūblicae commūnisque salūtis interesset cōpiās hostium distinērī. – Magnum studium pugnandī accessit. – Peditēs levis armātūrae praecipitēs fugae sēsē mandābant. – Quid cōnsilī cēpistis, amīcī? – Cicerō honōris et gloriae appetēns erat. – Quem nostrum hōc īgnōrāre arbitrāris, Catilīna? – Num meritō tē, Catilīna, pūblicī cōnsilī participem facimus? – Cicerō sē ipse inertiae nēquitiaeque condemnāre dēbuit. – Oblīvīscere, Catilīna, caedis atque incendiōrum!

2. *Übertragen Sie die folgenden Sätze und formen Sie die Zeitangaben entsprechend unserem heutigen Kalender um:* Ante diem XII. Kalendās Novembrīs Cicerō in senātū ōrātiōnem habuit. – Cicerō C. Manlium ante diem VI. Kalendās Novembrīs in armīs fore in senātū expōsuit. – Catilīna in ante diem V. Kalendās Novembrīs caedem optimātium contulit. – Prīdiē Kalendās Iānuāriās Lepidō et Tulliō cōnsulibus Catilīna in comitiō stetit et manum cōnsulum et prīncipum cīvitātis interficiendōrum causā parāvit.

3. *Übertragen Sie das Lesestück schriftlich in gutes Deutsch!*

30. Lektion

Locī excerptī ē monumentō, quod Ancȳrānum vocātur, in quō Augustus rēs gestās suās dēscrībit, quibus orbem terrārum imperiō populī Rōmānī subiēcit, et impēnsās ēnumerat, quās in rem pūblicam populumque Rōmānum fēcit. 30 A

Annōs ūndēvīgintī nātus exercitum prīvātō cōnsiliō et prīvātā impēnsā comparāvī, per quem rem pūblicam ā dominātiōne factiōnis oppressam in lībertātem vindicāvī.

Quī parentem meum trucīdāvērunt, eōs in exilium expulī iūdiciīs lēgitimīs ultus eōrum facinus, et posteā bellum īnferentīs reī pūblicae vīcī bis aciē.

Bella terrā marīque cīvīlia externaque tōtō in orbe terrārum saepe gessī victorque omnibus veniam petentibus cīvibus pepercī. Externās gentēs, quibus tūtō īgnōscī potuit, cōnservāre quam excīdere māluī.

In triumphīs meīs ductī sunt ante currum meum rēgēs aut rēgum līberī novem. Cōnsul fueram terdeciēns, cum scrībēbam haec, et eram septimum et trīcēnsimum tribūniciae potestātis.

Dictātūram et absentī et praesentī mihĭ dēlātam et ā populō et ā senātū ... nōn recēpī. ... Cōnsulātum quŏque tum annuum et perpetuum mihĭ dēlātum nōn recēpī.
Triumvirum reī pūblicae cōnstituendae fuī per continuōs annōs decem. Prīnceps senātūs ūsque ad eum diem, quō scrīpseram haec, per annōs quadrāgintā fuī.
Cum ex Hispāniā Galliāque rēbus in iīs prōvinciīs prosperē gestīs Rōmam redī ..., āram Pācis Augustae senātus prō reditū meō cōnsacrandam cēnsuit ad campum Mārtium, in quā magistrātūs et sacerdōtēs virginēsque Vestālēs anniversārium sacrificium facere iussit.
Iānum Quirīnum, quem clausum esse māiōrēs nostrī voluērunt, cum per tōtum imperium populī Rōmānī terrā marīque esset parta victōriīs pāx, cum, priusquam nāscerer, ā conditā urbe bis omnīnō clausum fuisse prodātur memoriae, ter mē prīncipe senātus claudendum esse cēnsuit.
Plēbeī Rōmānae virītim HS trecēnōs numerāvī ex testāmentō patris meī. Pecūniam prō agrīs, quōs in cōnsulātū meō quārtō et posteā cōnsulibus M. Crassō et Cn. Lentulō Augūre adsīgnāvī mīlitibus, solvī mūnicipiīs.
Capitōlium et Pompēium theātrum – utrumque opus – impēnsā grandī refēcī, sine ūllā īnscrīptiōne nōminis meī. Rīvōs aquārum complūribus locīs vetustāte labentīs refēcī, et aquam, quae Mārcia appellātur, duplicāvī fonte novō in rīvum ēius inmissō. Fŏrum Iūlium et basilicam, quae fuit inter aedem Castŏris et aedem Sāturnī, coepta prōflīgātaque opera ā patre meō, perfēcī et eandem basilicam cōnsūmptam incendiō ampliātō ēius sōlō sub titulō nōminis fīliōrum meōrum incohāvī, et sī vīvus nōn perfēcissem, perfĭcī ab hērēdibus meīs iussī.
Theātrum ad aedem Apollinis in solō magnā ex parte ā prīvātīs emptō fēcī, quod sub nōmine M. Marcellī generī meī esset.
Ter mūnus gladiātōrium dedī meō nōmine, et quīnquiēns fīliōrum meōrum aut nepōtum nōmine; quibus mūneribus dēpūgnāvērunt hominum circiter decem mīlia.
Vēnātiōnēs bēstiārum Āfricānārum meō nōmine aut fīliōrum meōrum et nepōtum in circō aut in forō aut in amphitheātrīs populō dedī sexiēns et vīciēns, quibus cōnfecta sunt bēstiārum circiter tria mīlia et quīngentae.
Nāvālis proelī spectāculum populō dedī trāns Tiberim, in quō locō nunc nemus est Caesārum, cavātō solō in longitūdinem mīlle et octingentōs pedēs, in lātitūdinem mīlle et ducentī. In quō trīgintā rōstrātae nāvēs trirēmēs aut birēmēs, plūrēs autem minōrēs inter sē

cōnflīxērunt. Quibus in classibus pūgnāvērunt praeter rēmigēs mīlia hominum tria circiter.
Mare pācāvī ā praedōnibus.
Iūrāvit in mea verba tōta Italia sponte suā et mē bellī, quō vīcī ad Actium, ducem poposcit. Iūrāvērunt in eādem verba prōvinciae Galliae, Hispāniae, Āfrica, Sicilia, Sardinia.
Omnium prōvinciārum populī Rōmānī, quibus fīnitimae fuērunt gentēs, quae nōn pārērent imperiō nostrō, fīnēs auxī. Galliās et Hispāniās prōvinciās, item Germāniam, quā inclūdit Ōceănus, ā Gādibus ad ōstium Albis flūminis, pācāvī. Alpēs ā regiōne eā, quae proxima est Hadriānō marī, ad Tuscum pācārī fēcī nūllī gentī bellō per iniūriam inlātō. Classis mea per Ōceanum ab ōstiō Rhēnī ad sōlis orientis regiōnem ūsque ad fīnēs Cimbrōrum nāvigāvit, quō terrā neque marī quisquam Rōmānus ante id tempus adīt; Cimbrīque et Charydēs et Semnonēs et ēiusdem tractūs aliī Germānōrum populī per lēgātōs amicitiam meam et populī Rōmānī petiērunt.
In cōnsulātū sextō et septimō, postquam bella cīvīlia exstīnxeram per cōnsēnsum ūniversōrum potītus rērum omnium, rem pūblicam ex meā potestāte in senātūs populīque Rōmānī arbitrium trānstulī. Quō prō meritō meō senātūs cōnsultō "Augustus" appellātus sum.
Tertium decimum cōnsulātum cum gerēbam, senātus et equester ōrdō populusque Rōmānūs ūniversus appellāvit mē "Patrem Patriae".
Cum scrīpsī haec, annum agēbam septuāgēnsumum sextum.

(Unter Verwendung von „*Augustus, Meine Taten*", herausgegeben von E. Weber, Heimeran Verlag, München, und „*Augustus*", Eclogae Graecolatinae, von Gottschaldt, Teubner, Leipzig/Berlin.)

ex-cerpere, ō, psī, ptus *ausnehmen, auswählen*
Ancȳra *f Stadt i. Galatien, j. Ankara (Angora)*
Ancȳrānus, a, um *aus Ancyra*
sub-icere, iō, iēcī, iectus *unterwerfen*
impēnsa *f der Aufwand, die Kosten*
ē-numerāre *ausrechnen; aufzählen*
dominātiō, ōnis *f die Herrschaft*
vindicāre *als Eigentum beanspruchen; in einen Zustand versetzen*
parēns, ĕntis *m/f der Vater/die Mutter*
ex-pellere, ō, pulī, pulsus *vertreiben, verbannen*
lēgitimus, a, um *gesetzlich*
vĕnia *f die Erlaubnis; die Verzeihung*
terrā marīque *zu Wasser und zu Lande*
externus, a, um *auswärtig*
victor, ōris *m der Sieger*
novem *neun*
ex-cīdere, ō, cīdī, cīsus *heraushauen; ausrotten*
triumphus *m der Triumph; der Siegeszug durch ein Stadttor aufs Kapitol*
currus, ūs *m der Wagen*
ter (*Zahladv.*) *dreimal*
deciē(n)s (*Zahladv.*) *zehnmal*
septimum et tricē(n)simum (*Zahladv.*) *zum 37. Male*
tribūnicius, a, um *tribunizisch; die Volks- oder **Militärtribunen betreffend***
dictātūra *f die Diktatur*
annŭūs, a, um *jährlich*
trium-vir, ī *m der Triumvir (Mitglied eines Dreimännerkollegiums)*
prosper(us), a, um *glücklich; günstig*
āra *f der Altar*
Augustus, a, um *augusteisch; kaiserlich*
reditus, ūs *m die Rückkehr*
cōn-sacrāre = cōnsecrāre *weihen*

sacerdōs, ōtis *m/f der Priester / die Priesterin*
Vestālis, e *Vesta (die Göttin des staatlichen u. häuslichen Herdfeuers) betreffend*
anniversārius, a, um *jedes Jahr wiederkehrend*
iānus *m der bedeckte Durchgang; die Torhalle*
Quirīnus *m verschollener Gott; später der zum Gott erhobene Rōmulus*
māiōrēs, um *m die Alten; die Vorfahren*
omnīnō (*Adv.*) *ganz und gar; im ganzen*
cēnsēre, ĕō, ŭī, um *abschätzen; der Ansicht sein*
virītim (*Adv.*) *Mann für Mann*
numerāre *auszählen; auszahlen*
testāmentum *n der Letzte Wille*
M. Crassus *m Konsul i. J. 14 v. Chr.*
Cn. Lentulus Augur *m Konsul i. J. 14 v. Chr.*
assīgnāre *zuweisen*
solvere, ō, ī, solūtus *lösen; zurückzahlen*
mūnicipium *n die Landstadt; die Provinzstadt*
Capitōlium *n das Kapitol (der Kapitolinische Hügel mit Burg, tarpejischem Felsen u. Jupitertempel)*
Pompēius, a, um *Name einer plebejischen gēns*
theātrum *n das Theater*
grandis, e *groß; bedeutend*
re-ficere, iō, fēcī, fĕctus *instand setzen*
īnscrīptiō, ōnis *f das Aufschreiben; die Aufschrift*
rīvus *m der Bach; der Kanal*
vetustās, ātis *f das (hohe) Alter*
lābī, or, lāpsus sum *gleiten, fallen; verfallen*
Mārcius, a, um *röm. Geschlechtername*
duplicāre *zusammenbiegen; verdoppeln; vergrößern*
in-mittere, ō, mīsī, missus *hineinschicken; hineinleiten*
fŏrum *n der Marktplatz*
aedēs, is *f das Zimmer; der Tempel*

Castor, ŏris *m mit seinem Bruder (Pollux) an den Himmel versetzt*
prōflīgāre *niederschlagen; dem Ende nahebringen; beinahe vollenden*
ampliāre = amplificāre *erweitern; vergrößern*
sŏlum *n der unterste Teil; die Grundfläche; der Grund*
in-cohāre *anfangen*
hērēs, ēdis *m/f der Erbe/die Erbin*
Claudius Marcellus *nach ihm ist das theātrum Marcellum benannt*
gladiātōrius, a, um *Gladiatoren..., Fechter...*
quīnquiēns *fünfmal*
dē-pūgnāre *auf Leben und Tod kämpfen*
Āfricānus, a, um *afrikanisch*
amphitheātrum *n das Amphitheater (für Fechterspiele u. Tierkämpfe)*
cōn-ficere, iō, fēcī, fĕctus *anfertigen; aufreiben; töten*
nāvālis, e *See..., Schiffs...*
proelium *n der Kampf, das Treffen*
spectāculum *n der Schauplatz; das Schauspiel*
Tiberis, is *m der Tiber*
nemus, ŏris *n der Wald; der Hain*
cāvāre *aushöhlen*
rōstrātus, a, um *mit Schiffsschnäbeln versehen*
tri-rēmis, e *mit drei Ruderdecks*
bi-rēmis, e *mit zwei Reihen von Ruderbänken übereinander*
cōn-flīgere, ō, īxī, īctus *niederhauen; aneinandergeraten*
rēmex, igis *m der Ruderer*
praedō, ōnis *m der Räuber, der Seeräuber*
iūrāre *schwören, einen Eid ablegen*
Actium *n Vorgebirge i. Westen Mittelgriechenlands; hier 31 v. Chr. Seesieg Oktavians über Antonius*
Sicĭlia *f Sizilien*
Sardĭnia *f Sardinien*

quā (*Adv.*) *auf welchem Wege?; wo?*
inclūdere, ō, sī, sus *umschließen*
Gādēs, ium *f (Pluraletantum) j. Cadiz (im Südwesten Spaniens)*
ōstium *n die Tür; die Mündung*
Albis, is *m die Elbe*
Hadriānus, a, um *von Hadria (Stadt zw. Mündung des Po u. der Etsch; nach ihr ist das Adriatische Meer benannt)*
Tuscus, a, um *etruskisch = tyrrhenisch*
Cimbrī, ōrum *m germ. Volk an der unteren Elbe*
Charydēs, um *m germ. Volksstamm*
Semnonēs, um *m germ. Volksstamm zw. Elbe u. Oder*
tractus, ūs *m das Ziehen; die Gegend*
ex-(s)tinguere, ō, īnxī, īnctus *auslöschen; in Vergessenheit bringen*
cōn-sēnsus, ūs *m die Übereinstimmung; das Einverständnis*
meritum *n das Verdienst*
omnium rērum patīrī *die gesamte Macht erlangen*
mentīrī, ĭor, mentītus sum *lügen*
pūnīre, ĭō, īvī, ītus *bestrafen*
īrācundus, a, um *jähzornig*
postulātum *n die Forderung*
op-pūgnāre *bestürmen; angreifen*
quod sī (*od.* quod sī) *wenn jedoch*
contumēlia *f die Mißhandlung; die Schmach*
recēns, ĕntis *noch frisch; neugeschaffen*
dē-pōnere, ō, pŏsuī, pŏsitus *ablegen; in Verwahrung geben*
as-sentīrī, ior, sēnsus sum (*auch* assentīre) *zustimmen, beipflichten*
Arar, is *m Fluß i. Gallien; j. Saône*
Rhodanus *m die Rhone*
īn-flūere, ō, xī, xum *hineinfließen*
dētrīmentum *n das Abreiben; der Schaden*

quī-dam, quaedam, quiddam / quoddam *jemand, etwas; ein gewisser*
statua *f das Standbild*
dē-scendere, ō, dī, scēnsum *herabsteigen*
surgere, ō, rēxī, rēctum *sich erheben; aufstehen*
īn-struere, ō, strūxī, strūctus *darauflegen; aufstellen*
Milō, ōnis *m T. Annius Milo, politischer Freund Ciceros, den dieser ohne Erfolg vor Gericht verteidigte*
hiemāre *überwintern*
profectiō, ōnis *f die Abreise*
rēx, ēgis ***m der König***
Padus *m der Po*
īnfrā (*Prp. b. Akk.*) *unterhalb*
ob (*Prp. b. Akk.*) *wegen*
arbitrium *n das schiedsrichterliche Urteil; die Entscheidung*
secundum (*Prp. b. Akk.*) *längs; gemäß*
super (*Prp. b. Akk.*) *oberhalb; außer*
ultrā (*Prp. b. Akk.*) *weiter hinaus; länger*
biennium ***n die Zeit von zwei Jahren***
Treverī, ōrum *m germ. Volk an der Mosel i. der Gegend v. Trier*
sub-levāre *emporheben; unterstützen*
adigere, ō, ēgī, actus ***antreiben; schlendern***
per-terrēre, ĕō, uī, itus *heftig erschrecken*
sub-sequī, or, secūtus sum *unmittelbar nachfolgen*
incūsāre *beschuldigen, anklagen*
dictō audiēns, ĕntis *aufs Wort gehorchend*
com-movēre, ĕō, mōvī, mōtus *bewegen; erregen*
ē-vĕnīre, ĭō, vēnī, vĕntum *herauskommen; sich ereignen; in Erfüllung gehen*
im-prōvīsō *unversehens*
cōn-sentīre, ĭō, sēnsī, sēnsum *übereinstimmen*
venter, tris *m der Bauch; der Magen*
tot *so viele*
sēnsus, ūs *m das Gefühl; die Meinung*
repetītiō, ōnis *f die Wiederholung*
nīl = nihil *nichts*
gustus, ūs *m das Kosten; der Geschmack einer Sache*
com-pōnere, ō, pŏsuī, pŏsitus *zusammenstellen; vergleichen*
astrum *n das Gestirn; der Himmel*
ex-īre, ĕō, ĭī, ĭtum *ausziehen*
Iūra, ae *m das Juragebirge*
ē-nūntiāre *aussagen; verraten*
comb-ūrere, ō, ŭssī, ustus *verbrennen*
maleficium *n der Frevel; die Feindseligkeit*

Grammatik

Zahlwörter — 30 B_1

Neben den bereits behandelten Grund-, Ordnungs- und Distributivzahlen sowie den Zahladverbien (s. Lektion 19, S. 111), die ausdrücken, wie oft etwas geschieht, gibt es noch Zahladverbien, die bei einer Aufzählung die Reihenfolge angeben oder bedeuten, zum wievielten Mal etwas geschieht. Sie gleichen dem Nom./Akk. Neutr. Sing. der Ordnungszahlen: prīmum *zuerst* oder *zum erstenmal*, tertium *drittens* oder *zum drittenmal; zweitens* heißt deinde, *zum zweitenmal* iterum.

Beachte: Neben den Formen auf -iēs gibt es bei den Zahladverbien auch Formen auf -iēns: quīnquiē(n)s *fünfmal* usw.

Satzlehre — 30 B_2

Mehrdeutiges quod (Übersicht)

1. Konjunktion

a) kausal: *da, weil*

α) Bei objektivem Grund mit Indikativ: Quod mentītus es, pūniēris. *Weil du gelogen hast, wirst du bestraft werden.*

b) Bei subjektivem Grund mit Konjunktiv: Athēniēnsēs Sōcratem capitis damnāvērunt, quod iuventūtem corrumperet. *Die Athener verurteilten Sokrates zum Tode, weil er die Jugend verderbe.*

b) faktisches quod

a) *die Tatsache, daß ...; der Umstand, daß ...* (erklärend, besonders nach einem Demonstrativpronomen): Hŏc ūnum in Alexandrō vituperāmus, quod īrācundus erat. *Das eine tadeln wir an Alexander, daß er jähzornig war.*

b) *was das anbetrifft, daß ...; wenn ...:* Ariovistus ad postulāta Caesaris respondit, quod multitūdinem Germānōrum in Galliam trādūceret, id sē suī mūniendī, nōn Galliae oppūgnandae causā facere. *Ariovist antwortete auf die Forderungen Cäsars, wenn er eine Menge Germanen nach Gallien führe, tue er dies, um sich zu schützen, (und) nicht, um Gallien anzugreifen.*

2. Adverbium

a) In Verbindung mit einer Konjunktion, besonders im Konditionalsatz: quod sī *wenn also, wenn daher:* Quod sī veteris contumēliae oblīvīscī vellet, num etiam recentium iniūriārum memoriam dēpōnere posset? *Wenn er also die alte Schmach etwa vergessen wollte, könnte er da wohl auch die neuen Ungerechtigkeiten aus der Erinnerung streichen?*

b) Bei Angabe des Grundes, bei Fehlen des Grundes oder bei Frage nach dem Grund steht wegen des konsekutiven Nebensinns der Konjunktiv: nihil / quid est, quod ...: Nōn est, quod tē pudeat, sapientī assentīrī. *Es ist kein Grund vorhanden, dich zu schämen, einem weisen Menschen beizupflichten.*

3. Relativpronomen im Nominativ und Akkusativ Neutrum Singular

a) Im Relativsatz: Flūmen est Arar, quod per fīnēs Haeduōrum et Sēquanōrum in Rhodanum īnfluit. *Der Arar ist ein Fluß, der durch das Gebiet der Häduer und der Sequaner in die Rhone fließt.*

b) Bei relativem Anschluß: Quod erat dēmōnstrandum. *Was zu beweisen war.*

4. Indefinitpronomen im Nominativ und Akkusativ Neutrum Singular nach sī, nisĭ, nē, num, quō, quantō, cum statt aliquod: Videant cōnsulēs, nē quod dētrīmentum (= nē quid dētrīmentī) rēs pūblica capiat. *Die Konsuln sollen darauf sehen, daß der Staat keinen Schaden leidet.*

Kasuslehre und Stilistik — 30 B₃

Die wichtigsten Präpositionen (Übersicht)

Die Beziehungen der Substantive zu den übrigen Wortarten können im Satz oft nicht allein durch Kasusendungen, sondern erst durch Präpositionen ausgedrückt werden. Die Präpositionen haben vielfach eine räumliche, eine zeitliche und eine übertragene Bedeutung. Sie verbinden sich mit bestimmten Fällen, stehen aber manchmal nicht unmittelbar neben ihrem Beziehungswort, und man muß mit Hilfe der Kasusendung erst bestimmen, zu welchem Substantiv die Präposition gehört.

Präpositionen, die sich mit dem Nominativ, Dativ oder Vokativ verbinden, gibt es nicht. Mit dem Genetiv verbinden sich nur die zwei im Sinne von Präpositionen gebrauchten, ihrem Beziehungswort nachgestellten Ausdrükke causā und grātiā *wegen:* Quīdam canēs vēnandī causā comparantur. *Bestimmte Hunde werden nur der Jagd wegen angeschafft.*

Die meisten Präpositionen stehen in Verbindung mit dem Akkusativ. Man braucht sich nur die Präpositionen zu merken, die sich mit dem Ablativ oder sowohl mit dem Ablativ als auch mit dem Akkusativ verbinden, denn alle übrigen stehen mit dem Akkusativ.

1. Präpositionen, die sich mit dem Ablativ verbinden, sind ā (ab, abs), ē (ex) und dē, cum und sine, prō und prae:

ā (vor Vokal oder h + Vokal steht **ab;** *von dir* heißt **abs** tē oder ā tē) räumlich: ā Siciliā *von Sizilien;* zeitlich: ab urbe conditā *von der Gründung der Stadt* (Rom) *an;* übertragen, besonders beim Passiv: ā magistrō laudārī *vom Lehrer gelobt werden*

ē (vor Vokal und vor h + Vokal steht **ex**) räumlich: ex urbe *aus der Stadt;* zeitlich: ex illō tempore *seit jener Zeit;* übertragen: Statua ex aere facta est. *Das Standbild ist aus Erz angefertigt.*

dē räumlich: *von ... herab:* dē montibus dēscendere *vom Gebirge herabsteigen;* zeitlich: dē nocte surgere *noch während der Nacht aufstehen;* übertragen: dē amicitiā lībrum scrībere *über die Freundschaft ein Buch schreiben*

cum räumlich: cum amīcō ambulāre *mit dem Freund spazierengehen;* zeitlich: cum prīmā lūce proficīscī *mit dem Morgengrauen aufbrechen;* übertragen: gravissimīs cum dolōribus morī *unter den größten Schmerzen sterben*

sine *ohne:* sine parentibus *ohne Eltern*

prō räumlich: prō castrīs aciem īnstruere *vor dem Lager* (mit dem Rücken dem Lager zugewendet) *das Heer in Schlachtordnung aufstellen;* übertragen: ōrātiō prō Milōne *eine Gerichtsrede für Milo;* amīcus prō mē locūtus est *mein Freund hat statt meiner gesprochen;* aliquem prō dīgnitāte laudāre *jemanden seiner Würde entsprechend loben*

prae räumlich: ovēs prae sē agere *Schafe vor sich hertreiben;* übertragen (in negativem Zusammenhang): prae lacrimīs loquī nōn posse *vor Tränen nicht sprechen können*

2. Präpositionen, die sich auf die Frage „*wo?*" mit dem Ablativ, auf die Frage „*wohin?*" mit dem Akkusativ verbinden, sind in und sub:

in *in, auf, nach:*

räumlich: in urbe versārī *sich in der Stadt aufhalten;* in patriam redīre *in die Heimat zurückkehren;* analog

zeitlich: in bellō cīvīlī *im Bürgerkrieg;* amīcum in posterum diem invītāre *seinen Freund für den folgenden Tag einladen;*

übertragen: Amīcus certus in rē incertā cernitur. *Einen zuverlässigen Freund erkennt man in einer ungewissen Lage.* Gallia dīvīsa est in partēs trēs. *Gallien ist in drei Teile geteilt.*

sub *unter:*

räumlich: sub pellibus hiemāre *unter Fellen überwintern;* mīlitēs captīvōs sub iūgum mittere *gefangene Soldaten unter das Joch schicken = in die Sklaverei verkaufen;* analog

zeitlich: sub ipsā profectiōne *schon während des Aufbruchs;* sub noctem *unmittelbar vor der Nacht;*

übertragen: sub hāc condiciōne *unter der folgenden Bedingung;* populum sub potestātem redigere *ein Volk unterwerfen*

Beachte: Nach den Verben appellere *landen*, abdere *verbergen*, cōnferre *zusammentragen*, concurrere *zusammenlaufen*, cōgere *zusammentreiben, versammeln*, contrahere *zusammenziehen*, advenīre *ankommen*, convenīre *zusammenkommen*, dēvertī *einkehren* und nūntiāre *melden* steht der Akkusativ: in silvās sē abdere *sich in den Wäldern verbergen.*

Bei den Verben pōnere, locāre, collocāre *stellen, setzen, legen*, bei statuere und cōnstituere *aufstellen* sowie bei cōnsistere *sich stellen* und cōnsīdere *sich setzen* steht der Ablativ: Cīvēs in mūrō cōnstitērunt. *Die Bürger stellten sich auf die Mauer.*

3. Die übrigen Präpositionen verbinden sich mit dem Akkusativ.

Die wichtigsten sind:

ad	räumlich: ad Rhēnum pervenīre *an den Rhein gelangen;* zeitlich: ad id tempus *bis zu dem Zeitpunkt;* übertragen: ad ducentōs *an zweihundert*
ante	räumlich: ante urbem *vor der Stadt* (mit dem Gesicht der Stadt zugewandt); zeitlich: ante hōram septimam *vor der siebten Stunde = vor ein Uhr nachmittags*
apud	apud rēgem *beim König*
circā, circum	circum (circā) urbem *um die Stadt herum*
cis, citrā	citrā (cis) Padum *diesseits des Po*
contrā	contrā hostēs proficīscī *gegen* (nur in feindlichem Sinne) *die Feinde marschieren*

ergā ergā parentēs *gegenüber* (in freundlichem Sinne) *den Eltern*

extrā extrā urbem *außerhalb der Stadt*

īnfrā īnfrā pontem flūmen trānsīre *unterhalb der Brücke den Fluß überqueren*

inter räumlich: inter Rōmānōrum et Gallōrum castra flūmen intererat *zwischen dem Lager der Römer und dem der Gallier befand sich ein Fluß;* zeitlich: inter hanc noctem *im Verlauf dieser Nacht;* übertragen: inter suōs praestāre *sich unter den eigenen Leuten auszeichnen*

intrā intrā urbem *innerhalb der Stadt*

iuxtā iuxtā domum *neben dem Hause*

ob ob eam rem *deswegen*

penes penes mē arbitrium reī est *bei mir (in meinen Händen) liegt die Entscheidung darüber*

per räumlich: per montēs proficīscī *übers Gebirge marschieren;* zeitlich: per tōtam noctem *die ganze Nacht hindurch;* übertragen: per frātrem tibĭ litterās mittō *durch meinen Bruder schicke ich dir den Brief*

post räumlich: impedīmenta post legiōnēs collocāre *den Troß hinter den Legionen aufstellen;* zeitlich: post urbem conditam *nach der Gründung der Stadt (Rom)*

praeter räumlich: exercitum praeter urbem dūcere *das Heer an der Stadt vorbeiführen;* übertragen: praeter spem *wider Erwarten*

prope prope castra *nahe bei dem Lager*

propter Propter virtūtem laudātur. *Er wird wegen seiner Tüchtigkeit gelobt.*

secundum räumlich: secundum flūmen īre *längs des Flusses gehen;* übertragen: secundum lēgēs vīvere *den Gesetzen gemäß leben*

super räumlich: super flūmen aciem īnstruere *das Heer oberhalb des Flusses in Schlachtordnung aufstellen;* zeitlich: super cēnam *bei der Mahlzeit, bei Tisch;* übertragen: super morbum etiam famēs *außer der Krankheit auch noch Hunger*

suprā räumlich: suprā pontem *oberhalb der Brücke;* zeitlich: paulō suprā hanc memoriam *kurz vor unserer Zeit;* übertragen: suprā vīrēs *über die Kräfte hinaus*

trāns trāns Rhēnum dūcere *über den Rhein führen*

ultrā räumlich: ultrā vīllam *über das Landhaus hinaus;* zeitlich: ultrā biennium *länger als eine Frist von zwei Jahren;* übertragen: Ultrā posse nēmō tenētur. *Niemand ist gehalten, mehr zu tun, als er kann.*

Geschichtliches und Kulturgeschichtliches **30 C**

Augustus – Ehrenname des C. Octavius, nach seinem Adoptivvater C. Iulius Caesar Octavianus genannt, geboren 63 v. Chr., verstorben 14 n. Chr. – verfaßte im Jahre 13 n. Chr. einen Bericht über seine Ehrungen, Aufwendungen und Taten. Nach dem Tode des Augustus ließ sein Adoptivsohn und Nachfolger Tiberius Claudius Nero (42 v. Chr. – 37 n. Chr.) diesen Bericht an dem Mausoleum des Augustus in Rom anbringen. Kopien und Übersetzungen dieses Textes waren in verschiedenen Städten Kleinasiens verbreitet; am besten erhalten ist das sog. Monumentum Ancȳrānum.

Wortschatz **30 D**

Unterscheide die folgenden Vokabeln und Wortformen:

1. locī = Nom. Plur. v. locus: *Stellen in Büchern*
   loca = Nom. u. Akk. Plur. v. locus: *Ortschaften; Gegend*

2. nātus *geboren*, P. P. v. nāscī (z. B. Macĕdō nātus *ein gebürtiger Mazedonier*)
   nātus *alt* (z. B. ūndēvīgintī annōs nātus *neunzehn Jahre alt*)

3. parēns, entis m/f *der Vater / die Mutter*
   parentēs, um m (Plur.) *die Eltern*
   pariēns, iĕntis = Part. Präs. v. părĕre, iō, peperī, partus *hervorbringen*
   pārēns, ĕntis = Part. Präs. v. pārēre, ĕō, ŭī, – *gehorchen*
   părāns, ăntis = Part. Präs. v. părāre *bereiten*

4. iūdiciīs = Dat. u. Abl. Plur. v. iūdicium n *das Urteil*
   iūdicis = Gen. Sing. v. iūdex, icis m *der Richter*

5. ultus, a, um = P. P. v. ulcīscī *rächen*
   ūllus, a, um *irgendein*

6. vĕniam = Akk. Sing. v. vĕnia f *die Erlaubnis*
   = 1. Pers. Sing. Präs. Konj. u. Futur I v. vĕnīre *kommen*

7. tūtō = Adv. *in Sicherheit; sicher*
   = Dat. u. Abl. Sing. Mask. u. Neutr. v. tūtus, a, um *sicher*

8. novem neun
   novum = Nom. u. Akk. Neutr. u. Akk. Mask. v. novus, a, um *neu*

9. sŏlum n *der Boden*
   sōlūs, a, um *allein*
   sōl, is m *die Sonne*

10. quā *auf welchem Wege?, wo?*
    quō *wohin?*

1. ..., quod ... vocātur *sogenannt.*

2. parentem meum: Gemeint ist C. Iulius Caesar, der Adoptivvater Oktavians.

3. bellum īnferentīs reī pūblicae = īnferentēs ... (Akk. Plur.); aufgelöst: *diejenigen, die mit unserem Staat einen Krieg anfingen, ...*

4. ... victorque ... (Prädikativum): *... und als Sieger schonte ich ...*

5. eram tribūniciae potestātis (der lat. Text ist stark verstümmelt; genetīvus quālitātis): *ich besaß die tribunizische Gewalt.*

6. triumvirum: Gen. Plur. statt triumvirōrum (zu triumvir) *einer von den Triumvirn.*

7. reī pūblicae cōnstituendae (datīvus fīnālis des prädikativen Gerundivums zur Bezeichnung des Zwecks): *zur Wiederherstellung des Staates.*

8. rēbus prosperē gestīs (ablātīvus absolūtus): *nach glücklicher Regelung der Verhältnisse.*

9. āram ... senātus cōnsacrandam cēnsuit (ergänze: esse) *der Senat beschloß die Einweihung eines Altars.*

10. cum per tōtum imperium (cum causāle): *weil ..., da ...*

11. ... cum prius, quam ... (cum adversātīvum): *während früher, als ...*

12. ... bis omnīnō ...: im Deutschen *insgesamt nur zweimal.*

13. plēbēī: Dat. Sing. v. plēbēs (nach der ē-Deklination).

14. ... utrumque opus (erläuternder Einschub): *nämlich beide Bauwerke.*

15. ... complūribus locīs (ablātīvus locī ohne „in" bei locus und tōtus): *an mehreren Orten.*

16. ... fonte novō ... inmissō (ablātīvus absolūtus): *durch* (= *nach*) *Zuleitung einer neuen Quelle.*

17. ampliātō solō (ablātīvus absolūtus): *durch / nach Vergrößerung der Grundfläche.*

18. fīliōrum meōrum aut nepōtum nōmine: *im Namen meiner Adoptivsöhne* Tiberius, des späteren Kaisers, und Drusus *oder meiner Enkel* Germanicus und Claudius; auch diese von Augustus nur adoptiert.

19. quibus mūneribus (relativischer Anschluß): *durch diese Spiele.*

20. nemus Caesarum: benannt nach den Enkeln des Augustus namens Gāius Caesar und Lūcius Caesar, den Söhnen seiner leiblichen Tochter Iūlia.

21. cavātō solō (ablātīvus absolūtus): *nachdem der Erdboden* in einer Länge von ... *ausgehoben worden ist ...*

22. in quō ... (relativischer Anschluß): *an dieser Stelle = hier.*

23. rōstrātae nāvēs: *Kriegsschiffe*, die *mit einer Eisenspitze* zum Rammen feindlicher Schiffe versehen waren.

24. quibus in classibus (relativischer Anschluß): *in diesen Geschwadern.*

25. ... dūcem poposcit (Prädikativum als Objekt): *verlangte mich als seinen Führer.*

26. ... prōvinciae Asiae: Die römische Provinz Asia bestand ursprünglich nur aus Gebieten an der Westküste Kleinasiens und auf den vorgelagerten Inseln (Rhodus), breitete sich aber später weiter gegen Osten aus.

27. ... ūsque ad Tuscum: Ergänze aus dem Vorangehenden: mare.

28. ... nūllī gentī bellō per iniūriam inlātō (ablātīvus absolūtus): *ohne daß ich mit einem einzigen Volksstamm ungerechterweise einen Krieg angefangen hätte.*

29. Cimbrī: Die germ. Kimbern waren gemeinsam mit den ebenfalls germ. Teutonen von der Unterelbe aufgebrochen, hatten die Römer 113 v. Chr. bei Noreia (in der Steiermark) besiegt, wurden aber 101 bei Vercellae in Oberitalien von Marius geschlagen.

30. Semnonēs: ein Hauptstamm der germ. Sueben. Sie waren zwischen Elbe und Oder seßhaft.

31. adīt: zusammengezogen aus adiit.

32. potītus (participium coniūnctum): *und nachdem ich mich ... bemächtigt hatte.*

33. quō prō meritō (relativischer Anschluß): *für dieses mein Verdienst.*

Übungen 30 F

1. *Übersetzen und geben Sie an, um welche Art von* quod *es sich handelt:* Quod cōnsilium capiētis, amīcī? – Cōnsilium, quod cēpistis, amīcī, optimum esse vidētur. – Caesar in fīnēs Trēverōrum profectus est, quod iī neque ad concilia veniēbant neque imperiō pārēbant. – Caesar Haeduōs accūsāvit, quod ab iīs nōn sublevārētur frūmentō. – Caesar respondit, quod sī antīquissimum quodque tempus spectārī oportēret, populī Rōmānī iūstissimum esse in Galliā imperium. – Ariovistus respondit, quod Caesar Haeduōs ā senātū amīcōs appellātōs esse dīceret, nōn sē tam barbarum esse, ut nōn scīret proximō bellō Allobrogum Haeduōs Rōmānīs auxilium nōn tulisse. – Quod nōn longius hostēs aberant, quam quō tēlum adigī posset,

Caesar proeliī committendī sīgnum dedit. – Caesar equitātum, quod recentī proeliō perterritum esse exīstimāvit, agmen subsequī iussit. – Caesar mīlitēs vehementer incūsāvit: Quod mīlitēs nōn fore dictō audientēs neque sīgna lātūrī dīcantur, nihil sē eā rē commovērī; sēsē quod in longiōrem diem collātūrus fuisset, repraesentātūrūm esse. – Fēlīciter ēvēnit, quod amīcus in urbe erat. – Quod imperātor castra mōvit, factum est inopiā pābulī. – Quod Caesar improvīsō ūnum pāgum vīcisset, nē ob eam rem Helvētiōs dēspiceret.

2. *Ergänzen Sie sinngemäß – die Zahl der Punkte entspricht der Zahl der fehlenden Buchstaben – und übersetzen Sie:* Ūna ex hīs hōra mortis tuae .... (*Inschrift auf alten Uhren*). – Ut dēsint vīrēs, tamen est laudanda .... – Sī tacuissēs, philŏsŏphus .... – Nōlī mē ....! – Quī tacet, cōnsentīre .... – Plēnus venter nōn studet .... – Quot capita tot ...... – Saxa loqu..... – Repetītiō est māter .... – Quoūsque tandem, Catilīna, abūtēre patient.. ......? – Ubĭ bĕnĕ ibĭ ...... – Dē mortuīs nīl nisĭ ....! – Manus manum ..... – Quod licet Iovī, nōn licet .... – Dē gustibus nōn est .... – Nōn scholae, sed vītae .... – Docendō disc.... – Bis dat, quī citō ... – Sī parva licet compōnere mag... – Cavē ca...! – Cēterum cēnseō Carthāginem esse dēlen... – Audiātur et altera ....! – Per aspera ad as...!

3. *Übersetzen Sie und geben Sie den Fall an, mit dem sich die einzelnen Präpositionen verbinden:* Gallōs ab Aquitānīs Garunna flūmen dīvidit. – Minimē saepe ad Germānōs mercātōrēs commeant. – Germānī cis et trāns Rhēnum incolunt. – Quā dē causā Helvētiī reliquōs Gallōs virtūte praecēdunt? – Helvētiī cotidiānīs ferē proeliīs cum Germānīs contendunt. – Helvētiī saepe in fīnibus Gallōrum bella gerunt. – Apud Helvētiōs longē nōbilissimus fuit Orgetorīx. – Orgetorīx cīvitātī suae persuāsit, ut dē fīnibus suīs exīrent. – Ūnā ex parte Helvētiī flūmine Rhēnō continentur. – Mōns Iūra inter Sēquanōs et Helvētiōs est. – Cōnsilium Orgetorīgis per indicium ēnuntiātum est. – Helvētiī frūmentum omne, praeter quod sēcum portātūrī erant, combussērunt. – Helvētiīs in animō erat, sine ūllō maleficiō iter per prōvinciam Rōmānam facere. – Propter frīgora frūmenta in agrīs mātūra nōn erant.

4. *Übertragen Sie das Lesestück schriftlich in gutes Deutsch!*

Lateinisch-Deutsches Wörterverzeichnis

Die Tilde (~) wiederholt das Stichwort.

A

ā, ab von
abdĕre entfernen; verbergen
abdūcĕre wegführen
aberrāre abirren
abesse abwesend sein
abicĕre wegwerfen
abīre weggehen
absēns abwesend
absolvĕre befreien, freisprechen
abstinēre sich enthalten
abūtī mißbrauchen
ac und
accēdĕre dazutreten
accessus *m* Zutritt; ~ **aestuum** Flut
accĭdĕre hinfallen; sich zutragen
accipĕre annehmen
acclīvis ansteigend
accūrātus sorgfältig
accūsāre anklagen
ācer scharf
aciēs *f* Schärfe; Schlachtfront
acuĕre spitzen; schärfen
ad bei
adaequāre gleichmachen; gleichkommen
addĕre hinzufügen
addiscĕre hinzulernen
adeō bis dahin; so sehr
adesse anwesend sein, zur Seite stehen
adhibēre anwenden
adhūc bis jetzt, noch dazu
adicĕre hinzufügen
adīre herangehen
aditus *m* Zugang
adiuvāre unterstützen, helfen
administrāre mitwirken, besorgen
admittere zu-, loslassen
admīrārī bewundern, sich wundern
admonēre erinnern, ermahnen
adulārī kniefällig verehren
adulēscēns *m/f* junge(r) Mann/Frau
adulēscentulus *m* Junge
advenīre ankommen
adversus zugekehrt, feindlich
advolāre heranfliegen
aedificāre (er)bauen
aedificātor *m* Baumeister, -herr
aedificium *n* Gebäude
aegrōtus krank
aēneus ehern, bronzen
aequālis *m/f* Zeit-, Altersgenosse
aequāre gleichmachen; gleichkommen
aequē in gleicher Weise
aequitās *f* Gleichheit
aequus gleich
āēr *m* Luft
aerārium *n* Staatskasse
aestās *f* Sommer
aestimāre schätzen
aestus *m* Hitze; Brandung
aetās *f* (Lebens-)Zeit, Alter
aeternus ewig
aethēr *m* Himmel(sraum)
afferre herbeitragen; verursachen
afficĕre behaften; hart mitnehmen
affīnitās *f* Verwandtschaft, enger Zusammenhang
affirmāre befestigen; bestätigen
afflīgĕre niederschlagen
agmen *n* Marsch(kolonne)
alĕre nähren, aufziehen
aliēnus fremd
aliō anderswohin
aliquandō irgendeinmal, manchmal
aliquis irgend jemand
aliquod irgend etwas
aliquot einige, ein paar
aliter anders, sonst
alius ein anderer
alter der andere
altitūdō *f* Höhe, Tiefe
altus hoch, tief
amāre lieben
amātor *m* Liebhaber
ambactus *m* Dienstmann
ambō beide
ambulāre spazierengehen
amīcitia *f* Freundschaft
amīcus *m* Freund
amnis *m* Strom
amoenus lieblich
amor *m* Liebe
ampliāre erweitern
amplitūdō *f* Geräumigkeit, großer Umfang
amplus weit
anagnōstēs *m* Vorleser
anguis *m/f* Schlange
angulus *m* Winkel
anima *f* Lufthauch; Seele
animal *n* Lebewesen
animus *m* Geist, Seele, Sinn
anniculus einjährig
anniversārius jedes Jahr wiederkehrend
annōna *f* Jahresertrag; Teuerung
annumerāre aufzählen; hinzuzählen
annus *m* Jahr
ānser *m/f* Gans
anteā vorher, früher
antīquitās *f* Altertum
antīquitus von altersher
antīquus alt
apertus offen
appāret es ist klar
appellāre nennen

appellĕre herantreiben, hinsteuern
appetēns begierig
appetĕre trachten nach, aufsuchen; herannahen
apportāre bringen
appropinquāre sich nähern
aptus passend
aqua *f* Wasser
āra *f* Altar
arātrum *n* Pflug
arbitrārī meinen
arbitrium *n* Urteil, Willkür
arbor *f* Baum
arcessĕre herbeirufen
ardēre brennen
arēna *f* Sand
argentĕus silbern
argentum *n* Silber
arguĕre anklagen, rügen
argūmentum *n* Beweis (-grund)
arma, -ōrum *n* Waffen
armāre bewaffnen
armātūra *f* Waffengattung
arrogāre sich anmaßen
ars *f* Kunst; Handwerk
artificium *n* Kunstwerk
arx *f* Burg
ascītus angelernt; fremd
asper rauh
asperitās *f* Rauheit
assentīre/assentīrī beistimmen
assĭduus emsig
assignāre zuweisen
assistĕre sich dazustellen; beistehen
assuēfacĕre gewöhnen
assuēscĕre (sich) gewöhnen an ...
assuētus gewöhnt, gewohnt
astrolŏgus *m* Astrologe, Astronom
astrum *n* Gestirn
atque und dazu
attendĕre spannen; achtgeben
attentāre versuchen; angreifen
attentus gespannt, aufmerksam
attingĕre berühren
attribuĕre zuerteilen
auctor *m* Schöpfer; Gewährsmann
auctōritās *f* Bürgschaft; Auftrag
audācia *f* Verwegenheit
audēre wagen
audīre hören
auferre wegtragen; erhalten
augēre mehren
augustus ehrwürdig
aurĕus golden
aurīga *m* Wagenlenker
aurum *n* Gold
aut oder; ~ — ~ entweder — oder
autem aber
autumnus *m* Herbst
auxilium *n* Hilfe
avārĭtia *f* Geiz, Habsucht
avārus geizig, habsüchtig
avĭa *f* Großmutter
avĭdus begierig, unersättlich
avis *f* Vogel
avunculus *m* Oheim (*mütterlicherseits*)

B

barbarus *m* Barbar
basĭlica *f* mehrschiffige Halle
beātus glücklich
bellum *n* Krieg
beneficium *n* Wohltat
bēstia *f* (Raub-)Tier
bĭbĕre trinken
bĭduum *n* Zeitraum von zwei Tagen
bīnī je zwei
birēmis zweiruderig
bis zweimal
bŏnus gut
brĕvī in Kürze
brĕvis kurz
brūma *f* kürzester Tag, Wintersonnenwende

C

cadĕre fallen
caecus blind
caedēs *f* Mord
caelum *n* Himmel
călidus warm
călor *m* Wärme
campus *m* Feld
canis *m/f* Hund, Hündin
cantāre singen
capĕre (gefangen)nehmen
captīvus kriegsgefangen
caput *n* Kopf
cāritās *f* Hochachtung; Liebe
carmen *n* Gedicht, Lied
carō *f* Fleisch(stück)
cārus lieb, teuer
cāsĕus *m* Käse
castellum *n* Burg
castra, -ōrum *n* Lager
cāsus *m* (Unglücks-)Fall
causa *f* Grund, Ursache, Rechtsstreit
causā wegen
cavāre aushöhlen
cavēre sich hüten
cēdere gehen; weichen; vonstatten gehen
celāre verheimlichen
celebrāre zahlreich besuchen; festlich begehen
celer schnell
celeritās *f* Geschwindigkeit
cēna *f* die Hauptmahlzeit
cēnāre die Hauptmahlzeit einnehmen
cēnsēre abschätzen; meinen
centēnī je hundert
cernĕre (unter)scheiden, wahrnehmen
certus sicher; **certiōrem facĕre** benachrichtigen
cēterī die übrigen
chaos *n* das Chaos
cĭbus *m* Speise
cingĕre gürten
cingulus *m* Zone
circā ringsum; um
circiter etwa
circuitus *m* Umlauf, Umfang
circulus *m* Kreis, Zirkel
circum um
circumdăre umgeben
circumvenīre umringen, umgarnen
circumvolāre umkreisen
circus *m* Zirkus
cis diesseits
citō schnell
cīvīlis bürgerlich
cīvis *m/f* Bürger(in)
cīvitās *f* Bürgerschaft; Staat
clādēs *f* Schaden; Niederlage
clamāre (laut) rufen
clāmor *m* Geschrei
clārus laut, klar, berühmt
classis *f* Klasse; Flotte
claudĕre schließen
clēmēns mild
clēmentia *f* Milde
cliēns *m* Gefolgsmann
coarguĕre aufdecken
coërcēre einschließen; zügeln
coetus *m* Versammlung
cōgere zusammentreiben; zwingen
cogitāre (nach)denken
cognātiō *f* Blutsverwandtschaft
cognōscĕre kennenlernen
cohors *f* Gehege; Kohorte

coīre zusammenkommen
cohortārī ermahnen
cohortātiō *f* Ermahnung
colĕre bebauen; pflegen; verehren
collacrimāre in Tränen ausbrechen
collaudāre sehr loben
collēgium *n* Genossenschaft
colligĕre sammeln
collis *m* Hügel
collocāre aufstellen; ansiedeln; verheiraten
colōnus *m* Kolonist
color *m* Farbe
combūrĕre verbrennen
comitārī begleiten
cōmitās *f* Leutseligkeit
comitium *n* Versammlungsplatz
commeāre verkehren
commeātus *m* Verkehr; Proviant
commemorāre (sich) erinnern; erwähnen
commentārius *m* Chronik, Kommentar
committĕre verbinden, anvertrauen
commŏdum *n* Vorteil, Bequemlichkeit
commovēre in Bewegung setzen, erregen
commūnicāre vereinigen, verkehren
commūnis gemeinsam
commūtāre verändern, eintauschen
comparāre vergleichen; anschaffen
comparātiō *f* Vergleich; Beschaffung
compellĕre zusammentreiben; nötigen
complēre anfüllen
complūrēs mehrere
compōnere zusammenstellen
compos mächtig; im Besitz
comprimĕre zusammenpressen
cōnārī versuchen
conciliāre zusammenbringen; gewinnen
concīlium *n* Versammlung
conclamāre zusammenrufen; alarmieren
concurrĕre zusammenlaufen; zusammenstoßen
concursus *m* Zusammenlaufen
condemnāre verurteilen
condĕre gründen
condiciō *f* Bedingung
condiscipulātus *m* Schulfreundschaft
condonāre verschenken; ungestraft lassen
condūcĕre zusammenziehen; mieten
cōnferre zusammentragen; vergleichen
cōnficĕre verfertigen; aufreiben, niederhauen
cōnfīdĕre vertrauen
cōnfirmāre befestigen; ermutigen
cōnflīgĕre zusammenschlagen
cōnfundĕre vermischen
conicĕre zusammenwerfen; vermuten
coniūnctus verbunden
coniūrātiō *f* Verschwörung
coniūrātus verschworen
coniū(n)x *m/f* Gatte/Gattin
conquīrĕre zusammensuchen, werben
cōnsacrāre weihen; verfluchen
cōnsanguinĕus *m* Blutsverwandter
cōnscrībĕre eintragen
cōnscrīptī die beigeordneten, neuen (Senatoren)
cōnsecrāre heiligen; verfluchen
cōnsēnsus *m* Übereinstimmung
cōnsentīre übereinstimmen
cōnsequī nachfolgen; erreichen
cōnservāre erhalten, retten
cōnsīdĕre sich zusammensetzen; sich hinsetzen
cōnsīlium *n* Rat; Plan; Absicht
cōnsistĕre zusammentreten; stehenbleiben
cōnstat es steht fest
cōnstituĕre festsetzen, beschließen
cōnstringĕre fesseln
cōnsuēscĕre sich gewöhnen
cōnsuētūdō *f* Gewohnheit
cōnsul *m* Konsul
cōnsulātus *m* Konsulat
cōnsulĕre Rat halten; um Rat fragen, Rat erteilen
cōnsultum *n* Beschluß
cōnsūmĕre verwenden; verbrauchen
cōnsurgĕre sich erheben
contāgiō *f* Berührung
contāmināre beflecken
contegĕre bedecken
contemnĕre verachten
contendĕre wetteifern; sich anstrengen; sich beeilen
contentus zufrieden
contextus fortlaufend
continēns zusammenhängend
contingĕre berühren, zuteil werden
contĭnuus beständig
contrā gegen
contrahĕre zusammenziehen
contrōversia *f* Streit(igkeit)
contumēlia *f* Schmach
convalēscĕre erstarken, genesen
convenīre zusammenkommen; sich einigen; sich ziemen
convertĕre umwenden
convincĕre widerlegen; überführen
convocāre zusammenrufen
cōpia *f* Vorrat; *pl.:* Truppen
cornū *n* Horn
corpus *n* Körper
corrumpĕre vernichten; verführen; bestechen
cottīdiānus täglich
cottīdiē täglich
crās morgen
creāre hervorbringen
creātor *m* Schöpfer
crēdĕre glauben
crēscĕre wachsen
crudēlis grausam
cruentus blutig
cubitum *n* Elle
cultūra *f* Bearbeitung; Anbau; Ausbildung
cultus *m* Anbau; Pflege; Bildung
cum mit; wann; weil
cum — **tum** sowohl — als auch
cūnctārī zögern
cupĕre wünschen
cupiditās *f* Begierde
cupidus begierig
cūr warum
cūrāre versorgen
cūria *f* Rathaus
currĕre laufen
currus *m* Wagen
cursus *m* Lauf
custōdia *f* Bewachung
custōs *m* Wächter

D

damnāre verurteilen
dāre geben
dē von; über
dea *f* Göttin
dēbēre schuldig sein
dēbitus gebührend
dēcēdēre sich entfernen; ablassen
dēcernēre entscheiden
dēciē(n)s zehnmal
dēcimus zehnte
dēclārāre deutlich bezeichnen
dēcrētum *n* Beschluß
dēcurrere herablaufen
dēditiō *f* Übergabe
dēdūcēre herabführen
dēesse fehlen; versagen
dēfectiō *f* Abfall; Erschöpfung
dēfendēre verteidigen
dēferre hinabstürzen; hintragen; melden
dēficēre abfallen, verlassen; zu fehlen beginnen
dēfīnītus abgegrenzt
dēfŭgēre entfliehen, sich entziehen
dēicēre hinabwerfen
dēiectus *m* Sturz; Abhang
dēinde hierauf
dēlectāre erfreuen
dēlēre zerstören
dēligēre auswählen
dēlinquēre sich verfehlen
dēmittēre hinabschicken, -lassen
dēmōnstrāre genau bezeichnen
dēnārius *m* Denar
dēnique endlich
dēnūntiāre ankündigen
dēpōnēre niederlegen, aufgeben
dēprecārī durch Bitten abzuwenden trachten
dēprecātor *m* Fürsprecher
dēpūgnāre bis zur Entscheidung kämpfen
dērogāre absprechen
dēscendēre herabsteigen
dēscrībēre entwerfen
dēsertor *m* Flüchtling; Verräter
dēsīdērium *n* Wunsch
dēsĭdia *f* Müßiggang
dēsīgnāre bezeichnen
dēsinēre aufhören, ablassen
dēspērāre verzweifeln
dēspicēre verachten
dēspondēre förmlich versprechen
dēterrēre abschrecken
dētrīmentum *n* Nachteil; Niederlage
deus *m* Gott
dēvertī sich abwenden; einkehren
dexter rechts
diălŏgus *m* Gespräch
dĭcāre weihen, widmen
dīcēre sagen
dictātūra *f* Diktatur
dictō audiēns aufs Wort gehorchend
diēs *m* Tag; *f* Termin
differre verzögern; sich unterscheiden
difficilis schwierig
diffundēre ausgießen
dīgnitās *f* Würde, Würdigkeit
dīgnus würdig
dīiūdicāre entscheiden; unterscheiden
dīligēns fleißig
dīligentia *f* Fleiß
dīligēre lieben
dīmicāre kämpfen
dīmidium *n* Hälfte
dīrigēre gerade richten, hinlenken
dīripēre zer-, entreißen
discēdēre auseinander-, weggehen
discēre lernen
disciplīna *f* Unterricht; Erziehung
discipulus *m* Schüler
dispār ungleich
dispōnēre auseinanderstellen, ordnen
disputāre genau berechnen, untersuchen
dissolūtus aufgelöst, leichtsinnig
distinēre auseinanderhalten; beschäftigen
distribuēre verteilen
diū lange
dīversus unterschiedlich
dīves reich
dīvidēre teilen
dīvīnus göttlich
dīvitiae, ārum *f* Reichtum
dīvus himmlisch, vergöttert
docēre lehren
doctrīna *f* Unterricht, Lehrfach
documentum *n* Beispiel, Beweis
dolēre Schmerz empfinden
dolor *m* Schmerz
dolus *m* List
domāre bändigen
domī zu Hause
domicĭlium *n* Wohnung, Wohnort
dominātiō *f* Herrschaft
dominus *m* Herr
domum nach Hause
domus *f* Haus
donāre (be)schenken
dormīre schlafen
dubitāre zweifeln; Bedenken tragen
dubium *n* Zweifel
dūcēre führen, halten für
dum während
dūritia *f* Härte
dūrus hart
dux *m* Führer

E

ĕdēre essen
ēdēre herausgeben
ēdiscēre auswendig lernen
ēducāre erziehen
ēducātiō *f* Erziehung
ēdūcēre herausführen
effēmināre verweichlichen
efferre heraustragen
effigiēs *f* Bild
effŏdēre ausgraben
effrēnātus zügellos
effŭgēre entfliehen
egēre Mangel leiden
egŏ ich
ēgredī ausrücken
elementum *n* Buchstabe; Grundstoff
ēlūdēre ausweichen; verspotten
emāx kauflustig
emēre kaufen
ēmergēre auftauchen (lassen)
ēmigrāre auswandern
ēnumerāre ausrechnen; aufzählen
ēnūntiāre aussagen; verraten
ephēmeris *f* Tage-, Wirtschaftsbuch
epistula *f* der Brief
equēs *m* Reiter
equester Reiter..., Ritter...
equitātus *m* Reiterei
equus *m* Pferd
ergā gegen(über)
ēripēre herausreißen
errāre umherirren; im Irrtum sein
error *m* Irrtum
ērumpēre hervorbrechen (lassen)

esse sein
et und; ~ — ~ sowohl — als auch
etenim denn, nämlich
etiam noch (immer)
etiamtunc damals noch, immer noch
etsī obgleich
ēvocāre herausrufen, aufbieten
ex = **ē** aus
excēdĕre weggehen
excellēns hervorragend
excellĕre hervorragen
excerpĕre auswählen
excipĕre herausnehmen
exitāre herausjagen
exclāmāre ausrufen
exemplum *n* Beispiel
exercēre umhertreiben, plagen; exerzieren
exercitus *m* Heer
exigĕre forttreiben; hereinholen; prüfen
exiguus winzig klein
exilium *n* Verbannung
exīre hinausgehen
exīstimāre schätzen; meinen
exitium *n* Verderben
expedītiō *f* Feldzug, Unternehmen
expedītus ungehindert; kampfbereit
expellĕre hinaustreiben
expendĕre abwiegen; bezahlen
explicāre entfalten, erklären
explōrāre erforschen, prüfen
explōrātor *m* Kundschafter
expōnĕre aussetzen, ausschiffen; erörtern
expūgnāre erstürmen
exsequī zu Grabe geleiten; verfolgen
exsistĕre heraustreten; werden
exsors unteilhaftig
exspectāre erwarten
exsuscitāre aufwecken, anfachen
extinguĕre auslöschen, umbringen
extrēmus äußerst

F

faber *m* Handwerker
fābula *f* Gerede, Erzählung
facĕre tun; ernennen
facilis leicht (zu tun)
facinus *n* auffallende Tat; Schandtat
factiō *f* Tun; Partei
factum *n* Tat(sache)
fallĕre täuschen
falsus gefälscht, betrügerisch
fāma *f* Gerücht
famēs *f* Hunger(snot)
familia *f* Hausgenossenschaft, Dienerschaft; Vermögen
familiāris häuslich, vertraut
fās *n* göttliches Gesetz; Schicksal
favēre begünstigen
febris *f* Fieber
fēlīx fruchtbar; glücklich
fēminīnus weiblich
ferē fast
ferre tragen
ferrum *n* Eisen
festīnāre eilen
fēstus festlich
fidēs *f* Glaube; Treue
fīdūcia *f* Vertrauen, Zuverlässigkeit
fīdus treu, ehrlich
fierī werden; gemacht werden; entstehen
figūra *f* Bild(ung); Gestalt
fīlia *f* Tochter
fīlius *m* Sohn
fīnālis auf den Zweck bezüglich
fingĕre bilden; sich vorstellen
fīnīre abgrenzen, beenden, sterben
fīnis *m* Grenze; Zweck; Absicht
fīnitimus benachbart
firmus fest
flagitāre dringend fordern
flectĕre biegen, lenken
flētus *m* Wehklagen
flōs *m* Blüte, Blume
flūctus *m* Strömung
flūmen *n* Strömung, Fluß
fluvius *m* Fluß
fōns *m* Quelle
fontānus Quell...
fŏrĕ sein, werden
fōrma *f* Gestalt; Schönheit
fortasse vielleicht
fortis stark, tapfer
fortitūdō *f* Stärke, Tapferkeit
fŏrum *n* Marktplatz
fossa *f* Graben
frāter *m* Bruder
fraus *f* Betrug
frequentāre bevölkern; besuchen
frequentia *f* Häufigkeit; Andrang
frētus fest vertrauend
frīgidus kalt
frīgus *n* Kälte
frūctuōsus fruchtbar
frūctus *m* Nutzung; Frucht
fruī benutzen; sich erfreuen
frūmentum *n* Getreide
frūstrā vergebens
frūx *f* Frucht
fuga *f* Flucht
fugāre in die Flucht schlagen
fugĕre fliehen
fundāmentum *n* Fundament
fungī verrichten; überstehen
furor *m* Raserei

G

gallīna *f* Henne, Huhn
gaudēre sich erfreuen
gaudium *n* Freude
gener *m* Schwiegersohn
gēns *f* Geschlecht; Volksstamm
genus *n* Geschlecht; Art u. Weise
gerĕre tragen; ausführen
gignĕre (er)zeugen, gebären, verursachen
glŏbus *m* Kugel
glōriārī sich rühmen
gnārus kundig; bekannt
grammaticus grammatisch
grandis groß(artig); erwachsen
grātia *f* Anmut; Gunst; Dank
grātulārī Glück wünschen
grātus willkommen
grăvis schwer, gewichtig
grăvitās *f* Gewicht, Würde
gubernātor *m* Steuermann
gustus *m* Geschmack

H

habēre haben; halten
habitābilis bewohnbar
habitāre (be)wohnen
habitus *m* äußere Erscheinung; Haltung
hāctenus bis hierher, insofern
haurīre schöpfen; trinken
herba *f* Halm, Gras
hērēditās *f* Erbschaft

hērēs *m/f* Erbe, Erbin
hĕrī gestern
hīberna, ōrum *n* Winterlager
hĭc, haec, hŏc dieser, diese, dieses
hīc hier
hiemāre überwintern
hiems *f* Winter
hinc von hier
histŏria *f* Geschichte
histŏricus *m* Geschichtsschreiber
hŏdiē heute
homō *m* Mensch
honor *m* Ehre(nbezeigung)
hōra *f* Stunde
horrēre sich sträuben
hortus *m* Garten
hospĕs *m* Gast; Wirt
hostis *m* Feind
hūc hierher
hūmānitās *f* Menschlichkeit; Bildung
hūmānus menschlich; gebildet
hŭmilis niedrig
hŭmus *f* Erdboden

I

iacĕre werfen
iacēre daliegen
iactāre schütteln
iam schon
iam — iam bald — bald
iānus *m* Torhalle
ibĭ dort
īdem, eădem, ĭdem der-, die-, dasselbe
idōneus geeignet
Īdūs, -uum *f* Iden, Monatsmitte
igitur also, folglich
īgnārus unbekannt
īgnāvia *f* Trägheit, Feigheit
ignis *m* Feuer
īgnōrāre nicht wissen
īgnōscere verzeihen
īgnōtus unbekannt
īlicō auf der Stelle
ille, illa, illud jene(r), -es
illō dorthin
illūstrāre erleuchten, verherrlichen
illūstris hell, berühmt
imāgō *f* Bild
imitātor *m* Nachahmer
immĕmor uneingedenk
immortālis unsterblich
immō vērō ja eigentlich
impedīmenta, ōrum *n* Troß
impedīmentum *n* Hindernis
impellĕre antreiben
impendēre darüberhängen; drohen
impēnsa *f* Aufwand
imperātor *m* Feldherr; Kaiser
imperītus unerfahren
immittĕre hineinschicken, hineinleiten
impĕrium *n* Befehl; Herrschaft; Reich
impius gottlos
implōrāre anflehen
importāre einführen
imprīmīs besonders
imprōvīsō unversehens
impūbēs unerwachsen; keusch
impulsus angetrieben
impulsus *m* Antrieb
in nach, in
inaequālis ungleich
incendĕre anzünden
incendium *n* Brand
incertus ungewiß
incīdĕre einschneiden, zerschneiden
incĭdĕre hineinfallen; sich ereignen
incipĕre beginnen
incitāre antreiben
inclūdere einschließen
incognitus unbekannt
incohāre anfangen
incola *m* Bewohner
incolĕre bewohnen
incommodum *n* Unbequemlichkeit; Nachteil
incrēdibilis unglaublich
incursiō *f* Anlauf; Einfall
incūsāre beschuldigen
inde von da; daher
indīcere ansagen, auferlegen
indicium *n* Anzeige
indigēre Mangel haben; bedürfen
indīgnus unwürdig
indoctus ungelehrt, ungebildet
inertia *f* Ungeschicklichkeit
īnfāns *m/f* kleines Kind
īnferior tiefer; niedriger
īnferre hineintragen; zufügen
īnfimus unterst
īnfluĕre hineinfließen
īnfrā unten, unterhalb
ingeniōsus geistreich
ingenium *n* Naturell; Geist
ingēns ungeheuer
ingrātus unangenehm; undankbar
inimīcitiae, ārum *f* Feindschaft
inimīcus *m* Feind
inīquus ungleich
inīquus ungleich
inīre hineingehen, betreten
initiō anfänglich
initium *n* Anfang
iniūria *f* Unrecht
innītī sich stützen
inopia *f* Mangel
īnscius unwissend
īnscrīptiō *f* Aufschreiben; Aufschrift
īnsequī auf dem Fuße folgen
īnservīre dienstbar sein
īnsidiae, ārum *f* Hinterhalt
īnsidiārī im Hinterhalt liegen; nachstellen
īnstituĕre hineinstellen, ordnen
īnstruĕre hineinfügen; ausrüsten; unterweisen
īnsula *f* Insel
integer unberührt, unbescholten
intellĕgĕre einsehen, verstehen
intentus angespannt
inter zwischen
interdīcere verbieten
interdum bisweilen
interesse sich unterscheiden; teilnehmen
interficĕre töten
interīre umkommen
interitus *m* Untergang
internus inner
interpretārī erklären; übersetzen
interrogāre fragen
intervallum *n* Zwischenraum
intĭmus innerst, vertraut
intrā innerhalb
intrāre eintreten, betreten
intuērī hinblicken; erwägen
invehĕre hineinbringen; **invehī** losfahren
invenīre (zufällig) finden
invidēre beneiden
invitāre einladen
invītus wider Willen, ungern
ipse, ipsa, ipsum selbst
īrācundus jähzornig
īre gehen
irrīdicŭlus unwitzig

irrumpěrě (hin)einbrechen, eindringen
is, ea, id der-, die-, dasjenige
iste, ista, istud dieser da, jener dort
ita — ut so — wie
itaque daher
iter (magnum) *n* (Eil-)Marsch
iubēre befehlen
iūdex *m* Richter
iūdicāre gerichtlich untersuchen; urteilen
iŭgum *n* Joch
iūmentum *n* Zugtier
iūnctus vereinigt; befreundet
iūrāre schwören
iūs *n* Recht
iussū auf Befehl
iūstitia *f* Gerechtigkeit
iūstus gerecht
iuvāre unterstützen, helfen
iuvenis *m/f* Jüngling/Jungfrau
iuventūs *f* Jugend(zeit)
iuxtā dicht daneben

L

lābī (aus)gleiten
labōrāre arbeiten; geplagt werden
lac *n* Milch
lacrima *f* Träne
lacus *m* See
laedĕre verletzen
laetārī sich freuen
laetus froh
lapis *m* Stein
largīrī schenken
latēre verborgen sein
lātitūdō *f* Breite
latrōcinium *n* Räuberei
lātus breit
lătus *n* Seite
laudāre loben
laus *f* Lob
lautus sauber; anständig
lavāre waschen
lectīcula *f* kleine Sänfte
lēgāre abschicken
lēgātus *m* Gesandter, Unterfeldherr
legĕre sammeln; lesen
legiō *f* Legion
lēgitĭmus gesetzlich
lepōs *m* Anmut
lepus *m* Hase
levāre leichter machen; befreien von ...
lĕvis leicht
lēx *f* Gesetz
libenter gern
līber frei
lĭber *m* Buch
līberālis Freiheits...; edel; freigebig
līberālitās *f* edle Gesinnung
līberāre befreien
līberī *m* Kinder
lībertās *f* Freiheit, Ungebundenheit
lĭbrārius *m* (Ab-)Schreiber
lĭcet es ist gestattet
lignum *n* Holz
līmes *m* Weg; Grenzwall
līnea *f* Richtschnur, Linie
lingua *f* Zunge; Sprache
linteum *n* Leinwand
littera *f* Buchstabe; *pl.* Brief
litterātus buchstäblich; gebildet
lītus *n* Strand, Küste
lŏcus *m* Ort; Wohnung
longitūdō *f* Länge
longus lang
lŏquī sprechen, reden
lūdĕre spielen
lūdus *m* Spiel; Schule
lūgēre (be)trauern
lūna *f* Mond(schein)
lŭpus *m* Wolf
lūx *f* Licht, Tag
luxŭria *f* üppiges Wachstum, Schwelgerei

M

māchinārī ersinnen, bewerkstelligen
maerēre (be)trauern
maestus traurig
magis mehr
magister *m* Lehrer
magistrātus *m* Amt; Beamter
magnificus großartig, hochherzig
magnitūdō *f* Größe, Ansehen
magnus groß, beträchtlich, stark
māior größer; **māiōrēs, um** *m/pl.* ältere Leute; Vorfahren
măledīcere lästern, schmähen
măleficium *n* Frevel, Feindseligkeit
malīgnus mißgünstig
mālle lieber wollen
mălus schlecht, böse
mandāre anvertrauen; auftragen
manēre bleiben
mānsuēfacĕre zähmen, besänftigen
manus *f* Hand
mare *n* Meer
marīta *f*/**-us** *m* Gattin/Gatte
maritĭmus am Meere befindlich, See...
masculīnus männlich
māter *f* Mutter
mātĕria *f* Material
mathēmaticus *m* Mathematiker; Sterndeuter
mātrimōnium *n* Ehe
mātūrāre zur Reife bringen; reifen
mātūrus reif, erwachsen; rechtzeitig
maximus größt
medērī heilen
medicīna *f* Heilkunst; Arznei
medicus *m* Arzt
mediŏcris (mittel)mäßig; gemäßigt
mĕdius mittel
mĕlior besser
meminisse sich erinnern
memor eingedenk
memŏria *f* Gedächtnis; Andenken
mendācium *n* Lüge
mēns *f* Denkkraft, Verstand
mēnsa *f* Tisch; Gericht
mēnsis *m* Monat
mēnsūra *f* Messung; Maß
mentiō *f* Erwähnung
mercātor *m* (Groß-)Kaufmann
merīdiēs *f* Mittag(szeit); Süden
meritō verdientermaßen
merĭtum *n* Verdienst
metamorphōsis *f* Verwandlung
metuĕre sich fürchten; befürchten
mĕtus *m* Furcht
meus mein
mihĭ mir
milĕs *m* Soldat
mīlitāris militärisch, kriegs...
mīlitia *f* Kriegsdienst
mille tausend
minimus kleinst
minor kleiner
minuĕre zerkleinern, vermindern
mīrārī sich wundern; bewundern
mittĕre schicken

miserērī bemitleiden
moderātor *m* Lenker, Leiter
modestus gemäßigt; bescheiden
modo nur
modus *m* Maß; Art und Weise
mollis weich
monēre erinnern; ermahnen
mōns *m* Berg
monumentum *n* Denk-, Grabmal
mŏra *f* Aufschub
morārī sich/jem. aufhalten
morbus *m* Krankheit
mŏrī sterben
mors *f* Tod
mortuus tot
mōs *m* Sitte; *pl.* Charakter
mōtus *m* Bewegung, Leidenschaft
movēre bewegen; **sē** ~ sich regen
mox bald
mulier *f* (Ehe-)Frau
multī viele
multitūdō *f* (Menschen-) Menge
multum viel
mundus *m* Welt(all)
mūnicipium *n* Landstadt
mūnīre mauern; befestigen
mūrus *m* Mauer
mūtāre bewegen; wechseln

N

nam(que) denn
nancīscī (zufällig) erreichen
narrāre erzählen
nāscī geboren/erzeugt werden, entstehen
natāre schwimmen
nātiō *f* Geburt; Volksstamm
nātīvus (an)geboren
nātūra *f* Geburt; Wesen; Welt(all)
nātus geartet; alt
naufrăgus schiffbrüchig
nauta *m* Matrose; Schiffsherr
nāvālis Schiffs...
nāvis *f* Schiff, ~ **longa** Kriegsschiff
nē daß nicht
nē ... quidem nicht einmal
-nĕ etwa? (*Fragewort*)
nĕbula *f* Nebel, Gewölk
necāre töten
necdum und/auch noch nicht
necessārius unentbehrlich
necesse esse nötig sein; müssen
nectăr *n* Nektar
nefārius ruchlos
nefās *n* Frevel, Ruchlosigkeit
negāre verneinen; leugnen
neglegĕre vernachlässigen
nēmō niemand
nemus *n* Hain
nepōs *m* Enkel; Neffe
neptis *f* Enkelin
neque und nicht, auch nicht; ~ **enim** denn nicht; ~ **tamen** doch nicht; ~ **vērō** wirklich nicht
nēquitia *f* Nichtsnutzigkeit, Leichtsinn
nescīre nicht wissen
neuter keiner von beiden
nēve und/oder nicht
nex *f* Mord; Hinrichtung
nihil = **nīl** nichts; **nihilī** für nichts; **nihilōminus** nichtsdestoweniger
nisĭ wenn nicht
nītī sich stemmen; trachten
nix *f* Schnee
nōbilis bekannt; adlig
nōbīs uns
nocēns schädlich; schuldig
noctū nachts
nocturnus nächtlich
nōlle nicht wollen
nōmen *n* Name
nōmināre (be)nennen
nōn nicht, nein
nōn sōlum — sed etiam nicht nur — sondern auch
nōndum noch nicht
nōnne nicht (wahr)? *Fragewort*
nōnnūllī einige
nōn numquam manchmal
nōnus der neunte
nōscere kennenlernen; (wieder)erkennen
noster unser
nostrī, ōrum unsere Leute, die Unsrigen
notāre kenntlich machen; bemerken
nōtitia *f* Bekanntschaft; Kenntnis
nōtus bekannt
nōvisse kennen; verstehen
nŏvus neu
nox *f* Nacht
nūbĕre heiraten
nūbēs *f* Wolke
nūdus nackt
nūllus kein
num etwa? *Fragewort*
numerus *m* Zahl
numquam niemals
nunc jetzt
nuncupāre feierlich aussprechen
nūntiāre melden, anzeigen
nūntius *m* Bote; Nachricht
nūper neulich
nupta verheiratet
nuptiae, ārum *f* Hochzeit

O

ob gegenüber, wegen
obdūcere aufstellen gegen ...; bedecken
obicĕre entgegenwerfen; vorlegen; einflößen
oblīvīscī vergessen
obscūrāre verdunkeln
obsequī gehorchen; nachgehen
observāre beobachten
obses *m* Geisel, Bürge
obsidēre sitzen; besetzt halten, belegen
obtinēre fest-, beibehalten
occāsus *m* Untergang; Westen
occīdere zu Boden schlagen; töten
occĭdere niederfallen, umkommen
occupāre besetzen
octingentī achthundert
octō acht
oculus *m* Auge
ōdisse hassen
ŏdium *n* Haß
officium *n* Dienst(leistung); Amt; Pflichtgefühl
ōlim einst
olīvētum *n* Olivenhain
omnīnō ganz und gar
omnis jeder; ganz
opera *f* Mühe
opes, um *f* Mittel; Streitkräfte
opīnārī meinen
opīniō *f* Meinung
oportet es gehört sich, es ist nötig
oppidum *n* Stadt
opportūnus bequem; günstig gelegen
opprĭmĕre niederdrücken, verbergen
oppūgnāre bestürmen
oppūgnātiō *f* Bestürmung, Angriff

ops *f* Macht
optimātēs, ium *m* Konservative; Aristokraten
optimus best
opus *n* Werk; ~ **est** es ist nötig; **mihī** ~ **est** ich brauche
ōra *f* Küste(nland)
ōrāre sprechen; bitten
ōrātiō *f* Rede
ōrātor *m* Redner
ōrātōrius rednerisch, Rede ...
orbis *m* Kreis(lauf); Scheibe; Himmel(sgewölbe)
ōrdināre in Reihen aufpflanzen, ordnen
ōrdō *m* Reihe, Abteilung, Ordnung
orīgō *f* Ursprung
orīrī sich erheben; aufgehen; entstehen
ōrnāre schmücken
ortus *m* Aufgang; Osten
ōs *n* Mund
ostendĕre entgegenstrekken; zeigen
ōstium *n* Tür
ōtium *n* Muße
ovis *f* Schaf
ōvum *n* Ei

P

pābulum *n* Futter, Nahrung
pācāre zum Frieden bringen; unterjochen
paene fast, beinahe
paenitēre bereuen
pāgus *m* Gau, Bezirk
pālūs *f* Sumpf
pār gepaart; gleich
parāre vorbereiten; beabsichtigen, im Sinne haben
parātus bereit, fertig
parcĕre sparen; (ver)schonen
pārēns *m/f* Vater/Mutter
parentēs, (i)um *m* Eltern
părĕre gebären; hervorbringen
pārēre erscheinen; gehorchen
paries *m* (Scheide-)Wand
pariter in gleicher Weise
pars *f* Teil
particeps teilnehmend, teilhaftig
partīrī teilen
parum zu wenig
parvulus sehr klein
parvus klein; **parvō** billig; **ā parvīs** von Jugend auf
passus *m* Doppelschritt
patefacĕre öffnen, zugänglich machen
pater *m* Vater; ~ **familiās** Hausherr u. Familienvater
patēre sich erstrecken; offenbar sein
patī leiden; zulassen
patientia *f* Geduld
patria *f* Vaterland, Heimat
paucī wenige
paulō (um) ein wenig
pauper arm
pāx *f* Friede
pecūnia *f* Vermögen, Geld (-summe)
pecūniōsus wohlhabend
pedēs *m* Fußgänger, Infanterist
pēior schlechter
pellĕre stoßen, zum Weichen bringen
pellis *f* Tierhaut, Fell, Pelz
pendĕre (auf)hängen; bezahlen; büßen
penes im Besitze, auf seiten
penetrāre hineinkommen, eindringen
pēnsum *n* Wollarbeit; Aufgabe
peraequē völlig gleich
peragĕre bearbeiten; vollenden
percipĕre er-, begreifen
percontātiō *f* Befragung
perdiscĕre gründlich/auswendig lernen
perdocēre gründlich belehren
perfacile überaus einfach
perferre hin-, überbringen; aushalten
perficĕre vollenden; erlangen
periclitārī versuchen
perīculum *n* Versuch; Gefahr
perīre vergehen
perītus erfahren
perluĕre abwaschen, **perluī** baden
permanēre verbleiben; fortdauern
permiscēre vermischen, verwirren
permōtus beunruhigt, erschüttert
perpĕtuus zusammenhängend, fortdauernd
persĕquī beharrlich nachfolgen; eifrig betreiben
persōna *f* Maske; Person
perspicĕre (hin)durchsehen, durchschauen
persuādēre überreden, überzeugen
perterrēre heftig erschrekken
pertinēre sich erstrecken, betreffen
pervenīre ankommen
pēs *m* Fuß
pessimus schlechtest
pestis *f* Seuche, Pest
petĕre angreifen; zu erlangen suchen
physicus *m* Naturphilosoph; Physiker; Astrolog
pietās *f* Frömmigkeit; Anhänglichkeit
piger verdrossen, faul
piget es verdrießt
pigritia *f* Trägheit, Unlust
piscis *m* Fisch
placēre gefallen
plānē deutlich, gänzlich; **plānus** eben
plēbēs *f* Bürgerstand; Volksmenge
plēnus voll
plērumque meist
plūrēs, ium *m/f* noch mehr
plūrimum *n* sehr viel
plūs *n* ein größerer Teil; mehr
pluviālis Regen..., Regen bringend
poena *f* Strafe
poēta *m* Dichter
poēticē *f* Dichtkunst
polītus geglättet; geschmackvoll
pollicērī versprechen
pompa *f* Umzug; Pracht
pondus *n* Gewicht
pōnĕre (weg)legen, stellen, setzen
pōns *m* Brücke
populārī verwüsten, plündern
pōpulus *f* Pappel
pŏpulus *m* Volk
porta *f* Tor, Pforte
portāre tragen
portus *m* Hafen
poscĕre fordern
posse können
possessiō *f* Besitz(nahme)
possīdĕre in Besitz nehmen, besetzen
possidēre besitzen; besetzt halten
post nach(her)
posteā darauf, später

posteritās *f* Zukunft; Nachwelt
postĕrius nachher, später
postĕrus nachfolgend
postquam nachdem
postrēmus letzter; schlechtester; äußerster; **postrēmō** endlich, zuletzt
postulāre fordern
postulātum *n* Forderung
potēns mächtig; fähig
potestās *f* Kraft; Macht; Herrschaft
potīrī sich bemächtigen
pŏtius vielmehr, lieber, eher
praebēre hinhalten; gewähren; **se** ~ sich zeigen als ...
praecēdĕre vorangehen; übertreffen
praeceps kopfüber; abschüssig
praecipuē vorzugsweise
praeclārus sehr hell; hochberühmt
praecurrĕre vorauslaufen
praedĭcāre ankündigen, rühmen
praedīcĕre vorher sagen
praedĭtus begabt
praedium *n* Grundstück, -besitz
praedō *m* (See-)Räuber
praeesse an der Spitze stehen
praeferre vorantragen; vorwegnehmen
praemittĕre vorausschikken
praemium *n* Beutestück; Auszeichnung
praemonēre vorhersagen; warnen
praenitēre überstrahlen
praeparāre vorbereiten
praescrībĕre vor(an)schreiben
praesēns anwesend, gegenwärtig
praesertim zumal
praesidium *n* Schutz
praestāre erweisen; voranstehen; **se** ~ sich zeigen, sich bewähren; **praestat** es ist besser
praeter vorüber; ausgenommen von ...
praetereā fernerhin; außerdem
praeterīre vorübergehen; übertreffen
praeterĭtus vergangen
prātum *n* Wiese
prĕcēs, um *f/pl.* Bitte; Verwünschung
premĕre (unter)drücken
pretium *n* Preis, Lohn
prīdem längst
prīdiē am Vortage
prīmō anfangs; **prīmum** zuerst; zum ersten Male; **prīmus** erster
prīnceps *m* Urheber; Führer
prīncipātus *m* oberste Stellung; Prinzipat
prior der erste (von zweien); zuerst; früher
priusquam bevor
prīvātus privat
prīvīgnus *m* Stiefsohn, -kind
probāre prüfen, billigen; beweisen
prŏbus rechtschaffen
procul weit
prōcūrāre verwalten
prōdĕre weitergeben, verraten; **memŏriae** ~ überliefern
prōdesse nützen
prōdīre vorrücken; hervorragen
prōdĭtor *m* Verräter
prōdūcĕre vorführen; ausliefern; ausdehnen
proelium *n* Kampf, Treffen; **proeliārī** streiten, kämpfen
profĕctiō *f* Abreise
profectō sicherlich
proficīscī aufbrechen
prŏfitērī offen bekennen; verheißen
prōflīgāre niederschlagen
prŏfŭgĕre (ent)fliehen
prohibēre fernhalten; ausschließen
prōmiscuus gemischt, gemeinschaftlich
prōmittĕre versprechen
prōpagāre fortpflanzen, erweitern
prope nahe, fast; **propius** näher
propinquus benachbart; verwandt
prōpōnĕre vorbringen, vor Augen stellen
prōpŏsĭtum *n* Vorsatz
proprius eigen
propter wegen
propterеā deswegen
prōpulsāre zurückschlagen
prōrumpĕre hervorbrechen (lassen)
prōscrībĕre öffentlich bekanntmachen; ächten
prōsequī begleiten; verfolgen
prosper(us) glücklich; günstig
prosperitās *f* günstige Beschaffenheit
prōspicĕre in die Ferne schauen; vorhersehen; Vorsorge treffen
prōverbium *n* Sprichwort
prōvĭdēre vorhersehen; Sorge tragen
prōvincia *f* Wirkungskreis, Provinz
prōvocāre hervorrufen, reizen
proximus nächster; nächstvergangener; nächstfolgender
pudēre sich schämen
pudor *m* Scham; Ehrenhaftigkeit
puella *f* Mädchen
puer *m* Knabe
pūgna *f* (Faust-)Kampf; Schlacht
pūgnāre kämpfen
pulcher schön
pulvis *m* Staub
pūnīre (be)strafen; Rache nehmen
pūrgāre reinigen
pūrus rein
putāre meinen, halten für

Q

quā auf welchem Wege, auf welche Weise
quaerĕre (zu erfahren) suchen
quaestiō *f* Suchen; Frage
quaestus *m* Gewinn, Vorteil
quālitās *f* Beschaffenheit
quam wie (sehr)?; als; ~ **prīmum** möglichst bald; **quamquam** obgleich; indessen
quamdiū wie lange?
quamlibet ganz nach Belieben
quamobrem warum; deshalb
quandō wann; als; weil
quantō um wieviel; **quantus** wie groß
quantopere wie sehr
quaternī je vier
-que und

quĕrī (be)jammern
quī, quae, quod/quid welcher, welche, welches; was
quīcumque wer auch immer
quīdam jemand; ein gewisser
quīn wie nicht?; daß; ~ **etiam** ja sogar
quingentī fünfhundert
quis? wer?
quisquam (irgend) jemand
quisque jeder
quisquis wer nur immer
quō wohin?
quod weil; was; die Tatsache, daß
quŏniam da ja
quŏque auch
quot wie viele?; ~ **annīs** (all)jährlich
quōtus? der wievielte?
quoūsque bis wohin? wie lange?

R

rădius *m* Strahl
rāmus *m* Zweig
răpĕre an sich reißen
rārus selten
rătiō *f* Rechnung, Überlegung, Methode
rĕcēns frisch; jüngst
recessus *m* Zurückweichen
recipĕre zurücknehmen, wiederbekommen; **se** ~ sich zurückziehen; sich erholen
recondĕre zurücklegen; aufbewahren
rēctor *m* Leiter
reddĕre wiedergeben; vergelten; machen zu ...
redigĕre zurücktreiben; in einen Zustand bringen
redīre zurückkehren
reditus *m* Rückkehr
reficĕre ersetzen; neu beleben
rĕgiō *f* Richtung; Gegend
rēgnum *n* Königsherrschaft; Regierung
religiō *f* Bedenken; Religiosität; Aberglaube
relinquĕre zurück-, verlassen
relĭquus übrig
remex *m* Ruderer
reminīscī sich erinnern
remittĕre zurückschicken
remōtus entfernt
renītī sich widersetzen
rēnō *m* Pelz
renumerāre zurückzahlen
repentīnus unvermutet; **repentĕ** plötzlich
reperīre ermitteln; erfinden
repetĕre wieder angreifen; zurückverlangen; **poenam** ~ eine Strafe vollziehen
repetītiō *f* Wiederholung
repraesentāre vergegenwärtigen; auf der Stelle ausführen
repulsa *f* Ablehnung
reputāre berechnen, bedenken
requīrĕre wieder aufsuchen; nachforschen
rērī glauben
rēs *f* Sache, Umstand, Geschäft; ~ **familiāris** Privatvermögen; ~ **gestae** (*pl.*) Taten
rescindĕre wieder aufreißen, niederreißen
reservāre aufbewahren, (er)retten
resistĕre stehenbleiben; sich widersetzen
respondēre antworten; **respōnsum** *n* Antwort
restituĕre wieder hinstellen, zurückversetzen
retinēre zurück-, festhalten; zügeln
reus *m* Angeklagter
revenīre zurückkommen
reverentia *f* Ehrfurcht
revertī zurückkehren
revīsĕre wiedersehen, wieder besuchen
rīdēre lachen
rīpa *f* Ufer
rīvus *m* Bach
rōbustus kräftig
rogāre holen; (be)fragen; bitten um; **sententiam** ~ nach der Meinung fragen
rōstrātus mit Schiffsschnäbeln verziert
rŭdis roh, ungebildet
ruīna *f* Einsturz, Untergang; *pl.* Trümmer
rūpēs *f* Fels
rūrsus rückwärts; von neuem
rūs *n* Land; aufs Land
rūsticus ländlich

S

săcer heilig; verflucht
sacerdōs *m* Priester
sacrificium *n* Opfer
saeculum *n* Jahrhundert
saepe(numerō) oft(mals)
saltāre tanzen; springen
saltus *m* Sprung; Waldgebirge
sălūs *f* Heil, Rettung
salūtāre (be)grüßen
sānus gesund
sapiēns weise
satis genug; ~**facĕre** Genugtuung geben
saxum *n* Fels
scelerātus verbrecherisch
scelus *n* Verbrechen
schŏla *f* gelehrter Vortrag; Philosophenschule
schŏlasticus zur Schule gehörig; rhetorisch
scientia *f* Kenntnis, Wissenschaft
scīre wissen
scrībĕre schreiben
sē sich
secāre durchschneiden
secundum gemäß; **secundus** zweiter
secūris *f* Beil
sed aber, jedoch
sēmen *n* Samen
semper immer
senectūs *f* Greisenalter
senex *m/f* Greis(in)
sēnsus *m* Gefühl, Empfindung, Sinn
sentīre fühlen, wahrnehmen
sēparāre absondern, trennen
sepelīre bestatten
septentriōnēs, um *m* Siebengestirn; **septentriōnālis** nördlich
septimum et tricē(n)simum zum siebenunddreißigsten Male
septingentī siebenhundert
sepulchrum *n* Grab(mal)
sequī folgen
sērius später; **sērō** spät
sermō *m* Unterredung, Rede
servāre beobachten, bewachen
servitūs *f* Sklaverei
servus *m* Sklave, Knecht
sēstertius *m* Sesterz (*Messingmünze*)
sētius weniger
sevēritās *f* Strenge
sevērus streng, ernst
sextus sechster
sī wenn; ob
sīc so

siccus trocken
sīcut(ī) sowie; gleichsam
sīdus *n* Gestirn
sīgnum *n* Merkmal; Losung
silva *f* Wald
similis ähnlich
simul zugleich
sine ohne
sinĕre (zu)lassen
singulāris einzeln
singulī je einer, einzeln
situs gelegen; ~ *m* Lage
sīve (= **seu**) oder wenn; ~ ... ~ wenn entweder ... oder wenn
socer *m* Schwiegervater
sŏcius *m* Teilnehmer, Genosse
sōl *m* Sonne
solēre pflegen, gewohnt sein
sōlitūdō *f* Einsamkeit
sŏlum *n* Boden
sōlus allein
solvĕre lösen
somnus *m* Schlaf
soror *f* Schwester
sors *f* Los; Weissagung
spătium *n* (Zwischen-) Raum; Dauer
spectāculum *n* Schauplatz, -spiel
spectāre ansehen
spērāre hoffen
spoliāre der Kleider/Rüstung berauben
spōnsālia, ōrum *n* Verlobung(smahl)
sponte *f* (*nur Abl.*) mit Zustimmung
stāre (da)stehen; vor Anker liegen; kosten
statua *f* Standbild
statim beständig; sogleich
statŭere aufstellen; festsetzen, beschließen
stătūra *f* Wuchs
stēlla *f* Stern; ~ **errāns** Planet
stipendium *n* Sold; Kriegsdienst
strēnuus tüchtig
strepitus *m* Lärm; Klang
studēre streben; begünstigen
studiōsus strebsam
stŭdium *n* Lust, Begierde, Liebhaberei
stultus dumm
suāvis angenehm, lieblich
suāvitās *f* Annehmlichkeit; Lieblichkeit
sub unter; unmittelbar vor/nach
subicere unterwerfen; emporheben
subīre betreten, übernehmen
subitō plötzlich
sublevāre emporheben
sublīmis schwebend, erhaben
subministrāre zukommen lassen
subsequī (nach)folgen; sich richten nach ...
subsĭdium *n* Reserve, Rückhalt
suburbānus nahe bei der Stadt gelegen
succēdĕre auf sich nehmen; folgen
succurrĕre auf sich nehmen; zu Hilfe eilen
suffragium *n* Abstimmung
sūmĕre in Empfang nehmen; verbrauchen
summus höchst; **summa** *f* Gesamtzahl
sūmptuōsus kostspielig
sūmptus *m* Aufwand
super darüber, von/nach oben; über
superāre hervor-, überragen; besiegen
supĕrior weiter oben befindlich; vorhergehend, früher
superstĕs überlegen; überlebend
suprā oben; oberhalb; vor
surgĕre emporrichten; sich erheben
suspicārī argwöhnen; vermuten
suus, -a, -um sein, ihr, -; **suī** *pl.* die eigenen Leute

T

tăbula *f* Brett(chen); Schreibtafel; Urkunde
tacēre schweigen
taedet (*unpers.*) Ekel empfinden
tālis so beschaffen
tamen gleichwohl; doch wenigstens
tamquam gleichsam; als ob
tandem schließlich
tangĕre berühren
tantus so groß; **tantī** für solchen Preis
tē dich; ~ **cum** mit dir
tĕgĕre decken; verstecken, verheimlichen
tĕgimentum *n* Bedeckung; Schutz
tellūs *f* Erde
tēlum *n* Wurfwaffe
temerē zufällig
temperiēs *f* rechte Mischung
tempestās *f* Zeitlage; Gewitter
templum *n* Tempel
tempus *n* Zeit; **in tempore** zur rechten Zeit
tenebrae, ārum *f* Finsternis
tenēre (fest)halten; innehalten; verpflichten
ter dreimal
terra *f* Land, Erde; **terrā marīque** zu Wasser und zu Lande
tertius dritter
testāmentum *n* letzter Wille
theātrum *n* Theater
tibī dir
timēre fürchten; besorgt sein
timor *m* (Ehr-)Furcht; Aberglaube
titulus *m* Auf-, Inschrift; Ehrentitel
tollĕre aufheben; wegnehmen
tot so viele; ~**idem** ebenso viele
tōtus ganz
tractus *m* Zug; Richtung; Gegend
trādĕre übergeben; anvertrauen
trādūcĕre hinüber-, vorbeiführen
trăhĕre ziehen
trāiectus *m* Überfahrt
tranquillāre beruhigen
trāns über; jenseits
trānsferre (hin)übertragen, verschieben
trānsgrĕdī hinübergehen, überschreiten
trānsilīre (hin)überspringen
trānsīre (hin)übergehen; durchdringen
trānsmissus *m* Überfahrt
trānsversus querliegend
trānsvolāre hinüberfliegen
tribuĕre ver-, zuteilen, zuschreiben
tribūnīcius die Volks- oder Militärtribunen betreffend
tribūtum *n* Steuer, Abgabe
trīgintā dreißig

trĭquetrus dreieckig
trirēmis mit drei Ruderdecks
trīstis traurig; **trīstitia** *f* Trauer
triumvir *m* Mitglied eines Dreimännerkollegiums
trucīdāre niedermetzeln
tū du
tuērī betrachten; beschützen
tum damals, dann
tumultus *m* Unruhe, Aufruhr
tunc dēmum damals erst
turbāre Unruhe stiften; scheu machen
turris *f* Turm
tūtus sicher; **tūtō** sicherlich
tuus dein

U

ubĭ wo?; ~ **prīmum** (sobald) als; ~ **nam** wo denn (nur)?
ulcīscī (sich) rächen (an...)
ūllus irgendein
ultĕrior jenseitig; entfernter; **ultimus** letzter; jüngster
ultrā weiter/über ... hinaus
ultrō nach der anderen Seite; obendrein; aus freien Stücken
ūmidus feucht
umquam irgend einmal
ūndecim elf
undique woher nur immer, von allen Seiten
ūniversus sämtlich; ganz; **ūniversum** *n* Weltall
ūnus ein; **ūnā** gemeinsam; zugleich; ~ **quisque** ein jeder, jeder einzelne
urbānus städtisch
urbs *f* Stadt
ursus *m* Bär
ūsque in einem fort; von... her, bis ... nach
ūsus *m* Gebrauch; Umgang; Bedarf
ŭter wer/welcher von beiden; ~**que** beide
ut(i) wie?; sobald als; damit; so daß
ūtī gebrauchen, nötig haben; verkehren
ūtilitās *f* Brauchbarkeit; Vorteil
utinam o daß doch
utrum ... **an** ob ... oder?
uxor *f* Ehefrau

V

vacāre leer sein; Muße haben
vacātiō *f* Befreitsein; Urlaub
văcuus leer, ledig, frei von ...
vae wehe!
vāgīna *f* (Schwert-)Scheide
valdē sehr
valēre kräftig/gesund sein
valētūdō *f* Gesundheit(szustand)
vallis *f* Tal
vallum *n* Wall, Verschanzung
vās *n* Gefäß
vāstāre leer machen, verwüsten
vehemēns heftig
vehiculum *n* Fahrzeug
velle wollen; beschließen
vēnārī jagen
vēnātiō *f* Jagd
vĕndĕre verkaufen
venēnum *n* Gift; Zaubertrank; Schönheitsmittel
vĕnia *f* Gefälligkeit; Erlaubnis; Vergebung
vĕnīre kommen
vēnīre verkauft werden
venter *m* Bauch; Mutterleib
ventus *m* Wind
vēr *n* Frühling
verbum *n* Wort
vĕrērī sich scheuen; in Sorge sein; fürchten
versāre hin und her wenden; überlegen; **versārī** sich aufhalten; sich beschäftigen
versiculus *m* Vers(chen)
versus *m* Vers
vertĕre hin-,ab-,umwenden
vērus wahr; **vērum** *n* Wahrheit; **vērē** der Wahrheit gemäß; mit Recht; **vērō** wirklich, allerdings; jedoch
vēscī sich nähren; genießen
vester euer
vestīre (be)kleiden
vetāre verbieten
vetus alt, bejahrt; ~**tas** *f* (hohes) Alter; Nachwelt
via *f* Weg
vĭcem wegen; anstatt
vīciē(n)s zwanzigmal
vīcīnus benachbart; ~ *m* Nachbar
victōria *f* Sieg(esruhm)
vīctus *m* Leben(sunterhalt)
vīcus *m* Dorf; Gehöft
vidēre sehen; achten auf...; **vidērī** scheinen; **vidētur** es scheint richtig
vigilia *f* (Zeit der) Nachtwache
vīlis billig; wertlos
vincĕre (be)siegen, übertreffen
vincīre binden, fesseln
vindicāre als Eigentum betrachten; befreien; bestrafen
vīnētum *n* Weinberg
vīnum *n* Wein
violāre mißhandeln, verletzen
vir *m* Mann
virgō *f* Jungfrau; junge Frau
virītim Mann für Mann
virtus *f* Mannhaftigkeit; Stärke; Tugend
vīrus *n* Schleim; Gift
vīs *f* Kraft
vīscera, um *n* Eingeweide
vīsitāre oft sehen; besuchen
vīta *f* Leben(szeit); Biographie
vītāre (ver)meiden; entgehen
vĭtium *n* Fehler, Laster
vĭtuperāre tadeln
vĭtuperātiō *f* Tadel
vīvere (vergnügt) leben
vīvus lebend(ig)
vĭx kaum (erst)
vocāre (herbei)rufen, (be-) nennen
volūmen *n* Windung; (Bücher-)Rolle; Schrift
voluntās *f* (freier) Wille; Wohlwollen
vōs ihr; euch
vōx *f* Stimme; Laut
vulgus *n* Volk; Masse
vulnerāre verwunden; kränken
vulnus *n* Verwundung; Kränkung
vultus *m* Gesichtsausdruck, Blick

Z

zōna *f* Gürtel; Zone

Sachregister

(Die Zahlen beziehen sich auf die Seiten.)